LA

Jeunesse d'un Grand Savant

Républicain

Wilfrid de Fonvielle

LA
Jeunesse d'un Grand Savant

Républicain

Ouvrage orné de nombreuses Illustrations

ÉMILE GAILLARD
Éditeur de la Collection
de la
Société Française d'Éditions d'Art
37, rue Gandon, 37 (XIIIᵉ)
PARIS

PRÉFACE

Après une longue maladie occasionnée plus par la douleur de voir la France tombée entre les mains d'un conspirateur de profession que par le poids de l'âge, Arago rendait le dernier soupir le 4 octobre 1853.

Ce grand homme avait lutté pendant toute sa vie contre les savants qui se renferment dans leur laboratoire et se contentent d'observer les événements politiques comme s'il s'agissait de tempêtes, de révolutions des astres, phénomènes sur lesquels notre volonté ne possède aucune action. Il enseignait au contraire que le but de la science n'est pas seulement d'accroître l'actif intellectuel d'un petit nombre de mortels privilégiés, mais qu'elle possède la vertu de rendre les hommes meilleurs, plus libres, plus dévoués à leur famille, à leur patrie et à l'humanité, plus respectueux et plus soumis envers la Providence. Il y a cinquante ans, lorsque la France a perdu cet illustre secrétaire perpétuel de la première classe de l'Institut, ces idées étaient tournées en ridicule, et la science était considérée comme hostile au progrès social, au gouvernement rationnel des sociétés. On prétendait qu'elle pervertissait l'esprit du peuple, et qu'on devait se borner à jouir de ses bienfaits matériels.

Napoléon III a fait célébrer les obsèques de François Arago aux frais du budget, malgré les protestations de sa famille dont les chefs étaient en exil, il a fait mener le deuil par de grands officiers de sa maison. Des discours ont été prononcés tant à l'Institut de France, qu'au cimetière et à l'inauguration de plusieurs statues, mais dans toutes ces occasions, les orateurs se sont strictement bornés à parler du rôle scientifique d'Arago, aucun n'a fait la moindre allusion à la carrière politique du grand orateur qui ne fut pas seulement le véritable fondateur de la République de Février, le libérateur des esclaves dans toutes les colonies françaises, mais encore le principal auteur de l'établissement intégral du suffrage universel. C'est à son éloquence et à sa fidélité aux principes que la France devait le suffrage populaire dont Louis Bonaparte avait si largement bénéficié. Cependant on se donnait bien garde d'en faire honneur au génie d'Arago défunt. Heureusement l'homme qui avait découvert le magnétisme de rotation, l'électro-aimant, et tant d'autres faits scientifiques de premier ordre, avait lu dans l'avenir qu'un jour viendrait où le peuple, éclairé par l'usage du droit de vote, s'en servirait de manière à donner à tous les intérêts, à toutes les aspirations, à toutes les espérances la plus large satisfaction compatible avec la nature des choses et les lois éternelles du développement des sociétés. C'est lui qui le premier a dit à la Tribune nationale des censitaires, que la seule manière d'éviter les révolutions était d'obliger les hommes à se compter.

Il n'en est pas de la gloire des savants comme de celle des poètes, des philosophes et des artistes qui ont réalisé le beau et trouvé le vrai. Il y a quelque chose d'éphémère et de transitoire dans leurs plus belles découvertes. En effet, elles sont l'origine de progrès qui les passent ; plus elles sont fécondes, plus les conséquences qu'elles produisent sont de nature à faire oublier la source d'où elles découlent. On comprend donc facilement qu'ainsi mutilé, Arago ait été relativement oublié. Le temps a d'autant plus facilement porté préjudice à sa mémoire que ses successeurs se sont presque toujours abstenu de suivre son exemple. A mesure que les sessions parlementaires se succèdent, on voit l'éloignement des savants pour les affaires publiques aller en augmentant. De leur côté, les électeurs se contentant trop souvent de nommer des notabilités de clocher, le niveau intellectuel des représentants du peuple est loin d'aller en s'élevant.

Maintenant que le peuple français est réellement maître de ses destinées, n'est-il par temps de réagir contre une tendance funeste ? Quel moyen plus énergique et plus noble que de rendre enfin à la mémoire de François Arago la justice à laquelle elle a droit ? Nous allons donc essayer de le faire en montrant que ce grand savant a été avant tout un homme courageux, dévoué au progrès, et un bon citoyen, et que jamais il n'a pactisé avec l'injustice ou la tyrannie et que toujours il fut l'apôtre de la liberté.

Heureusement Arago a laissé dans ses œuvres posthumes un travail qui facilitera singulièrement notre tâche. Il l'a intitulé l'« Histoire de ma jeunesse.». Il n'y aurait qu'à la reproduire si par excès de modestie et faute de temps, l'illustre auteur de cette auto-biographie n'avait omis une foule de détails nécessaires pour comprendre le rôle qu'il a joué au milieu d'événements oubliés. En outre, cette pièce destinée au peuple n'a jamais été imprimée à part. Elle constitue une petite fraction d'un gros volume contenant des notices biographiques sur d'autres savants. Nous avons donc pensé qu'il serait utile à propos du cinquantenaire de la mort d'Arago de nous inspirer de ces pages, qui ont tout l'attrait d'un livre vécu, et de leur donner la seule forme qui, suivant nous, leur convienne actuellement.

Nous avons quelques raisons de croire qu'il nous sera possible de peindre les années dans lesquelles ce grand homme a jeté les bases de sa gloire future et éprouvé des aventures plus étonnantes que celles qu'on raconte dans les romans. En effet il y a une quinzaine d'années, nous avons eu l'occasion de présenter au public un ouvrage consacré à la mesure du mètre, auquel Arago a participé avec éclat.

Quoique nous n'ayons pu le distinguer d'une façon suffisante des autres savants qui ont collaboré à cette œuvre nationale et humanitaire, l'Académie française a bien voulu accorder à notre étude imparfaite une distinction flatteuse dans la distribution des prix de la fondation Monthyon.

Ce succès nous a encouragé à perfectionner notre œuvre, en ne parlant du mètre que juste autant qu'il était nécessaire pour apprécier ce qu'Arago a fait dès lors de grand. Les documents abondent pour retracer la carrière du plus illustre des secrétaires perpétuels de l'Académie des Sciences, du plus célèbre directeur de l'Observatoire, du plus éloquent membre de la Chambre des députés et du Conseil municipal de Paris. Les « Comptes rendus », le « Moniteur », les Journaux, les Mémoires des savants et des grands personnages avec lesquels Arago s'est trouvé en rapport dans sa longue carrière. Pendant un quart de siècle son nom était dans toutes les bouches, et son influence sur la marche des affaires publiques était presque aussi grande que s'il était appelé au pouvoir.

Nous avons en outre nos souvenirs personnels et ce que nous avons entendu raconter tant en France qu'en Algérie. Nous pouvons donc espérer, que nous parviendrons à faire revivre les événements mémorables qui ont mis en lumière pour la première fois la valeur morale, scientifique et intellectuelle d'un homme qui a été le premier objet de notre juvénile admiration, et qui sera éternellement digne de servir de modèle à tous les jeunes Républicains.

CHAPITRE PREMIER

Arago à Estagel

Le département des Pyrénées-Orientales, dont la superficie dépasse
4.000 kilomètres carrés et dont la population est supérieure à 200.000 habitants, peut-être considéré comme représentant l'ancien Roussillon, auquel
l'on a ajouté quelques sections peu importantes des arrondissements de

Vue d'Estagel.

Prades et de Céret. Cette partie pittoresque du Sud-Est de la République a
été annexée de fait en 1642 à la France. Quoique cette précieuse conquête
n'ait été reconnue que dix-huit ans plus tard, lors de la signature du traité
des Pyrénées, on peut la considérer comme un legs du cardinal de Richelieu,
qui avait alors un pied dans la tombe, mais qui n'avait rien perdu de son
ardeur patriotique et de sa vigueur morale.

En enlevant à l'Espagne cette perle, il lui fit payer chèrement les intrigues de la cour de Madrid avec Gaston d'Orléans, trames coupables qui coûtèrent la vie à de Thou et à son ami Cinq-Mars.

Géographiquement, cette belle province appartient à la France, puisqu'elle est située au Nord de la ligne de faîte des Pyrénées et que tous ses petits fleuves qui apportent à la Méditerranée le tribut de leurs eaux se jettent au Nord du cap Cerbère. Ethnographiquement, elle fut peuplée par les Celtes, comme le reste de la Gaule, mais les Arabes y firent un long séjour, et la contrée resta pendant tant d'années unie à la couronne d'Aragon que la population avait pris le type, les habitudes et les idées des habitants de la Catalogne, ainsi que leur idiome. Le grand homme dont nous allons raconter l'histoire peut être considéré comme un des plus parfaits exemples de cette fusion des qualités de deux races. En 1659, Louis XIV eut le bon esprit de laisser aux Roussillonnais toute la liberté locale dont ils jouissaient sous les lois catalanes. La nouvelle province fut rangée au nombre des pays d'Etat, c'est-à-dire des parties de la France qui possédaient déjà une sorte de gouvernement représentatif et constitutionnel. Les Etats du Roussillon se réunissaient à Perpignan, sous la présidence de l'évêque, et leur consentement était nécessaire pour le prélèvement des impôts. L'esprit d'indépendance, que favorise l'air pur et vif des montagnes, put se développer sans obstacle, sous l'influence des idées philosophiques.

Nulle part les principes de la Révolution ne furent accueillis avec autant d'enthousiasme.

On peut dire que, né en 1786, au moment où toutes les parties du royaume étaient agitées par un souffle puissant, François Arago est bien l'expression vivante des nobles pensées qui agitaient l'esprit de ses concitoyens et qui, malgré tant d'obstacles, de sang versé, de calamités et de guerres de toute nature, devaient jeter les bases de la société de l'avenir et de la République, qui est notre gouvernement définitif.

Le père d'Arago aimait à porter le titre de licencié en droit, mais il ne plaidait jamais et il se bornait à faire valoir quelques terres en prés et en vignes, qui suffisaient à l'entretien de sa famille.

Il était partisan des idées libérales, aussi ses concitoyens le nommèrent-ils leur représentant dans le directoire du département. Les préfets ne sont pas, comme on le croit communément, une invention républicaine, mais simplement une création impériale.

Les fonctions de membre de ces Assemblées exécutives étaient loin d'être une sinécure, surtout à l'époque terrible où l'étranger cherchait à envahir le territoire de la France, afin de rétablir Louis XVI en envoyant au supplice les révolutionnaires.

Statue d'Arago à Perpignan, par A. Mercié.

La liberté était perdue, si la Convention n'avait répondu à la coalition en exécutant la Loi dans toute sa rigueur.

L'Espagne, s'étant jointe à nos ennemis ne fut repoussée que grâce à l'énergie admirable des départements frontières. Les administrateurs du département des Pyrénées-Orientales firent positivement merveille.

On peut dire qu'Arago suça le lait de la première République et apprit sur le sein maternel les principes qui l'ont conduit à préparer par l'établissement de la seconde le triomphe de la troisième.

La nature des fonctions publiques que remplit le père d'Arago fit de sa maison un centre que venaient visiter les soldats rejoignant leur corps, les miliciens accourant sous les drapeaux et les rares voyageurs traversant ces contrées si profondément troublées.

Le jeune Arago, qui avait été envoyé à l'école primaire avec les enfants des plus pauvres cultivateurs, vivait donc au milieu d'une fournaise. Sa vive imagination était surexcitée par tout ce qu'il voyait et tout ce qu'il entendait Dans ses études, il ne manifestait aucune qualité exceptionnelle, il n'était ni plus ni moins avancé que les condisciples de son âge, et la sphère de ses connaissances se bornait aux quatre règles et aux éléments tant de la géographie que de la grammaire. Rien en lui ne révélait un futur secrétaire perpétuel de l'Académie des sciences, qui devait étonner le monde par l'étendue de ses connaissances, la pénétration de son génie. Mais il s'exprimait déjà avec une élégance enfantine des plus touchantes, et son âme de feu prenait à chaque instant des résolutions ardentes. Il était grand pour son âge, avait de longs cheveux noirs, de grands yeux bien ouverts, admirablement expressifs. C'était un brillant spécimen du plus beau type des gamins du pays.

Son ambition, sa noble ambition, était de devenir enfant de troupe dans une des quatorze armées dont le grand Carnot dirigeait les mouvements, et qui parvinrent non seulement à faire respecter l'intégrité du territoire national, mais même à faire de glorieuses conquêtes.

Comme l'enfance de tous les grands hommes, celle d'Arago a été accompagnée d'un grand nombre de légendes peu vraisemblables, dont quelques-unes, que nous croyons fausses, se sont glissées jusque dans les publications les mieux à même de connaître la vérité. La gloire n'a pas besoin de ces vains ornements. La vérité vraie est assez belle et assez honorable pour qu'on n'ait pas besoin de la défigurer.

Nouveau Don Quichotte, on ne l'a pas vu, à l'âge de sept ans, se précipiter sur un brigadier de l'armée espagnole, afin de le pourfendre avec une lance que son bras précoce n'aurait pu soulever, mais son patriotisme enfantin a pris une forme plus à la portée de ses jeunes mains.

Dans la précieuse esquisse qu'il a tracée des premières années de sa vie, Arago cite quelques preuves mémorables de cet enthousiasme qui indiquait la noblesse de son caractère. Son esprit était en proie à une si violente excitation belliqueuse, que sa famille était obligée de le faire étroitement surveiller pour éviter qu'il n'allât à la guerre avec quelqu'un des détachements qui traversaient Estagel à qui, de temps immémorial, les habitants se sont toujours obstinés à donner le nom de ville. Cette manie ne comprend en quelque sorte, à cause de la régularité des maisons, qui se sont point de simples cabanes, mais des habitations de belle apparence, de dimensions suffisantes, et toutes construites en pierres.

François Arago ne se contentait pas, comme ses camarades, de suivre les soldats un peu après la traversée du pont qui fait l'orgueil des Estagelois, mais il les accompagnait bien après qu'ils avaient été abandonnés par les braillards sauvant la patrie en hurlant le « Ça ira, » l'« Hymne des Marseillais. » ou le « Chant du Départ ». C'était à plusieurs lieues que ses parents devaient aller le rattraper avec une carriole, dans laquelle on le ramenait après lui avoir administré des réprimandes et des taloches, aussi inutiles les unes que les autres, car chaques fois qu'une bande passait, le déserteur recommençait ses escapades !

Il n'est pas moins faux de dire comme certains admirateurs dont les exagérations cachaient quelques intentions perfides, que jusqu'à l'âge de dix-sept ans, il n'avait fait aucune espèce d'études, qu'il ne savait pas même lire et que son esprit s'était subitement éveillé, comme s'il avait reçu quelque révélation d'en haut..

Son éducation n'avait rien de merveilleux, de surnaturel. Il a appris ce qu'il savait par des moyens simples et à la portée de tous. Il a été un des premiers jeunes français à tirer parti du système d'éducation véritablement républicaine que la Convention a eu le soin de décréter. Il faisait partie de cette quinzième armée, celle de l'avenir, que de saints révolutionnaires avaient levée dans toutes les parties du pays délivré de l'aristocratie.

Arago reconnaît lui-même qu'il n'avait rien qui le distinguât au point de vue intellectuel de ses compagnons de classe. Il n'était pas du tout un petit prodige. C'était un élève qui suivait facilement les cours élémentaires ; mais dans la manière dont il apprenait la table de multiplication, l'on ne voyait pas du tout poindre le membre le plus célèbre de l'Académie des sciences, le véritable successeur de Fontenelle et de Condorcet.

Il était fier d'avoir reçu l'éducation véritablement nationale que la Municipalité donnait alors à tous les enfants de la République ; il se rappelait toujours avec plaisir son temps d'école. Chaque fois qu'il retournait à Estagel, il aimait à retrouver ses anciens condisciples, qui, de leur côté, étaient ravis dé s'entretenir avec un homme d'une réputation universelle. C'est ainsi que naturellement, en suivant les impulsions de sa nature, il acquit bientôt une popularité formidable. Son souvenir y est resté positivement indestructible.

Arago eut deux sœurs dont une épousa son ami et son confrère à l'Académie des sciences, l'astronome Mathieu.

Arago eut, en outre, trois frères, dont aucun ne put rivaliser avec sa gloire, ce qui n'a rien de surprenant, car dans les siècles les plus fertiles en grands hommes, les François Arago sont rares. Mais tous trois surent acquérir, chacun dans son genre, une grande célébrité.

Maison natale d'Arago.

L'aîné fut tourmenté par la fièvre des aventures extraordinaires, comme François lui-même. Lorsque le célèbre Mina se souleva contre l'Espagne, Jean s'engagea dans l'armée de ce hardi guerrier. Il échappa à la défaite à la suite de laquelle Mina fut pris et fusillé. Il continua la guerre jusqu'à ce que les Espagnols fussent expulsés. La République mexicaine le nomma général. Épuisé par ses fatigues terribles, il mourut jeune mais n'eut point la douleur de voir un émule de Napoléon faire un nouveau brumaire de l'autre côté de l'Océan. C'était un homme d'un désintéressement antique, qui était tellement pauvre qu'on ne trouva pas chez lui de quoi le faire enterrer.

Le second, Jacques, avait un joli talent de dessinateur, il écrivait avec beaucoup de feu et de brio. Il fut attaché comme artiste à l'expédition autour du monde, de M. de Freycinet. C'était un homme à imagination vive, qui malheureusement pour lui, devint aveugle à l'âge de quarante ans, à la suite d'une amaurose. Il avait une telle vivacité dans le regard, qu'on ne s'apercevait pas que son œil était éteint. Il était resté toujours excessivement gai, et il reconnaissait parfaitement les personnes à la voix. Il était très adroit de ses mains, et, en dépit de sa cécité, il écrivait des volumes, dont quelques-uns avaient un grand succès. Il exécutait aussi des tours d'escamotage qui étaient une des admirations de mon enfance, et j'ai conservé dans ma mémoire quelques-uns de ceux qu'il m'a appris. Il a fait, étant aveugle, un voyage au Chili, et l'on dit même un voyage en ballon. C'ést un détail curieux que je n'ai pu vérifier, mais qui ne m'étonnerait pas.

Le plus jeune était Etienne Arago, qui fut directeur du Vaudeville et auteur de pièces de théâtre très estimées. C'était un homme de beaucoup d'esprit et d'un grand courage, comme tous les Arago.

Il a pris part comme combattant à la Révolution de Juillet et à la Révolution de Février. Au 13 Juin 1849, il a été exilé et n'est rentré en France qu'à l'amnistie. Du temps de la Révolution du 4 Septembre, il a été maire de Paris et s'est acquitté de ses importantes et délicates fonctions avec autant d'esprit que de dévouement. Il avait été mêlé à un nombre incroyable d'événements. Pendant les dernières années de sa vie il a travaillé à des mémoires que, pour un motif inconnu, il a détruits quelques jours avant sa mort. Comme on le voit, la famille d'Arago avait un caractère bien nettement défini. C'était une race puissante par la vigueur corporelle et intellectuelle, l'esprit d'à-propos, la hardiesse. Les Aragos avaient toutes les qualités qui faisaient les hommes utiles et les bons citoyens. Les générations suivantes n'ont point dégénéré, mais nous n'avons en ce moment à nous occuper que de François Arago. Le sujet est trop riche pour que nous nous laissions distraire de notre tâche.

Mais il importe de faire comprendre dans quelles conditions matérielles et sociales son génie s'est développé et a excité, soit l'admiration, soit la jalousie, et par conséquent la haine ou l'amour de ses concitoyens. Il en est peu, en effet, qui soient restés indifférents au nom d'Arago, mais l'immense majorité a rendu hommage aux qualités exceptionnelles de cet admirable type du vrai républicain.

Si toute la jeunesse d'Arago se fût passée à Estagel, le jeune homme n'aurait pu développer toutes les qualités précieuses dont il avait reçu le germe. Mais il ne resta pas longtemps seul enfant ; sa mère lui donna bientôt des frères et une sœur. Son père, se trouvant à la tête d'une nombreuse famille, comprit qu'il ne pouvait rester plus longtemps à Estagel et il se rendit à Perpignan pour trouver quelque emploi lucratif. Le développement de la

Révolution ne tarda pas à lui fournir une fonction dans laquelle on avait besoin d'un homme à la fois intelligent et intègre.

Lorsque le fort de la crise révolutionnaire fut passé, on songea à remplacer les assignats et par conséquent à augmenter le numéraire en circulation. A cette époque, on ne possédait pas de machines à vapeur. Les balanciers devaient être maniés à bras, on ne pouvait, comme on l'a fait par la loi de 1879, songer à concentrer à Paris tous les ateliers monétaires. On en établit dans plusieurs parties du territoire pour émettre la modeste somme de 106 millions de pièces d'argent. Sous l'empire, la fièvre monétaire fut plus intense, et en douze années on frappa 528 millions en pièces d'or et 887 millions en pièces d'argent. Mais pour venir à bout de cette tâche, il fallut dix-huit établissements dont cinq dans les provinces annexées, à Genève, à Rome, à Utrecht, à Gênes et à Turin.

Arago père fut nommé trésorier de la Monnaie de Perpignan et alla prendre possession de sa fonction. Mais il ne quitta pas sa maison d'Estagel sans esprit de retour et y laissa sa femme avec les enfants en bas âge.

Cette émigration eut lieu, heureusement pour Arago, à une époque où son esprit était assez développé pour être apte aux plus fortes études et où sa robuste constitution corporelle était propre à supporter les plus grandes fatigues. C'est à force de travail acharné, et plus tard de chagrins occasionnés par les malheurs de la France, qu'Arago perdit la santé tout à fait exceptionnelle dont il jouissait dans sa jeunesse.

C'est un peu avant la funeste journée de Brumaire qu'Arago changea subitement d'existence et devint citadin.

Le coup d'Etat de Napoléon Ier ne fut pas, comme celui de son neveu accompli dans des conditions telles que toute la nation fût fixée sur la portée des événements auxquels elle venait d'assister. Beaucoup de citoyens dévoués à la République se firent illusion, et ne virent dans l'institution du Consulat que la consolidation du gouvernement. Lorsqu'ils revinrent de leur erreur, il était trop tard. On s'écartait de plus en plus de Marengo, et le système des guerres dynastiques avait commencé pour aboutir au passage de la Berézina et à Waterloo.

CHAPITRE II

Arago à Perpignan

De nos jours on se figure difficilement le caractère du sentiment d'affection et d'admiration que les habitants d'Estagel portaient à leur illustre
compatriote, dont l'influence effaçait toutes les autres. L'esprit national d'une
des parties les plus originales et les plus foncièrement indépendantes de la
vieille France avaient pris en quelque sorte corps ; il s'était comme incarné
dans François Arago. C'était un sentiment tellement naturel qu'Arago ne se
préoccupait nullement des manières de l'entretenir et de le propager. Jamais
on ne le vit se livrer à ces petites intrigues de détail qui caractérisent le
grand homme de province, et qui atteignent leur apogée dans les élections
parlementaires. On pouvait dire de la réputation d'Arago, non seulement
dans sa commune natale, mais encore dans son département d'origine, ce
que le général Bonaparte avait dit de la République française aux diplomates
lui proposant d'insérer la clause de la reconnaissance dans un traité : « La
République française est comme le soleil, aveugles sont ceux qui ne la
voient pas ».

En arrivant à Perpignan, Arago suivit comme externe libre les leçons du
collège communal, où l'enseignement était resté intact, car le coup d'État
de l'an VIII fut long à faire sentir son influence démoralisatrice. Pendant toute
la durée du Consulat, on avait conservé, au moins en apparence, les institutions républicaines : on continuait à citer à la jeunesse les exemples des
grands hommes de Rome et d'Athènes avant la décadence césarienne ; on
essayait de former des citoyens en même temps que des hommes. Cette mâle
éducation plaisait à Arago, qui n'oublia jamais ses préceptes et sentit se
développer le goût de la littérature classique. Aussi lisait-il avec passion les
grands auteurs. Son éducation littéraire façonna son style, qui fut clair,
précis, correct et animé. Jusqu'à la fin de sa carrière, il chercha à donner aux
vérités abstraites une forme agréable, facile et intelligible. C'est ce qui fit

dire qu'il était un excellent « vulgarisateur », terme inexact, caractérisant mal son talent, qui n'avait rien de vulgaire. Il excellait au contraire dans l'art de se faire comprendre de tous, en débarrassant les vérités de tous les détails que seuls les spécialistes ont intérêt à connaître, et qui sont autant d'obstacles à la compréhension pour les autres. C'est dans cette partie de sa carrière qu'Arago contracta ce profond sentiment de l'art qui ne l'abandonna jamais dans ses études les plus abstraites et qui donne à ses écrits un cachet de distinction et d'élévation qu'on n'a jamais dépassé !

François Arago serait devenu non pas un rival heureux de l'immortel neveu des Corneille, de l'illustre Fontenelle, mais un émule de Chateaubriand, des Lamartine et des Hugo, sans une circonstance fortuite qui, de son aveu, décida de sa vocation définitive.

Il rencontra un jeune homme qui, paraissant plus jeune encore que son âge, semblait n'être qu'un adolescent et portait déjà l'épaulette et l'uniforme de l'arme du génie. Il lui demanda comment il avait fait pour conquérir son grade d'une façon si rapide. En effet, Arago savait que la République avait fait justice des privilèges nobiliaires et que certains aristocrates ne recevaient plus dès leur berceau le droit de commander à leurs semblables et de les bâtonner au besoin.

Il savait que, dans une armée républicaine comme l'était incontestablement à cette époque l'armée française, chacun est fils de ses œuvres et que l'avancement est le prix du mérite et de la valeur.

L'officier répondit en souriant : « Mon jeune ami, je suis élève de la célèbre Ecole polytechnique, dont je suis étonné que vous n'ayez point entendu parler. Lorsque j'y suis entré, en 1794, je n'avais seize ans que depuis quelques jours, et je n'y suis resté qu'un an, parce que la République a eu besoin de créer un second régiment de génie, et j'ai suivi l'exemple de beaucoup de camarades qui ont interrompu leurs études afin de contribuer à la défense du pays. Au régiment, j'ai eu la chance de me distinguer, ce qui m'a fait obtenir l'épaulette de lieutenant et puis celle de capitaine en quelques mois. »

Le jeune Arago ouvrit de grands yeux et demanda comment on était admis à cette école où l'on pouvait si rapidement se distinguer en rendant à la République des services d'une nature si élev...

« Tous les jeunes Français sont admissibles dit l'officier, ils n'ont qu'à se présenter, la République fait les frais de leur instruction et de leur séjour à Paris. Car ils n'ont point à payer de pension, on leur donne la solde de sergent d'artillerie, ainsi que les rations. Mais on ne reçoit que les plus capables choisis à la suite d'examens subis devant des savants qui se transportent sur tous les points du territoire ».

Frappé de l'intelligence précoce qui se lisait sur la figure aimable de l'adolescent qui l'interrogeait, l'officier prit plaisir à lui raconter en détail ce qui s'était passé lors de la création de l'Ecole, dont le plan avait été tracé à la Convention nationale, dans un admirable rapport, un des morceaux les plus éloquents dus au célèbre chimiste Fourcroy, un des savants qui avaient adopté avec le plus d'ardeur la cause de la Révolution.

Arago à Perpignan lors qu'il se préparait aux examens de l'École Polytechnique, sans autre-secours que celui de ses livres.

L'établissement national que la République créait était destiné à remplacer les anciennes écoles de la monarchie, dans lesquelles les élèves n'étaient admis que lorsqu'ils avaient fait preuve de quartiers de noblesse. Les privilégiés reçus dans ces précieux sanctuaires n'étant généralement que des héritiers de nos parasites séculaires, croyaient que l'on dérogeait en travaillant. Aussi étaient-ils presque tous incapables d'exécuter les tâches qu'on leur confiait. A chacune de ces pépinières de paresseux, on avait adjoint une école accessoire de conducteurs de sous-ingénieurs, ou de sous-officiers, condamnés par leur roture à croupir éternellement dans les grades inférieurs, mais sur lesquels le salut de la patrie reposait exclusivement..

La Convention nationale mit fin à ces scandales systématiques d'une façon digne à la fois d'une grande époque et d'une grande nation.

L'officier d'artillerie apprit à son jeune interlocuteur émerveillé que cette grande Assemblée décréta la levée en masse de toutes les jeunes intelligences afin d'en réunir la fleur dans une école où l'on improviserait des ingénieurs pour la défense de la patrie, ainsi que pour la pratique de tous les arts de la paix, dont la Convention ne cessait jamais de se préoccuper ; car elle considérait la guerre comme la plus grande de toutes les calamités après l'esclavage cependant. Vivre libre ou mourir était la devise que tous les vrais conventionnels avaient adoptée...

« Un décret, rendu suivant les formes les plus solennelles, avait convoqué les candidats, non seulement à Paris, mais dans vingt-deux villes importantes, où des savants distingués s'étaient transportés, afin de se rendre compte des mérites respectifs de ces adolescents.

« Plusieurs milliers de jeunes gens de seize à vingt ans s'étaient rendus à l'appel du gouvernement de la République et avaient passé un examen destiné, non point tant à déterminer l'étendue des connaissances acquises qu'à se rendre compte de la facilité plus ou moins grande avec laquelle le candidat pourrait acquérir les connaissances nouvelles que l'on se proposait de lui enseigner. Je fus un des quatre cents jeunes citoyens que l'on distingua ainsi sur plusieurs milliers de Français intelligents.

« On choisit pour nous recevoir un des plus somptueux monuments de la capitale le célèbre Palais-Bourbon.

« Pendant que nous passions nos examens dans toutes les parties de la République, tout ce que Paris contenait de dessinateurs, de modeleurs, d'artistes souffleurs en verre et d'ouvriers d'art ou de constructeurs d'instruments de précision, avait été mis en réquisition. Lorsque nous sommes arrivés, nous avons trouvé des galeries remplies de modèles et d'instruments. Comment ne point comprendre les enseignements qu'on allait nous donner, nos professeurs avaient eu l'art de se servir de tous nos sens, afin de parler à notre intelligence. Aussi je peux dire que jamais savants plus illustres n'ont trouvé des élèves aussi dociles à leurs inestimables leçons ».

Si le jeune officier du génie n'avait craint de ne pas être compris de son auditeur, dont les yeux étincelaient de plaisir, il aurait continué plus longtemps ; cependant, après un instant de silence, il reprit :

« Pouvoir essentiellement révolutionnaire, la Convention nationale n'avait en réalité qu'une ressource, c'était de faire appel à l'enthousiasme qui a sauvé tant de fois la France et la République et qui la sauvera toutes les fois qu'il s'allumera de nouveau !

« Nos professeurs nous ont donc fait des cours révolutionnaires, des

La mère d'Arago, d'après un tableau d'Alfred, son petit-fils.
Ce tableau est conservé au Musée de Perpignan.

cours qui méritaient réellement ce beau nom. En trois mois, l'on a développé devant nous les points saillants des sciences que l'on n'étudie que lentement. D'éloquents démonstrateurs ont fait dérouler devant nous un panorama merveilleux de découvertes admirables, d'idées sublimes qui se sont révélées pour la première fois à notre âme. Jamais je n'oublierai l'impression grandiose que j'ai éprouvée, j'étais comme ébloui. Il me semblait que mon esprit avait pénétré dans une zone nouvelle, il était transformé. J'ai éprouvé une sensation analogue à celle qui m'a saisi lorsque le capitaine Coutelle m'a fait monter dans son ballon l' « Entreprenant ».

« Lorsque les cours révolutionnaires furent terminés, on fit passer aux élèves des examens pour déterminer leur état d'instruction, et on les partagea en trois divisions. Chacune de ces fractions eut ses cours, ses professeurs et ses programmes particuliers. La première, dont j'eus la chance de faire partie, ne passa qu'un an à l'École et n'eut pas longtemps à attendre pour rendre service à l'Etat ; la seconde en passa deux, et la troisième en passa trois.

« Grâce à cette belle et patriotique combinaison, l'École fonctionna dès la première année comme elle fonctionne actuellement. Tous les rouages de cette grande machine d'instruction furent mis simultanément en action. Les hommes de cœur qui avaient décrété la victoire contre l'étranger la décrétèrent ainsi contre l'ignorance et la superstition.

« A proprement parler, nos cours n'étaient point publics; cependant, ils étaient si intéressants, que des généraux, des ingénieurs célèbres, des membres de l'Institut national venaient s'asseoir à nos côtés, sur nos bancs.

« Il n'y a rien d'étonnant à ce grand, à cet immense zèle. Car on n'enseigne pas seulement à l'École la science faite, on y fait une science nouvelle... On y crée la géométrie descriptive, la langue des architectes et des ingénieurs, l'art de représenter par des constructions planes tout ce que vous pouvez voir dans l'espace, à trois dimensions ! »

Avant la fin de cette conversation, la vocation d'Arago était fixée d'une façon définitive. Dès le lendemain matin il demandait à suivre les cours de mathématiques, ce qui lui fut immédiatement accordé. Car les directeurs des collèges municipaux avaient ordre de favoriser le développement des études nécessaires à la diffusion des connaissances positives, qui n'étaient suivies, sous l'ancienne monarchie, que par une élite trop restreinte et que les préjugés publics étaient bien loin d'encourager. A peine si le travail de l'ingénieur était distingué du travail manuel, que l'on considérait comme indigne d'un gentilhomme. Quoiqu'on n'en fût plus au temps où l'on écrivait dans les actes : « lequel, attendu sa qualité de gentilhomme, a déclaré ne point savoir écrire », on considérait la vie oisive comme le plus précieux apanage de la noblesse.

Au collège communal de Perpignan, le cours de mathématiques était professé par un vrai Républicain nommé le citoyen Verdier, qui, avant la Révolution, était un des membres du clergé séculier et curé d'une des paroisses de Perpignan, où il avait laissé les meilleurs souvenirs.

C'était un excellent homme, qui, en jetant le froc aux orties, n'avait pas renoncé à sa gravité professionnelle. Il apportait, en donnant les sacrements scientifiques, autant d'onction que lorsqu'il s'agissait de la communion, de la confession ou de la confirmation. Malheureusement, ses connaissances étaient bornées, il n'était familier qu'avec Bezout et les auteurs en honneur dans les séminaires du temps de sa jeunesse.

Un pareil professeur, malgré son dévouement, eût été profondément incapable de faire passer à Arago un examen présentable, si celui-ci n'avait donné une première preuve de son énergie indomptable et de son initiative personnelle par un travail incessant d'assimilation. Cet exemple ne doit point être perdu de vue par les jeunes gens, car l'élève ne comprend bien que ce qu'il a en quelque sorte trouvé sur les indications des professeurs, mais avec le secours de sa raison indépendante. La foi est nécessaire au début, mais elle doit faire place à la conviction intime. Dans l'histoire de sa jeunesse, Arago expose ces diverses transformations d'une façon à la fois suggestive et charmante.

Arago s'empresse donc de faire venir de Paris les ouvrages les plus nouveaux : ceux de Legendre, Lacroix et Garnier. Tous étaient beaucoup plus simples que ceux qui leur ont succédé et que l'on a compliqués depuis d'une foule de questions accessoires. Malgré cela, Arago trouvait encore nombre de difficultés qui l'arrêtaient et dont il n'aurait pu triompher s'il n'avait trouvé à Estagel un guide éclairé.

Il y avait dans le village avec lequel Arago n'a jamais cessé d'entretenir d'actives relations un propriétaire qui faisait ses délassements de l'étude des mathématiques transcendantes. C'était dans sa cuisine, dit Arago, en donnant ses ordres à un nombreux domestique pour les travaux du lendemain, que M. Raynal lisait l' « Architecture hydraulique » de Prony, la « Mécanique analytique » de Lagrange et la « Mécanique céleste » de Laplace.

A cette époque, M. Raynal était un phénomène rare et contribuait à la célébrité d'Estagel. Il en serait autrement de nos jours, où l'on trouverait un Raynal dans une foule de communes rurales.

Mais un événement singulier fut de la plus grande utilité au futur candidat, et c'est à cette circonstance providentielle, plus encore qu'à l'intervention bienveillante de M. Raynal, qu'il attribue ses succès.

Laissons-lui la parole pour raconter cette curieuse anecdote.

« Le traité d'algèbre de M. Garnier avait une couverture composée d'une feuille imprimée sur laquelle était collé extérieurement du papier bleu. La lecture de la page me fit naître l'envie de connaître ce que cachait le papier bleu. J'enlevai ce papier avec soin, après l'avoir humecté, et je pus lire ce conseil donné par d'Alembert à un jeune homme qui lui faisait part des difficultés qu'il rencontrait dans ses études : « Allez en avant, et la foi vous viendra ».

Ce conseil fut pour Arago un trait de lumière. Il admettait provisoirement la vérité du théorème et passait outre. L'étude des corollaires illuminait sa raison. En revenant sur ses pas, il était tout surpris de ne plus trouver tous les nuages qui le déroutaient !

Nous-même, docile à ce qu'Arago nous avait dit, nous avons suivi cette méthode énergique et nous nous en sommes bien trouvé. Le meilleur professeur de l'élève, c'est toujours l'élève lui-même. Rien ne dispense de l'effort personnel. On n'est qu'un perroquet lorsque l'on ne s'est point assimilé complètement la démonstration.

Il n'y a pas de limite à ce que peuvent les vertus créatrices de l'esprit.

Pascal avait fait mieux encore, seul il avait découvert les théorèmes de la géométrie. Tous les jeunes étudiants ne peuvent prétendre être des Pascal. Suivre l'exemple que donne Arago est au contraire à la portée de tout élève laborieux et intelligent. Mais, quelque éminent que soit un professeur, l'élève ne doit jamais s'en rapporter qu'à lui-même. La conviction raisonnée est une affaire de conscience individuelle que l'on peut se donner à soi-même, mais que personne n'a le pouvoir de nous inculquer.

CHAPITRE III

Arago candidat à l'École Polytechnique

Il y avait déjà dix-huit mois qu'Arago travaillait ainsi d'une façon solitaire et sans autre secours que quelques conseils de M. Raynal, lorsque arriva l'époque des examens de 1802, pour lesquels il s'était fait inscrire. Depuis l'ouverture de la polytechnique, les promotions s'étaient succédé d'une façon régulière. Sauf l'abréviation du temps d'études et l'appel anticipé d'une partie de quelques promotions, l'enseignement avait marché sans interruption. Toutefois, le régime intérieur était devenu plus sévère. On se sentait, au Palais-Bourbon, des changements qui étaient survenus dans le gouvernement de la République. On avait petit à petit amoindri le nombre et le rôle des chefs de brigade, qui était une très heureuse application du système d'enseignement mutuel employé dans les écoles primaires de la République.

Dans la première promotion, on avait partagé les quatre cents élèves en seize brigades; à la tête desquelles on avait placé, en qualité de répétiteur, un élève qui avait répondu avec distinction à un examen spécial. Ces chefs de brigade, qui devaient faire un an de plus à l'École, servaient de répétiteurs. Parmi ces chefs de brigade de la première heure, il suffira de citer Biot, Francœur et Malus, pour montrer que le choix des examinateurs est loin d'avoir été aveugle.

Mais, en dehors de l'École, c'est-à-dire dans les examens destinés au recrutement des élèves, le changement avait été beaucoup plus notable.

Si les savants chargés de cette importante mission s'en acquittaient avec autant de conscience qu'avant le coup d'État, ils affectaient des allures beaucoup plus despotiques et beaucoup plus autoritaires. En effet, on voyait de plus en plus que la journée de Brumaire avait été une victoire de l'administration sur ses administrés.

Comme de nos jours, il y avait pour la Polytechnique des centres d'examen et les « missi dominici » de la science allaient apprécier le mérite des candidats dans les différentes parties du territoire de la République indiquées d'avance. Mais on n'avait point encore eu l'idée de soumettre les concurrents à deux épreuves successives, sous deux professeurs séparés. Le titulaire du circuit du Midi était le jeune frère du grand Monge, qui se trouva indisposé à Toulouse et ne put ou ne voulut se rendre à Montpellier. En conséquence, il écrivit aux candidats qu'ils aient à le joindre à Paris.

Pendant que le caissier de la Monnaie était membre du Directoire du département des Pyrénées-Orientales, et résidait encore à Estagel, il avait eu à plusieurs reprises l'occasion de rendre des services signalés à l'astronome Méchain. Ce membre célèbre de l'ancienne Académie des Sciences avait été chargé de mesurer la partie de la méridienne qui s'étend de la frontière espagnole jusqu'à Barcelone. Mais il n'avait pas eu seulement à lutter contre l'ignorance de nos voisins. Nos propres paysans ne voyaient trop souvent dans les astronomes que des agents des émigrés, et dans leurs signaux nocturnes que des messages télégraphiques envoyés à leurs alliés. La réputation de civisme du père d'Arago était établie sur des bases tellement solides, qu'il avait suffi de voir qu'il recevait Méchain et ses collaborateurs dans sa maison d'Estagel pour mettre un terme à toutes ces difficultés. Méchain en avait conservé une vive reconnaissance. Le gouvernement ayant décidé de reprendre les mesures et même de les prolonger, Méchain repassa par Perpignan, où du reste une base correspondante à celle de Melun avait été mesurée. Son premier soin en arrivant fut de voir le nouveau caissier de la Monnaie. Celui-ci se donna bien garde de négliger l'occasion qui se présentait au moment où son fils allait partir pour Paris, et il lui demanda une lettre pour l'examinateur devant lequel il allait passer.

« Bien volontiers, répondit l'astronome, mais je crains bien que cela ne puisse être d'aucune utilité à votre fils. Comment voulez-vous que François, qui n'a eu le secours d'aucun professeur, ait pu se rendre maître de toutes les parties d'un programme aussi compliqué ? »

Ces conseils paraissaient tellement raisonnables, qu'il fut décidé par la famille que le jeune homme n'irait point à Paris, et que l'on ferait les plus grands efforts pour le dégoûter d'un projet qui n'avait rien de sérieux.

Mais le jeune François, qui sentait qu'il avait trouvé sa voie, ne se laissa pas détourner de son dessein, il n'y fut que plus acharné. Il fit venir de Paris d'autres livres pour étudier les matières que l'on voit à l'école. C'était, en effet, un excellent procédé pour mieux comprendre les théories élémentaires.

Dans sa troisième année d'étude, Arago accomplit donc des progrès qui en faisaient un candidat tout à fait remarquable et qui, sans aucune espèce de

L'hôtel du Président de la Chambre des Députés, où se donnait l'enseignement aux élèves de l'École Polytechnique
du temps d'Arago. — L'étage supérieur a été ajouté au commencement du second Empire.

suffisance, avait le droit d'être fier de ses progrès. C'est la condition nécessaire
pour réussir dans une épreuve orale.

Tout en travaillant avec ardeur dans les remparts, dont il avait fait son
cabinet d'étude, le jeune homme n'oubliait pas les arts d'agrément, dont on
lui avait dit qu'un véritablé officier d'artillerie française ne peut se passer
s'il veut prendre les places en les battant en brèche et les cœurs en leur
livrant l'assaut ! il étudiait l'escrime, la danse et la musique avec une véritable
passion. Aussi était-il un des jeunes Perpignanais les plus remarquables par
la grâce, la beauté et la vigueur corporelle. Il avait une taille élevée, un front
haut, des dents superbes et des cheveux longs, fins et frisés, les yeux grands,
expressifs, brillants et profonds qu'il a toujours conservés.

En 1803, les examens de Montpellier furent supprimés, et Arago dut
aller jusqu'à Toulouse pour subir l'épreuve tant redoutée. Il était avec un
camarade qui s'était contenté de suivre les cours du ci-devant abbé Verdier.

L'examinateur était encore Monge jeune, qui on le voit avait une vive
répugnance pour pousser jusque dans la ville savante du Languedoc, et avait
une certaine tendance à favoriser les Gascons.

C'était la première fois depuis 1794 que des jeunes gens de Perpignan
se présentaient à la Polytechnique. Aussi leurs concurrents, venus la plupart
de Montpellier et de Toulouse, villes où se trouvaient des universités célèbres
du temps de la monarchie, trouvaient la chose fort extraordinaire, et tournaient en ridicule la présomption des deux Roussillonnais. Le sort, qui règle
l'ordre dans lequel les candidats paraissent devant les examinateurs, donna
le premier rang au camarade d'Arago. Celui-ci, dont les quolibets des autres
jeunes gens avaient ébranlé la confiance, se troubla et répondit d'une façon
pitoyable aux questions qu'on lui posa. Il ne resta pas longtemps au tableau.

Lorsque Arago prit sa place, l'examinateur avait été influencé par ce
qui venait de se passer. Oubliant que son rôle était celui d'un juge, et qu'il ne
devait en aucune façon montrer une opinion préconçue, formée à la légère,
il interpella Arago : « Monsieur, lui dit-il, en se servant d'une désignation
qui commençait à revenir à la mode et à remplacer celle de citoyen, si vous
ne devez pas mieux répondre, il est inutile de me faire perdre mon temps, et
vous ferez mieux de vous abstenir ». — « Mon camarade savait son cours,
répliqua Arago ; s'il n'avait été intimidé et perdu la tête, il aurait répondu
de façon à vous satisfaire. Mais, moi qui ne suis point si facile à troubler,
j'espère arriver à peu près aussi bien qu'il aurait pu le faire. »

S'apercevant qu'il avait commis une faute, l'examinateur posa brusquement à Arago une question difficile, dont il se tira avec adresse et intelligence.
Monge jeune, se piquant, essaya de le coller et le poussa même en dehors
du programme. Arago n'eut pas de peine à l'y suivre, à la grande surprise

des autres candidats, qui, passant d'un extrême à l'autre, manifestèrent leur joie par des trépignements, des cris de surprise et même quelques applaudissements.

Loin de réprimer ce mouvement, l'examinateur crut qu'il ne pouvait mieux faire que de s'y joindre lui-même. Il félicita chaudement le futur secrétaire de l'Académie des sciences. Tombant d'un extrême dans l'autre, ce qui arrivait sans doute plus d'une fois à une époque où les jugements des examinateurs n'étaient soumis à aucune espèce de contrôle, il lui déclara qu'il le placerait en tête de sa liste. C'est ce qu'il fit, et Arago entra donc à l'École le premier des examinés par M. Monge. On n'avait pas poussé le système des points assez loin pour comparer, par une sorte d'algèbre, le mérite des candidats provenant des diverses tournées. Il y avait autant de premiers que d'examinateurs, et chaque promotion se trouvait ainsi fractionnée en un certain nombre de petites brigades, dont chacune portait le nom d'une des anciennes divisions de l'ancienne France. L'unité nationale n'était pas complète dans cette institution modèle, par laquelle elle s'affirmait pourtant avec tant d'éclat !

Arago, qui était fort attaché à un pays dont il devint bientôt l'orgueil, et dont il fut l'idole jusqu'à la fin de sa carrière, raconte que ce qui le flatta le plus dans ce triomphe, ce fut l'idée de venger noblement, par un succès mérité, les étudiants perpignanais des sarcasmes dont il les avait entendu cribler pendant l'examen de son infortuné camarade.

Dans la vaste patrie française, à laquelle il a toujours tout sacrifié, ce grand homme avait sa petite patrie particulière, dans laquelle il voyait en quelque sorte l'extension de sa propre famille.

L'affection qu'on lui porta, non seulement pendant sa vie, mais encore après sa mort, produisit un effet singulier, pour ainsi dire sans précédents dans l'histoire.

Lorsqu'il mourut, la France était retombée sous le joug de l'héritier du despote, qu'il vit s'emparer du pouvoir.

Les chères idées d'Arago étaient tournées en ridicule ; ses amis, ses parents, étaient en prison ou dans l'exil. La liberté qu'il chérissait, avait péri d'une façon qui semblait définitive.

Après une comédie de scrutin, qui eut lieu sous l'œil des agents de police, un riche banquier fut nommé à la place de ce grand honnête homme pour représenter son pays natal dans un fantôme d'assemblée délibérante.

Pour concilier l'esprit des populations, ses ennemis, vainqueurs par la persécution et par l'or, ne trouvèrent qu'un moyen : lui faire élever une statue et faire prononcer son éloge par des hommes dont le talent, quoique grand, était loin d'égaler le sien, et dont son patriotisme éprouvé ainsi que son républicanisme immaculé auraient blâmé hautement la conduite. Jamais Napo-

A. — Photographie de celui qui a servi à la Mission du
Mètre à la fin du XVIII⁰ et au commencement du XIX⁰ siècle.

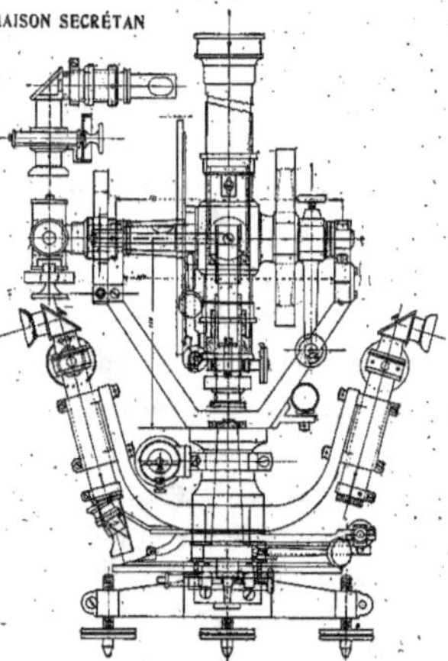

B. — Plan général du modèle employé par les Missions
scientifiques du XX⁰ siècle. — On y a ajouté des lunettes
microscopiques pour la lecture des divisions du cercle
horizontal et du cercle vertical, ainsi qu'une lanterne pour
l'éclairement des fils.

léon III, ni ses partisans ne négligeaient une occasion de faire croire au peuple abusé par son hypocrisie ou terrorisé par sa violence que son règne était la consécration de toutes les g'o:res de la France.

Bien des années se sont écoulées depuis cette époque, et la dynastie napoléonienne a disparu depuis trente-quatre ans, dans la catastrophe amenée par l'accumulation des fautes, des folies et des crimes du prétendu sauveur de la société. Il est bon, il est moral, il est utile de profiter de cette occasion pour que le souvenir de ces tristes comédies reste gravé d'une façon indélébile dans le cœur de tous nos jeunes concitoyens.

CHAPITRE IV

Arago élève à l'École Polytechnique

A cette époque, comme nous venons de le dire, les élèves étaient divisés
en brigades, d'après leur examinateur, et par conséquent leur lieu de naissance. Arago se vit donc placé tout de suite à la tête de la section des
Languedociens et des Provençaux, qui était de beaucoup la plus turbulente. Les
allures de ses camarades lui laissaient à peine le temps de travailler les matières
nombreuses de l'enseignement de l'École. Heureusement, il était en avance
et avait déjà en quelque sorte préparé en entrant son examen de sortie.

Mais il usait courageusement vis-à-vis des professeurs de son indépendance d'esprit. Cette excellente habitude faillit lui coûter cher. Un des examinateurs du passage dans la seconde division était Legendre; esprit méthodique et sévère. Celui-ci trouva mauvais que l'élève répondît à une de ses
questions en résolvant le problème qu'il lui donnait par une méthode dont on
ne lui avait rien dit dans le cours. La mauvaise humeur du célèbre géomètre
était d'autant plus difficile à comprendre, qu'il était l'auteur de la méthode
préférée par le polytechnicien. La chose s'arrangea après une altercation assez
vive, dans laquelle s'il n'avait montré sa présence d'esprit ordinaire, Arago eût
perdu le titre de chef de brigade, qui n'était plus qu'honorifique et n'avait plus en
ce moment la même portée que dans les premiers temps de l'école. Il était
analogue à ce que sont de nos jours les grades des majors et des sergents.

Arago appartint à la dernière promotion qui jouit du précieux privilège
d'échapper au casernement, et il en profita pour acquérir une science tout
à fait exceptionnelle:

Monge avait un adjoint ou, pour parler plus exactement, un second, qui
avait appartenu comme lui à l'École du génie de Mézières et dans des conditions analogues. Au lieu d'être le fils d'un simple rémouleur, Hachette appartenait à une famille plus fortunée, mais il n'avait point à montrer de parche-

min. Il était par conséquent condamné à végéter dans la roture si la Révolution n'avait débarrassé notre pays de tous ces odieux privilèges.

Ce que Monge laissait d'incomplet dans son impétueux enseignement, Hachette l'achevait avec beaucoup de méthode, et les deux professeurs se complétaient merveilleusement l'un par l'autre.

Dès les premiers jours de la Révolution, c'est-à-dire aussitôt après la convocation de la grande Constituante, une immense fièvre de progrès avait saisi toutes les parties du territoire national. Les habitants du département des Pyrénées-Orientales avaient eu l'ambition de donner une vive impulsion à l'industrie maritime. En conséquence, un des premiers actes de la nouvelle administration départementale avait été la création d'une école d'hydrographie à Coullioure. Hachette y avait été nommé professeur et y avait fait quelques amis, avec lesquels il était resté en correspondance lors de son retour à Paris. Une de ces personnes recommanda Arago à Hachette, qui avait déjà remarqué le jeune Polytechnicien et qui lui offrit une chambre dans son appartement, ce que celui-ci s'empressa d'accepter, au lieu d'aller loger à l'hôtel, ou dans une maison meublée. Cette offre bienveillante n'était pas seulement l'occasion d'une économie notable pour la bourse d'un étudiant, mais elle fournit à Arago le moyen d'étudier d'une façon toute spéciale la géométrie descriptive, pour laquelle il conçut un véritable enthousiasme. Le dernier éloge historique qu'il composa pour l'Académie des sciences est celui de Monge, auquel il donna une étendue tout à fait inusitée. On trouve dans ce travail mémorable la plus belle et la plus intelligible démonstration qui ait été publiée des résultats de la géométrie. Du reste, quand Arago occupa lui-même une chaire à l'Ecole polytechnique, ce ne fut pas celle d'astronomie, comme l'on pourrait le supposer, il y fut un des professeurs de géométrie. Il avait l'intention de s'illustrer, non pas sur les traces de Laplace et d'Herschel, mais sur celles de Monge. Il semblait même que la destinée favorisât cette vocation.

Dans sa seconde année d'Ecole, il fit connaissance de Poisson, qui avait fait partie des premières promotions et était déjà attaché au corps enseignant comme professeur de mécanique rationnelle. Ce savant, dont Arago suivait le cours, fréquentait chez Hachette. Il s'attacha au jeune homme sans se douter le moins du monde que, quelques années plus tard, il allait se trouver en rivalité avec lui, pour une place dans la première classe de l'institut national.

Poisson est un savant illustre, à qui l'on doit un cours qu'on lit encore aujourd'hui avec fruit et une foule de mémoires. Presque chaque jour, il venait s'enfermer avec le jeune Arago, qui ne lui était pas inutile ; car il avait un sentiment exquis des solutions simples, élégantes.

Malheureusement, ces dissertations mathématiques n'étaient pas le seul sujet d'entretien des deux amis. En effet, au grand scandale de tous les vrais

Français, Bonaparte ne songeait qu'à compléter son usurpation. Le consulat à vie ne suffisait pas plus à son ambition que le consulat décennal, et c'était la couronne de Charlemagne qu'il voulait mettre sur sa tête. Tous les républicains éprouvaient un sentiment de dégoût, dont Paul-Louis Courier, l'inimitable pamphlétaire, se fit l'éloquent interprète. Lorsqu'il apprit l'événement, il était en Italie. Avant de donner sa démission et de devenir le « Vigneron de la Chavonnière », il s'écria : « Bonaparte veut être empereur, décidément il aspire à descendre. »

Depuis les tyrans de l'ancienne Grèce, Auguste à Rome, les fondateurs de dynasties sur les débris des républiques italiennes, jusqu'à Napoléon III, tous les auteurs de coups d'État ont pour principale ambition de faire croire qu'ils ne peuvent résister au courant de l'opinion publique, qu'ils n'ont pas d'ambition, que c'est le peuple lui-même qui se précipite dans la servitude. Napoléon Bonaparte ne pouvait laisser la Polytechnique en dehors de sa comédie. Il fallait que cette grande institution, républicaine jusque dans ses moelles, fît entendre sa voix dans le concert des grenouilles qui réclamaient un empereur.

CHAPITRE V

Protestation d'Arago contre la fondation de l'Empire

On ne saurait s'étonner que la restauration de l'Empire ait affecté si dou-
loureusement Arago en 1851. En effet, le grand astronome avait assisté à la
naissance de la dynastie ; il avait souffert, comme tous les patriotes, du rétablissement de la monarchie, à une époque où l'on pouvait croire que la République était à jamais fondée. Ces événements néfastes, qui ont coûté si cher à
la France, ont failli briser la carrière d'Arago. C'est par miracle qu'il a échappé
à une destitution en se renfermant strictement dans l'exécution de ses devoirs
scientifiques. Par une coïncidence digne d'être notée, cet homme généreux,
si expansif, doué d'une éloquence si communicative, a dû finir comme il
avait commencé, en refoulant dans son cœur ses sentiments les plus ardents.
Mais, au commencement de sa vie il ne pouvait avoir la puissance de maîtri-
ser complètement l'essor de ses passions, et c'est par un miracle que son essor
n'a point été plusieurs fois arrêté au grand détriment de la France et de
l'humanité.

Au moment où le premier Consul préparait l'érection si longtemps convoitée
de son trône éphémère, on découvrit un complot contre sa vie. La direction
de l'Ecole polytechnique profita de l'occasion pour sonder l'opinion des élèves,
qui avaient conservé les traditions républicaines de la fondation. Mais ceux-ci,
qui avaient déjà l'habitude de se concerter dans les circonstances graves, en
délibérèrent et décidèrent que l'Ecole s'abstiendrait. Cette réponse excita
d'autant plus de colères en haut lieu, que cette manifestation ne resta pas
isolée.

Lors de l'institution de la Légion d'honneur, l'administration de l'Ecole
revint encore à la charge. Elle essaya de faire comprendre aux élèves qu'ils
devaient remercier le gouvernement de l'établissement d'une institution dont

ils seraient appelés à profiter. En effet, la Légion était créée spécialement pour récompenser les services rendus à l'Etat. Mais la plupart des élèves avaient conservé l'aversion des républicains de 1792 contre la création d'ordres de chevalerie tendant à constituer une nouvelle noblesse en rappelant ceux dont l'ancienne monarchie avait fait un si déplorable abus.

C'est un sentiment qui s'est beaucoup atténué, mais dont on peut dire que les révolutionnaires de 1848 et même de 1870 ont hérité. En effet, ni Gambetta, ni Picard, ni Jules Favre, n'ont accepté la décoration. Il y a quelques années, j'ai assisté en province à un dîner officiel donné par le préfet à un ministre en tournée. Il n'y avait que le ministre et moi qui ne fûmes point décorés.

Les élèves se réunirent pour délibérer sur la proposition qui leur avait été faite, et le résultat de cette consultation fut négatif, la Polytechnique resta muette.

Mais on arriva enfin à la transformation néfaste que ces préparatifs n'annonçaient que trop. On demanda à Polytechnique de voter des félicitations au nouvel empereur.

La Polytechnique ne pouvait avoir la prétention de dicter des lois à la France et de l'arrêter sur la pente fatale au bout de laquelle se trouvaient Waterloo, entre les deux Restaurations, et la perte de toutes les conquêtes de la République. Il fut cependant décidé encore que l'Ecole ne ferait aucune démarche collective, et que les félicitations seraient individuelles. Inutile de dire qu'Arago fut du petit nombre de ceux qui gardèrent le silence.

L'Ecole polytechnique avait été créée conformément aux idées libérales qui régnaient dans les institutions politiques et scientifiques de la France, elle était dirigée par une administration collective.

Ce n'est pas le lieu d'examiner si, dans la gestion des affaires publiques, ce mode d'administration, si parfait en théorie, n'offre point quelques inconvénients pratiques ; mais il n'en est pas de même lorsqu'il s'agit de diriger les grands établissements scientifiques. On peut se demander si la troisième République n'a pas renoncé trop facilement à ce système.

Quoi qu'il en soit, l'un des premiers actes du nouvel empereur fut de dissoudre l'administration républicaine et de la remplacer par celle du général Lacuée, un ci-devant, qui, sous la Restauration, reprit le nom de comte de Cessac et se signala par la ferveur de son royalisme. Pendant une grande partie de la période impériale, il fut ministre de l'administration de la guerre.

L'un des premiers actes du nouveau gouverneur fut de faire son rapport sur la résistance opposée par les élèves à la signature de l'adresse de félicitations.

De nos jours, et depuis un grand nombre d'années, le classement des élèves dans les divers services publics se fait par les élèves eux-mêmes. Cha-

Arago et Biot, faisant des observations au désert des Palmiers.

cun écrit sur une liste, par ordre de préférence, les divers services publics
que l'École sert à alimenter. Lorsque le classement de sortie est fait, après les
examens de seconde année, l'administration donne satisfaction à ces désirs
dans l'ordre de mérite des élèves, et jusqu'à l'entier épuisement de chaque
spécialité. C'est ainsi que, pour sortir dans les mines, il faut être au nombre
des cinq ou six premiers. L'on n'arrive point à servir dans les ponts et chaus-
sées si l'on ne se trouve dans les quinze premiers, et, généralement, des places
d'artillerie de marine sont les seules que les derniers puissent choisir.

A l'époque d'Arago, il en était tout autrement. En arrivant à l'École, les
jeunes Polytechniciens indiquaient la spécialité à laquelle ils se consacraient.
C'est ce qui fait qu'Arago figurait en tête de la liste des artilleurs, honneur
périlleux et qui le signala une première fois à l'attention du chef de l'État.

Lorsque Napoléon eut connaissance de ce qui s'était passé, il interpella
le général Lacuée sur l'esprit de l'École, la première fois que cet officier,
comme le devait un ci-devant, vint pour le féliciter en son nom personnel.

— Monsieur Lacuée, dit-il, aux applaudissements des courtisans qui
l'entouraient, il faut savoir quels sont les élèves qui sont de si ardents républicains et les renvoyer.

Mais, après être resté pensif pendant quelques instants, il dit :

— Je veux cependant connaître leur nom et leur rang, avant d'agir
contre eux ; apportez-moi demain tout cela.

Le général Lacuée s'inclina et revint le lendemain matin avec une liste
qu'il tendit au souverain.

— Décidément, il ne faut rien faire on ne renvoie pas les premiers de
promotions, lui dit Napoléon.

Mais si l'empereur fit grâce aux élèves, il ne fit pas grâce à l'École. A
partir de ce jour, il fut décidé que l'École serait casernée, et l'on chercha un
local pour remplacer celui du Palais-Bourbon. On avait pensé à l'écarter de
Paris, et à l'envoyer à Fontainebleau. Mais on recula devant cette mesure
extrême, par suite des représentations des professeurs, qui ne pouvaient
s'engager à la suivre si loin ou à faire un voyage alors assez long. Après quelques hésitations, on se décida pour l'ancien collège de Navarre, qui occupait
le haut de la colline Sainte-Geneviève, où l'École se trouve encore aujourd'hui.

Arago a pris part aux événements politiques qui ont coûté à toutes les
générations d'élèves de l'École leur liberté d'étudiants. Leur casernement
n'a point eu les résultats que l'on en attendait.

Les élèves furent toujours disposés à se sacrifier pour la liberté et la
patrie, le monument du maréchal Moncey à la place Clichy, commémorant la
défense de Paris en 1814, en est la preuve. Mais, malgré toutes les flagorneries,
le vieil esprit républicain qui s'était développé au Palais-Bourbon n'abandonna

pas les polytechniciens casernés dans l'ancien collège de Navarre, au haut de la Montagne Sainte-Geneviève. Charras et Vanneau en 1830, M. de Freycinet en 1848, en ont fourni la démonstration mémorable.

Mais une épreuve beaucoup plus dangereuse et infiniment plus pénible que les précédentes était réservée à tous ceux qui, comme François Arago, avaient conservé dans leur cœur le culte des véritables principes de la Révolution française, qui protège la liberté de tous et se propose de favoriser le développement des plus nobles sentiments de l'âme humaine.

Le nouveau souverain n'avait garde d'omettre une des formalités les plus solennelles des monarchies de droit divin, de faire prêter serment de fidélité à sa personne par tous les fonctionnaires qu'il employait. Il fut donc décidé que les élèves de l'Ecole seraient soumis à cette formalité. Cette fois, il n'y avait plus moyen de se dérober. La prescription était obligatoire, impérative ; nul moyen de s'y soustraire.

La prestation eut lieu, comme il arrive toujours, en grande pompe. On choisit naturellement la salle d'honneur du Palais-Bourbon, qu'on avait décorée pour la circonstance de guirlandes de fleurs, de lauriers et de panoplies de drapeaux.

. Les autorités se trouvaient au centre, sur une estrade, au pied de laquelle on avait disposé des chaises pour les élèves. Quelques-uns, chargés de faire le service d'honneur, avaient pris les armes. Arago, en qualité de major des artilleurs, était le commandant d'un de ces piquets.

Les républicains avaient imaginé un subterfuge après tout assez misérable. Au lieu de répondre à l'appel de leur nom : « Je le jure », ils s'étaient donné le mot pour dire « Présent », en se levant.

Lorsque, quarante ans plus tard, un ministre du second Empire devait demander à Arago un autre serment, l'illustre astronome devait répondre d'une manière plus fière et plus explicite, qui devait produire plus d'effet sur l'opinion.

Le général Lacuée était un brave homme, despote non par inclination personnelle, mais par profession ; il ne fit aucune remarque et laissa aux républicains le bénéfice de cette inoffensive manœuvre. Mais lorsque l'on appela le nom de Brissot, fils du célèbre girondin, le jeune homme s'écria d'une voix de tonnerre : « Je refuse le serment. »

Cette déclaration produisit l'effet d'un coup de foudre.

Le général se leva et, désignant un peloton d'élèves armés, à la tête duquel se trouvait Arago en qualité de chef de brigade, il s'écria solennellement : « Qu'on arrête l'insolent. »

Arago ne se pressait pas d'obéir, et il ne se serait jamais résolu à faire violence à un camarade coupable d'avoir dit tout haut ce que lui-même il

avait dit tout bas. Il allait donc se trouver compromis presque autant que
s'il avait suivi l'impulsion de son cœur. Mais Brissot le sauva en achevant de
se perdre. « Je veux, dit-il, épargner à des camarades la honte de mettre
la main sur moi. Désignez-moi, général, le local où il faut que j'aille et je
m'y rendrai moi-même. »

Arago avec les autres chefs de brigade de l'École prennent connaissance de la dépêche
ninistérielle annonçant que le gouvernement entend obliger les élèves à prêter serment
de fidélité à l'Empereur.

Lacuée recouvra rapidement son sang-froid. Désirant avant tout éviter
le scandale, il se hâta d'accepter la transaction que le jeune républicain lui
offrait :

— Très bien, monsieur, fit-il, rendez-vous justice à vous-même et allez
à la salle de police, on verra ce que l'on fera de vous.

Le lendemain matin, un piquet de soldats vint chercher le délinquant, à
qui l'on avait fait revêtir ses vêtements civils. On le conduisit devant le général.

Celui-ci lui annonça qu'il ne faisait plus partie de l'École et qu'on l'enverrait en prison s'il s'avisait d'y mettre les pieds.

Cette scène avait péniblement impressionné Arago, qui eut la mauvaise fortune, un demi-siècle plus tard, d'assister à d'autres prestations, dont les suites ne furent pas moins tristes pour la France ! On comprend l'effet que dut produire sur le vieillard le retour de scènes qui avaient laissé une impression si déplorable dans sa mémoire, et dont son esprit indépendant, patriotique et fermement libéral entrevit une seconde fois les suites inévitables !

Il songea dès lors, comme tant d'esprits éminents, à fuir les spectacles désolants que lui offrait la surface de la terre en se réfugiant dans l'étude du firmament. Il saisit l'occasion qui s'offrit bientôt pour se faire attacher comme secrétaire du Bureau des Longitudes à l'Observatoire de Paris.

Mais jamais la passion politique ne lui fit oublier cette grande vérité, que jamais un crime ne profite au parti de l'humanité et que les patriotes doivent commencer par êtres honnêtes, s'ils veulent êtres de bons républicains.

Son ami Brissot faillit perdre de vue cet axiome essentiel, et ce fut Arago qui se chargea de le lui rappeler. Dans son exaltation, il avait formé le dessein coupable de débarrasser la France de l'homme de Brumaire. Afin d'y parvenir, il allait souvent au tir. Il était arrivé à une très grande habileté, et faisait des cartons superbes. Arago, qui l'accompagnait souvent dans ses exercices, finit par être intrigué de son acharnement.

Après avoir hésité pendant quelque temps, Brissot finit par lui dire d'un air sombre, non sans jeter autour de lui un long regard pour s'assurer que personne ne l'écoutait :

— Je veux délivrer la France du scélérat qui l'opprime. Je ne ferai pas comme Georges Cadoudal avec sa bande de chouans. Je m'embusquerai dans une rue voisine des Tuileries, et quand l'empereur passera a portée de mon pistolet, ce sera un homme mort. Tu le vois, je suis sûr de moi, je ne manque pas un coup, j'attrape toujours mon carton au centre. Je viserai entre les deux yeux.

— N'en fais rien, lui répliqua Arago d'un ton ému et presque suppliant.

Alors, il lui demanda s'il avait lu le Contre un d'Étienne de la Boétie ou les discours de Démosthène contre Philippe. Il lui retraça avec feu l'histoire de tous les régicides, qui n'ont jamais affranchi un peuple et qui n'ont faire que resserrer les liens de ceux qu'ils voulaient délivrer.

— A quoi a servi le coup de poignard de Brutus ? De quel droit penses-tu être plus heureux ? Si nous étions au milieu de Brumaire, certes je n'aurais point arrêté le poignard du Corse. J'aurais guidé sa main pour qu'il pût frapper au cœur l'émule de Cromwell... Mais maintenant, il est trop tard pour

FÊTE DE NUIT

donnée aux Astronomes

en station

au Désert des Palmiers

par

les habitants des villages voisins

employer un moyen qui est à la portée de tous les malfaiteurs. Ne vois-tu pas
que tu descends au niveau d'un Ravaillac ?

Voyant qu'il ne pouvait ébranler la résolution de son ami, il l'accompagna
chez lui et il resta à dîner.

Le soir, quand il fut seul avec Brissot et sa mère, Arago recommença la
discussion du matin.

Mme Brissot était une femme qui avait été fort belle en 1793, et qui avait
conservé dans son cœur le culte de l'infortuné girondin. Elle portait encore
dans toute leur austérité ses vêtements de deuil. Vingt ans après le jour fatal
où son mari avait péri victime de la Terreur, ses traits avaient perdu la fraî-
cheur de la jeunesse, mais ils avaient acquis une majesté singulière.

— Citoyen Arago, fit-elle, en employant une désignation dont les républicains n'avaient pas encore perdu l'habitude, j'ai dit tout cela à Emile ; je
vous remercie de le dire avec plus d'éloquence que je n'ai pu le faire... Je
pense comme vous, mais si Emile croit accomplir un devoir civique... Je ne
l'arrêterai pas.

Puis, avec des larmes dans la voix, cette femme infortunée ajouta :

— S'il le faut, je saurai être une autre Cornélie.

Inutile de dire qu'elle faisait allusion à la mère des Gracques.

Arago à force de persévérance et de bons arguments, parvint à faire
renoncer Brissot à son funeste dessein. Son ami se livra à la littérature, et
publia un assez grand nombre de romans qui eurent un certain succès. Autant
qu'il pouvait le faire sans attirer les foudres de la censure, beaucoup plus
sévère et soupçonneuse que ne l'avait été celle de l'ancienne monarchie, il s'attacha à faire aimer la Liberté.

Lorsque vint la Restauration, Brissot ne vit que la fin d'un régime détesté;
il oublia comme beaucoup de Français, que le monarque dont il salua le retour
revenait dans Paris ami de l'étranger, et il fit des affiches en faveur de la
Restauration.

Arago, qui avait mis plus de modération dans sa résistance au coup
d'Etat, ne connut pas cette erreur. Il fut du nombre des Français qui oublièrent
les fautes de Napoléon lorsqu'il fut renversé de son trône et ne songèrent
qu'aux conquêtes de la Révolution, dont le premier Empire n'avait pu priver
complètement la France. Cependant, tout en restant sur la réserve vis-à-vis
du nouveau pouvoir, et en se gardant d'imiter l'enthousiasme de son ami Brissot, il s'efforça de tirer parti de la liberté dont, après tout, la Charte assurait
la jouissance, sans jamais renoncer à son idéal, qui était la restauration de
la République française.

Ni Armand Carrel, ni Armand Marrast, ni Armand Barbès, ni Godefroy
Cavaignac, ni Martin-Bernard, ni aucun chef républicain de la période mili-

tante; n'a combattu la royauté avec plus de courage, de persévérance et de
génie. Mais Arago le faisait, non par la conspiration, mais par la science,
comme Lamartine lui aussi par la poésie. Il voyait dans le régime républicain
le seule qui fût digne de l'homme maître de sa raison et associé par Dieu au
gourvernement de l'univers. Émanciper le peuple, mais lui donner en même
temps l'idée de ses devoirs envers lui-même et envers l'auteur divin de la
nature a été le but constant de ses travaux. La République de Février, qu'il a
contribué à fonder d'une façon si brillante, n'a eu qu'une durée éphémère ;
elle a disparu d'une façon misérable, parce que ses avis ont été dédaignés.
Mais de ses généreux efforts, rien n'a été perdu, et les magnifiques élans de
sa jeunesse peuvent être admirés aujourd'hui plus complètement que si ces
circonstances déplorables ne s'étaient pas produites ; ces catastrophes n'ont
été amenées que par des excès contre lesquels sa haute intelligence a
toujours protesté.

CHAPITRE VI

Arago secrétaire de l'Observatoire

L'Observatoire de Paris avait débuté d'une façon brillante, par des découvertes dignes d'être citées à côté de celles de Galilée. Le grand Cassini et Huyghens avaient employé pour les faire des instruments gigantesques, que pas un des astronomes du XX° siècle ne pourrait certainement braquer avec succès sur les astres les plus faciles à observer. Comment placer dans le champ d'un tube, long de plus de cinquante mètres et ayant un diamètre de quelques pouces, un objet céleste qu'il est souvent impossible de voir à la vue simple ? Si l'ère des martyrs était passée depuis les persécutions de Giordano Bruno, de l'évêque de Dominis et du philosophe Gassendi, celle des miracles ne l'était point encore !

Evidemment, ces temps héroïques ne devaient toujours durer. Les astronomes ne pouvaient faire toujours dans le ciel une aussi brillante moisson de faits nouveaux. Mais il y avait, à Paris une cause particulière de décadence, c'était la constitution de l'Observatoire Royal en un véritable fief scientifique se transmettant tranquillement de génération en génération, sans que personne se préoccupât de la décroissance constante de la capacité du titulaire de la direction. Un historien de l'astronomie française a comparé le règne de cette dynastie astronomique au cours du Rhin en Allemagne, qui sort déjà magnifique de Bâle et qui s'épanouit à Mayence, mais qui ne peut apporter à la mer le tribut de ses eaux, parce qu'il se perd dans les sables avant d'y arriver. Le véritable chef de l'astronomie française était le sympathique et infatigable Jérôme de Lalande, qui, comme Arago devait le faire, avait adopté l'opinion républicaine avec passion.

Si l'astronomie française est restée brillante pendant cette période, c'est parce que d'immenses travaux s'exécutaient en dehors de l'Observatoire royal, dont la décadence allait en s'aggravant.

On peut dire sans exagération que l'établissement qui avait un passé si brillant et qui aurait pu être le chef-lieu de l'astronomie universelle avait pour ainsi dire cessé de compter au nombre des temples où l'on adorait la muse Uranie. Ce n'était plus dans le firmament, mais dans le ciel de Versailles, que l'on suivait le cours des astres qui y brillaient. Il appartenait à la Révolution de faire cesser un pareil état de choses, si préjudiciable à la culture de l'esprit en général. Nous ne dirons pas que l'astronomie est la première des sciences, et que les autres ne sont que ses servantes ; car il existe en réalité, une république des sciences comme une république des lettres. Mais il est certain que les opinions professées par les astronomes ont une importance particulière aux yeux de la foule, parce qu'elles portent sur des objets mystérieux, éloignés de nous, et dont les moindres mouvements frappent l'attention du vulgaire. Il y a un intérêt politique et social de premier ordre à ne pas laisser des charlatans s'emparer de l'apparition des comètes et des éclipses pour exploiter la crédulité publique et provoquer l'explosion des superstitions les plus basses.

A certains points de vue, de vrais astronomes doivent donc être considérés comme les gardiens de la raison publique.

Lorsque l'Observatoire de Paris fut construit, avec un certain luxe, par Perrault, l'architecte de la Colonnade du Louvre, c'était avec l'idée de le faire diriger par l'Académie des sciences, qui devait y tenir ses séances.

Cette conception grandiose de Colbert ne put être mise à exécution, pour deux raisons : La première, c'est que les savants n'aiment pas se rendre dans un établissement situé au milieu d'un des districts les plus déserts des environs de Paris, où l'on ne voyait que quelques abbayes. La seconde, c'est qu'en se développant, l'astronomie se spécialise de plus en plus. Si ses résultats continuent à passionner tous les hommes dignes de ce nom, les observations ne peuvent être faites que par des initiés, connaissant tous les détails de la manœuvre d'instruments compliqués.

La Convention ne sépara pas complètement l'astronomie de la première classe de l'Institut. En effet, elle y créa une section d'astronomes, mais elle donna le gouvernement de l'Observatoire à une sorte d'académie astronomique, que l'on nomma le Bureau des Longitudes et que l'on chargea de la rédaction de la « Connaissance des temps », c'est-à-dire de l'Almanach, avec tous les détails utiles aux astronomes, aux navigateurs, aux voyageurs et même aux agriculteurs.

On le chargea aussi de publier un « Annuaire » destiné à être mis entre les mains des horlogers et des amateurs. Lalande et plus tard Laplace se servirent de cette publication pour mettre sous les yeux des profanes certains détails astronomiques qui les intéressaient. Dès les débuts de sa carrière,

Arago eut ainsi sous les yeux des notices du genre de celles qu'il rédigea plus tard avec une habileté exceptionnelle et qui devinrent un de ses principaux titres à l'immortalité.

Comme le Bureau des Longitudes était chargé de présider aux observations nécessaires à la rédaction des éphémérides, il désigna chaque année un de ses membres, qui fut chargé de ce soin et était le directeur de l'Observatoire.

Cette organisation, qui dura jusqu'en 1854, c'est-à-dire l'année suivant la mort d'Arago, existait déjà depuis près de 10 ans, en 1804, lorsqu'il entra à l'Observatoire avec le titre modeste et les fonctions de secrétaire du Bureau des Longitudes. Il résidait à l'Observatoire, où le Bureau tenait régulièrement ses séances, était nommé pour un an, mais indéfiniment rééligible.

Le souvenir de la dynastie des Cassini lui avait inspiré une telle horreur, qu'il ne voulut jamais destiner ses deux fils à suivre la carrière de leur père. Il supposa avec raison qu'avec le nom qu'il leur laissait, ils pourraient se rendre célèbres dans une autre profession. De l'aîné, Emmanuel Arago, il fit un avocat, qui joua un grand rôle au barreau, ainsi que dans les assemblées représentatives. Il fut commissaire de la Républiuqe dans des occasions importantes, et termina sa carrière comme représentant de la France auprès de la République suisse. Le plus jeune, qui laissa une moins brillante réputation, fut artiste peintre. Mathieu qui épousa sa sœur fut un laborieux astronome, qui se fit une réputation moins éclatante que son beau-frère, mais cependant solide par son assiduité et l'exactitude de ses observations. Arago aimait sa famille et en était aimé, mais il ne voulait pas que les relations de famille ou d'amitié passassent avant les devoirs publics. Aucune accusation n'a été moins fondée que celle d'avoir pratiqué le népotisme. Au contraire, ce grand homme a fait tout ce qu'il pouvait pour l'éviter, sans créer des obstacles à l'exercice des talents naturels à ses proches. C'était non pas malgré lui, mais indépendamment de lui et de ses efforts personnels, que son immense popularité rejaillissait et formait une sorte d'auréole autour de ceux qui portaient son nom.

Arago avait fini son temps d'Ecole et obtenu ses succès habituels. Il était resté le major de l'artillerie. En cette qualité il devait être incorporé dans un des régiments, qui ne manquaient pas d'occupations et, à cette époque, faisaient une terrible consommation d'officiers, aussi bien que de soldats. Poisson, qui avait apprécié les qualités exceptionnelles de son jeune élève et ami, aurait bien voulu le voir attaché au corps enseignant de l'Ecole, mais les cadres étaient complets. Heureusement, le grand mathématicien apprit que la place de secrétaire du Bureau des Longitudes, et par conséquent de l'Observatoire, se trouvait vacante par suite de la démission du titulaire. Il alla immédiatement voir Laplace, dont la volonté était souveraine, et lui parla chaudement en faveur du major de l'artillerie. Laplace se laissa convaincre et dit à Poisson de lui amener son protégé. L'auteur de la « Mécanique céleste » fut charmant ; il interrogea Arago pour la forme, et l'affaire fut arrangée en un instant. Arago entrait en quelque sorte par hasard dans l'établissement qu'il devait illustrer et qui devait lui permettre d'acquérir, de son côté, une triomphante renommée.

Cependant, au moment de se séparer des camarades qui partaient pour l'armée, Arago eut un moment d'hésitation. Il fut décidé qu'il resterait inscrit sur les contrôles de l'artillerie et serait porté comme détaché à l'Observatoire, pour un service particulier. En réalité, cette mention se trouva parfaitement justifiée. En effet, le jeune astronome ne tarda point à faire une campagne, dans laquelle il courut des dangers non moins grands que ceux des officiers en service actif devant l'ennemi.

Laplace fut frappé de l'étendue des connaissances d'Arago, avec lequel il s'entretint longtemps, et il l'engagea à venir souvent le voir à son domicile de la rue de Tournon, où il demeurait, à peu près à égale distance de l'Institut et du Sénat.

Car, il n'était pas seulement un savant, il était un véritable politicien, mais d'une école tout à fait opposée à celle d'Arago. Hélas, il était le serviteur docile du gouvernement et n'était fidèle qu'à la Fortune. Son dévouement était acquis d'avance au maître qui l'employait.

Pour se rendre du Sénat à l'Observatoire, Laplace n'avait qu'à suivre la grande avenue du Luxembourg, ce qui était alors une des seules promenades hygiéniques et agréables dans l'intérieur du mur d'octroi, mais le grand analyste ne s'y rendait que rarement.

Il était bien rare, en effet, que ce géomètre, qui croyait avoir découvert les lois éternelles du mouvement des corps célestes, daignât mettre l'œil à la lunette pour constater par lui-même que les résultats de ses calculs étaient vérifiés par les observations. Il préférait s'en rapporter uniquement aux observations de ses confrères, comme il était obligé de le faire pour celles qui avaient été exécutées trente siècles plus tôt par les empereurs astronomes de la Chine ou par les califes de Bagdad.

Malgré son admiration pour la manière dont Laplace maniait les formules le jeune François Arago n'était pas aveuglé au point de ne pas remarquer les défauts du caractère de l'homme impérieux et servile qui figure avec tant de droit dans le « Dictionnaire des girouettes », et dont il s'est gardé d'imiter la méthode scientifique. Car, dès son entrée à l'Observatoire, il s'est signalé par son zèle pour apprendre le maniement des lunettes. Il a même poussé si loin cette passion de bien voir, qu'il y a presque complètement perdu l'usage

Arago, pris pour un Catalan, harangue la bande chargée de l'assassiner. Il la félicite
du noble dessein qu'elle a formé.

de ses yeux. Il était à peu près aveugle dans les derniers temps de sa vie. Il ne peut, dans l'« Histoire de sa jeunesse », s'empêcher de citer quelques traits défavorables du caractère de l'homme dont le génie, rival de celui d'Hipparque, avait découvert l'équivalent de la précession des équinoxes, c'est-à-dire l'équation séculaire de la terre.

Après avoir énuméré avec une pompe malicieuse les principaux titres de Laplace au premier rang parmi les législateurs du ciel de son temps, Arago ajoute avec esprit : « Quel ne fut pas mon désenchantement, quand j'entendis Mme Laplace qui disait tout bas à l'oreille de son mari : « Mon ami, voulez-vous me donner la clef du sucre. »

Bientôt après, Arago eut une preuve directe de la petitesse des sentiments de cette âme sénatoriale.

Le fils de Laplace, qui mourut général, se préparait à l'Ecole polytechnique, et il allait souvent à l'Observatoire visiter Arago, qui lui faisait passer des examens et le mettait au courant des difficultés qu'il pouvait rencontrer sur la route.

Un certain jour, Emile Laplace consulta Arago sur la résolution algébrique des équations. C'est un problème excessivement difficile à résoudre, et l'on ne peut y parvenir que par des procédés empiriques destinés à guider les tâtonnements.

Laplace en avait indiqué une, mais peu aisée à saisir et dont la pratique est encore plus ardue. Arago se donna bien garde de l'exposer au jeune homme; il lui montra la méthode de Lagrange, qui est beaucoup plus simple, beaucoup plus symétrique, et que chacun peut comprendre facilement.

Mais Laplace était secrètement jaloux de Lagrange, géomètre dont le génie n'a point été surpassé, et que celui de Laplace est loin d'avoir égalé ; car les équations de la mécanique céleste sont plutôt des chefs-d'œuvre de persévérance que de perspicacité.

Quand il vit que son propre fils, qui ignorait qu'il eut une méthode dont Arago ne lui avait pas parlé, lui faisait l'éloge de celle de son rival, il ne put se maintenir et entra dans une grande colère. Mais ce fut bien autre chose lorsque Arago lui-même apparut. Il traita avec une dureté incroyable le malencontreux professeur. En racontant cette anecdote caractéristique, Arago s'écrie : « Je comprends maintenant pourquoi les poètes de l'antiquité ont donné toutes les faiblesses humaines à celui qui faisait trembler l'Olympe rien qu'en fronçant le sourcil. »

Heureusement, Arago n'était pas complètement à la merci du vindicatif astronome ; car tout le monde, au Bureau des Longitudes, avait apprécié son zèle et son talent. Aussi, il reçut cette mercuriale imméritée avec une imperturbable résignation.

Le premier directeur annuel de l'Observatoire fut Jérôme de Lalande, un savant de haute envergure, qui détestait la servilité, le convenu, la superstition. Il n'avait pas craint de porter le bonnet rouge et de monter en ballon. Mais Garnerin, qui devait le débarquer à Gotha, où se tenait un congrès astronomique, l'avait enlevé aux jardins de Tivoli, sur l'emplacement de la gare Saint-Lazare, et l'avait fait atterrir au Bois de Boulogne. Il n'avait pas tenu rigueur aux aéronautes, qui lui doivent la théorie du parachute et l'invention du trou central, qui augmentant beaucoup la stabilité rend la descente beaucoup plus sûre. Mais la maison des Cassini tombait en ruines. Les lunettes étaient désorganisées, les télescopes bosselés ou hors d'usage. Jérôme de Lalande s'empressa de retourner à son observatoire de l'Ecole militaire, où il était chez lui, avec les instruments qui étaient de vieux amis. Il laissa la place à un astronome moins brillant, mais vieilli sous le harnais, travailleur opiniâtre, et plus patient, ce qu'il fallait pour rétablir un établissement en pleine décadence.

Officiellement, les fonctions d'Arago étaient peu de chose ; elles se réduisaient à peu près à celles d'un scribe, et il n'avait à faire aucun service régulier. Ce n'est que plus tard, après son retour d'Espagne, et étant déjà membre de l'Institut, qu'il fut nommé astronome adjoint dans un des services.

Dès que le temps le permettait, il passait des nuits entières à la lunette méridienne et voyait ainsi successivement défiler tout le ciel devant lui. C'est la seule manière de se rendre bien compte de la place et de l'importance respective des constellations, des déplacements des planètes, des mouvements si multiples, des étoiles que les anciens considéraient comme le symbole de l'immobilité.

En outre, il prenait son rôle de secrétaire au sérieux et il aidait le directeur dans ses recherches personnelles, auxquelles il participait de la façon la plus active. Guidé par ce savant il mesura le poids du mètre cube d'air à la température de 0° et à la pression de 760 m/m. C'est lui qui fournit à l' « Annuaire du Bureau des Longitudes » les éléments indispensables au calcul de la table publiée chaque année pour la détermination des hauteurs barométriques, dont les grimpeurs et les aéronautes ont également besoin pour déterminer leur altitude approximative.

Quelques-uns des travaux de ce jeune débutant dans la carrière astronomique étaient d'une nature trop spéciale pour que nous cherchions à en faire comprendre la portée. Cependant, nous ajouterons qu'il avait fait toutes les observations nécessaires pour la rédaction de la table que publie chaque année la « Connaissance des temps », dans le but de déduire des mesures angulaires obtenues au travers de l'atmosphère celles que l'on aurait si on les observait dans le vide. Cette table suppose la connaissance de la loi des réfractions atmosphériques. Nulle au zénith, cette correction atteint près de l'horizon des valeurs tout à fait invraisemblables !

Entraîné par son ardeur studieuse, et ne se doutant en aucune façon de l'heureuse influence que ces travaux supplémentaires exerçaient sur sa carrière, Arago menait donc à l'Observatoire la vie plus laborieuse et la plus occupée, lorsqu'il fit la connaissance du plus jeune des membres de l'Institut, Jean-Baptiste Biot, qui venait d'y être admis.

C'était l'aîné de cette brillante pléiade de Polytechniciens qui ont occupé un siège dans la première classe de l'Institut national. Il devait, par conséquent, malgré les différences de caractère et d'anctécédents qui le séparaient d'Arago, être désireux de s'appuyer sur un jeune camarade. Arago devait profiter dans une large mesure d'un sentiment si naturel.

CHAPITRE VII

Arago se lie avec Biot

Aussitôt qu'il entra à l'Observatoire, Arago comprit qu'il ne devait rien négliger pour devenir un maître dans le maniement des instruments qui le garnissaient, et qui étaient bien plus modestes que ceux qu'il possède actuellement. Toutes les fois que le ciel était clair, il passait la nuit à la lunette méridienne. Il apprenait aussi à réduire ses observations et se familiarisait non seulement avec la marche des corps célestes, mais avec la connaissance approfondie du ciel étoilé.

Le directeur était un astronome des plus laborieux : il se nommait Bouvard, et il a laissé la réputation d'un observateur infatigable. Il avait entrepris un grand travail sur les erreurs systématiques qui affectent les visées. Arago lui offrit de s'y associer. Cette proposition fut immédiatement acceptée. Comme Arago était très adroit et avait une vue excellente, son concours fut très précieux au savant, qui dirigeait ses débuts et qui n'était pas habitué à trouver autant de zèle dans la maison de Cassini. Arago faisait des progrès merveilleux, et il était dans le ravissement. Ces occupations le transportaient d'enthousiasme. Ses lettres à sa famille étaient radieuses d'espérances, lorsqu'il se produisit un événement qui exerça sur sa carrière une influence capitale. Au lieu d'avoir à lutter pendant de longues années pour acquérir une réputation ne dépassant pas le milieu académique, il se trouva tout à coup le collaborateur d'un homme déjà célèbre, jeune encore, mais ayant l'expérience et la notoriété qui lui manquaient. C'est à partir du travail exécuté en commun avec Jean-Baptise Biot que sa carrière se dessina.

Les deux nouveaux amis étaient bien différents de caractère, d'opinion politique, d'antécédents. Entre eux, il n'y avait rien de commun, que l'amour de la science et de la vérité. Bien souvent dans leur vie académique, ils furent dans des camps opposés ; mais jamais ils n'oublièrent ces années de labeur commun, et ils finirent leur vie comme ils l'avaient commencée, en se donnant la main.

Né en 1774, Jean-Baptiste Biot avait un peu plus de trente ans lorsqu'il vit pour la première fois Arago à l'Observatoire. C'était déjà un savant arrivé, très soigneux de sa personne et très ménager de ses peines, quoiqu'il fût très laborieux. Il était de taille un peu au-dessous de la moyenne, maigre et délicat. Cependant, il avait une vitalité très développée, car il vécut jusqu'en 1860, et quatre ans avant sa mort, je le rencontrai aux bains Petit. Des camarades me le montrèrent avec admiration ; car, malgré son âge, il piquait encore des têtes et nageait comme un poisson.

J.-B. Biot survécut pendant plus de dix ans à son fils, dont il compléta les travaux sur l'astronomie et la chronologie chinoises. En effet, quoique ayant été surtout physicien et astronome de profession, il fut, comme Arago, véritablement encyclopédiste. Tel était le principal caractère des académiciens au commencement du siècle dernier. Ils aimaient à pouvoir s'appliquer ce beau vers de Térence :

« Homo sum, et nil humanum a me alienum puto ».

Mais Biot comprenait l'encyclopédisme académique d'un autre manière qu'Arago ce qui fut entre eux l'origine d'un dissentiment.

Arago a toujours eu l'ambition de ramener l'organisation de l'Institut à ce qu'elle était sous la première République et de réparer les brèches que le despotisme impérial et les accès réactionnaires de la Restauration avaient introduites dans sa constitution.

Blessé par les représentations des philosophes, qu'il déstestait comme hostiles au déspostisme et de la part desquels il désespérait d'obtenir jamais un concordat, Napoléon adopta vis-vis de la classe qui leur était réservée un procédé expéditif, il la supprima. L'Institut mutilé n'eut plus que quatre classes, qui lui obéirent sans résistance, par suite de la docilité de la première, dont il faisait partie. La Restauration prit une mesure plus radicale encore, elle supprima l'Institut et le remplaça par les quatre académies qui existaient avant la Révolution. Ce fut la monarchie de Juillet qui, grâce à l'influence de Thiers, constitua une cinquième académie pour remplacer la classe que Napoléon avait détruite. Thiers et son rival Guizot firent partie de la nouvelle académie. Depuis ce progrès mémorable, on essaya à différentes reprises de se rapprocher de l'ancienne organisation républicaine.

Lorsqu'il fut ministre, Jules Simon travailla beaucoup dans le sens de cette reconstitution, et il rétablit les séances trimestrielles. Mais ces séances ne sont que des séances d'apparat, dans lesquelles on convoque le public pour entendre des discours plus ou moins intéressants. Il n'y a ni discussion ni délibération générale. L'Institut nomme bien un bureau dans lequel les cinq

académies sont représentées, mais personne n'a songé à la partie essentielle,
vitale, celle à laquelle Arago tenait le plus, c'était le mode d'élection et de
recrutement. Aujourd'hui, les membres de l'Institut sont nommés par chaque
académie; autrefois, les élections se faisaient dans les assemblées générales,
et le rôle de chaque académie était de présenter un certain nombre de candidats aux cinq classes réunies.

BIOT.

Biot était, au contraire, de ceux qui ne voyaient aucune différence entre
les classes de l'Institut et les anciennes académies; aussi, à l'instar des
anciens académiciens, profita-t-il de l'universalité de ses connaissances pour
se faire nommer successivement membre de l'Académie des inscriptions et
belles-lettres et membre de l'Académie française. Au contraire, Arago refusa
opiniâtrément toute candidature à l'Académie française, pour ne point porter
atteinte au principe de l'unité de l'Institut. Il ne voulait pas que, comme il
y a de la double et de la triple bière, il y eût des doubles et des triples
académiciens.

Une autre cause de divergence, ce fut la publicité des séances, que
l'on doit à Arago, ainsi que la création des comptes rendus, dont le premier

volume parut en août 1835, sous la forme qu'ils ont gardée jusqu'au mois de janvier 1904, ce qui représente une collection de 137 volumes in-4° ayant plus de 800 pages en moyenne.

La nature des arguments employés par Biot pour soutenir son opinion montre qu'il admet en principe que la science est faite pour permettre aux savants de briller et que ce ne sont point les savants qui sont aux ordres de la science, comme des soldats peuvent l'être à ceux de leur général.

— Si un savant se trompe, dit-il, son erreur est rendue publique et peut compromettre sa réputation.

— Oui, répliquait Arago, mais de la discussion naît la lumière, et si la réputation du savant peut être entamée la science progresse, c'est ce qui est le principal.

Si Monge ne s'était pas interposé et n'avait obtenu la grâce de Biot, celui-ci était chassé de l'École polytechnique, parce qu'il avait pris part à l'échauffourée du 13 vendémiaire. Mais l'illustre géomètre, qui, en qualité de ministre de la marine et membre de l'ancien Comité du Salut public, avait alors une immense influence, le sauva, ainsi que tous les Polytechniciens qui s'étaient joints à cette levée de boucliers contre la Convention nationale.

Est-ce cette circonstance qui influa sur l'opinion de Biot, qui aurait gardé rancune au général Bonaparte de la mitraille et des boulets lancés contre les marches de Saint-Roch ? Lorsqu'on demanda à la première classe de l'Institut une adresse de félicitations pour le rétablissement de l'Empire, Biot se trouva absent, ce qui le dispensa d'avoir à la signer.

Quoique son opinion provînt surtout de sentiments royalistes et ne procédât pas des mêmes causes que celle d'Arago, cette absence d'enthousiasme pour le nouveau régime était un lien entre Arago et le jeune membre de l'Institut. Tous deux étaient également laborieux et décidés à ne reculer devant aucun travail, quelque pénible qu'il fût en réalité ou qu'il parût l'être.

Au sortir de l'École polytechnique, Biot avait été envoyé à Beauvais comme professeur de physique du département. Il s'acquitta d'un façon brillante de cette tâche à laquelle le gouvernement attachait une grande importance. La fortune lui avait réservé une de ces aubaines que les faibles négligent et dont les forts s'emparent triomphalement.

Il est tombé dans les environs de l'Aigle une averse de pierres. C'est un événement avec lequel nous sommes familiarisés. Les débris de la météorite d'Orgueil ont pu couvrir le département sans que l'on ait crié au miracle, même du temps du second Empire ; mais, à l'époque du Consulat, il n'en était point de même.

L'Académie des sciences de Paris avait déclaré que les récits de chute de pierres tombant du ciel étaient autant de mensonges. Le jugement, rendu d'une

En sortant du Fort Belver, Arago rencontre des partisans des Français qui viennent s'y réfugier pour échapper à la fureur des fanatiques.

façon solennelle, après une enquête que l'on croyait sérieuse, avait été rédigé
sur les conclusions conformes de Lavoisier, un des fondateurs de la chimie
moderne. Ce grand expérimentateur, à qui l'on doit la découverte de propriétés curieuses et qui apportait dans toutes ses recherches un véritable esprit
de rigueur, s'était laissé tromper : il avait sacrifié à la fantaisie jusqu'à
croire que des rochers pesant plusieurs milliers de kilogrammes avaient été
fabriqués de toute pièce par la foudre, à l'aide de poussières ramassées en
traversant l'atmosphère.

Biot avait été impitoyable pour Lavoisier. Il avait tellement accumulé les
preuves, que la condamnation de son système était inévitable. En effet, pendant que des milliers de cailloux s'étaient précipités, de quoi écraser toute
une armée d'Amalécites, on avait vu mille lueurs brillantes zébrer le ciel,
mais l'on n'y avait point entendu un seul coup de tonnerre.

En récompense, Biot avait été nommé professeur de physique au Collège
de France. L'Académie ne lui sut pas mauvais gré d'avoir bafoué un des
membres les plus illustres, dont à juste titre elle se montrait le plus fière :
son travail sur la chute de l'Aigle fut la principale cause de sa nomination.

Il y en eut une autre, ce fut l'ascension aérostatique qu'il exécuta au Conservatoire des Arts-et-Métiers, avec Gay-Lussac, autre élève de l'Ecole polytechnique, afin de vérifier les assertions de l'aéronaute Robertson à la suite
d'une ascension exécutée à l'Ecole des Cadets de Saint-Pétersbourg.

Le ballon fut gonflé au Conservatoire des Arts-et-Métiers par le célèbre
Conte.

Mais, soit que Robertson eût exagéré ses altitudes, soit que le cube du
ballon parisien ne fût pas suffisant, les deux aéronautes ne purent atteindre
un niveau aussi élevé. En conséquence, il fut décidé que chacun des deux
physiciens français partirait successivement seul, à tour de rôle.

Gay-Lussac fut désigné pour faire le premier voyage, dont il s'acquitta
d'une manière véritablement héroïque. Biot se garda bien de réclamer son
droit de procéder à une contre-épreuve et les ascensions aérostatiques en restèrent là. Ni Biot, ni Gay-Lussac ne remontèrent jamais dans les airs.

Sans que Biot, très jaloux pourtant de faire valoir ses titres, en prît
ombrage, l'ascension de Gay-Lussac servit pendant plus de quarante ans
de texte unique aux théories physiques sur la constitution de la haute atmosphère. Biot préféra le croire sur parole que de vérifier son dire.

Pas plus qu'Arago, Biot n'appartenait à la catégorie des savants, qui
considèrent la place de membre de l'Institut comme une retraite. Dès son entrée dans la compagnie il chercha à justifier le choix dont on l'avait honoré par
un grand travail. Il se lia rapidement avec Arago dont il n'était pas difficile
d'apprécier la bonne volonté, ainsi que la capacité ! Il lui proposa de s'atte-

ler à une de ces déterminations dont les physiciens ont toujours besoin, et qui assurent à leurs auteurs une célébrité durant autant que la science elle-même. Les deux débutants dans la carrière de la Haute physique se proposèrent de mesurer la déviation produite par les gaz sur un rayon de lumière qui les rencontre obliquement. De très grandes difficultés étaient à vaincre parce que les expérimentateurs ne peuvent évidemment se procurer que des « épaisseurs » très petites des différents fluides élastiques dont ils étudient les propriétés. Cependant grâce à leur extrême dextérité ils sont arrivés à démontrer que la déviation augmente comme les pressions. Il en résulte qu'en augmentant suffisamment la pression l'on arrive toujours à mettre en évidence la valeur de l'élément que l'on cherche à mesurer. Quelque féconde qu'ait pu être cette collaboration, elle n'aurait peut-être eu qu'une influence secondaire sur la carrière d'Arago si Biot n'avait nourri un dessein pour lequel il avait encore plus besoin de son jeune associé. Il ne se proposait rien moins que de terminer la mesure de la méridienne. Cette œuvre, se trouvait interrompue par suite de circonstances qu'il est absolument indispensable de faire connaître. En effet elles sont nécessaires pour bien comprendre le courage, la résolution d'Arago et l'espèce d'admiration qu'il a excitée dans le monde académique à un âge où rarement les jeunes gens ont l'occasion de la distraire. Grâce à cette bonne fortune, son entrée à l'Institut alors qu'il n'avait encore que vingt-trois ans, ne fut pas un acte de faveur, ou le résultat d'un caprice, mais la juste récompense de services rendus. En outre ces détails permettront d'admirer la grande entreprise scientifique de la Révolution. On verra les vrais républicains se distinguer par un zèle infatigable pour le progrès de toutes les branches de l'activité humaine. Jamais peuple n'a fait tant d'efforts pour le progrès, en dépit des obscurantistes terroristes. C'est une ardeur que nous sommes malheureusement bien loin d'imiter. Puissent ces glorieux souvenirs faire cesser une sorte d'indifférence relative peu digne des institutions dont nous jouissons. Puisse l'histoire des exploits d'Arago nous rendre complètement dignes des Républicains dont nous avons hérité !

CHAPITRE VIII

La première Mission du Mètre

On perd malheureusement de vue, ce grand et noble fait que la valeur française ne s'est pas seulement exercée sur les champs de bataille pendant la période révolutionnaire, mais elle a fait des prodiges dans les ateliers. Les adorateurs de la Raison ne se sont pas bornés à la création de l'Institut, des écoles centrales et de l'école polytechnique. Ils ont su répandre dans toutes les parties du territoire les lumières indispensables à l'éducation du peuple, au progrès de la science et des arts. La République a continué l'œuvre de la nomenclature chimique, de la constitution de la télégraphie, de la fabrication des canons et de la poudre avec des produits indigènes afin que la défense nationale ne pût être entravée par les malheurs de la guerre maritime, qui avait livré l'empire des mers au Anglais. La République chercha et parvint même à se passer du sucre qui venait des colonies, elle inaugura l'usage de la betterave, elle employa les ballons pour les observations militaires. Enfin le directoire exécutif fit pour l'industrie ce que la monarchie avait fait pour les beaux arts et organisa les expositions périodiques.

Aucun peuple ne sut en si peu de temps faire un aussi brillant usage de ses facultés intellectuelles sans cesser de combattre pour son existence. A peine l'Assemblée constituante avait-elle commencé ses séances qu'elle songea à faciliter les rapports des différentes fractions du genre humain en établissant un système universel de poids et de mesures.

Cette réforme était d'une excessive urgence car le désordre des unités usuelles était prodigieux, nous devons même dire honteux. Les toises variaient non seulement de province à province mais quelquefois de ville en ville. Les moindres calculs donnaient lieu à des opérations d'une complication fastidieuse.

C'est Buffon qui conçut le premier l'idée de sortir d'un chaos aussi gênant que ridicule et de prendre pour unité de longueur le pendule battant la seconde au niveau de la mer et sur le 45ᵉ parallèle.

Dans une des premières séances de l'Assemblée constituante le prince de Talleyrand fit la proposition qui fut acceptée avec enthousiasme.

Désireuse de ménager l'amour-propre national de nos voisins, la Constituante s'adressa au Parlement d'Angleterre et lui proposa de nommer une commission mixte pour faire cesser un désordre dont le commerce et l'industrie se plaignaient amèrement. Mais cette grincheuse Assemblée répondit négativement. Afin d'accentuer la portée de son refus, elle nomma une commission pour consolider le système déplorable dont on se servait en Angleterre et dont on se sert encore aujourd'hui. Vainement Jefferson, un des plus illustres successeurs de Washington, proposa au Congrès des Etats-Unis de se réunir à la Constituante française, le Congrès refusa également d'adhérer à une si sage proposition, il resta inébranlable dans son attachement aux unités bizarres dont le seul mérite est incontestablement d'avoir été importées en Amérique lorsque « les Pilgrin Fathers » y abordèrent avec la *fleur de mai.*

Evidemment cette opposition inattendue devait être considérée comme un avertissement salutaire ; ne montrait-elle pas qu'il était imprudent de compliquer le plan proposé par le prince de Talleyrand et ayant la sanction du génie du grand Buffon.

Mais on était à une époque d'enthousiasme. Les réformateurs de 1789 ne devaient pas reculer plus que les Titans de la fable lorsqu'ils cherchaient à accumuler les montagnes afin d'escalader l'Olympe.

L'Académie des Sciences dont le secrétaire perpétuel était l'illustre Condorcet, le héros favori d'Arago, et qui comptait parmi ses membres : Bailly, Fourcroy, Lavoisier et Guyton crut l'occasion favorable pour compléter les opérations gigantesques faisant tant d'honneur à la monarchie française dont la Constituante se considérait comme l'héritière légitime. Elle proposa à cette illustre assemblée de rattacher la nouvelle unité de longueur au méridien terrestre, et de décider qu'elle en serait la quarante millionième partie, Condorcet se chargea de démontrer que l'opération n'offrait aucune difficulté pour des académiciens français.

Il est juste de dire que les travaux gigantesques dont l'Académie obtint le vote n'étaient pas les premiers exécutés par nos géomètres.

Trois ans après la constitution de l'illustre Compagnie, Picard, un de ses membres les plus savants, mesurait un arc de méridien. Les succès obtenus avaient déterminé le Gouvernement à faire les frais de la mesure de la ligne traversant le royaume de part en part. Cette détermination gigantesque n'était-elle pas bien faite pour donner une haute idée de la puissance du monarque faisant arpenter d'un seul coup l'ensemble de son empire.

Galère d'**Alger** dans laquelle les rameurs sont des esclaves chrétiens enlevés par les pirates.

Pendant les opérations Newton avait annoncé que la terre n'était pas sphérique mais qu'elle était aplatie vers les pôles de sorte que le degré de latitude était d'autant plus court qu'il s'approchait davantage de l'équateur.

Poussé peut-être par le désir de prendre le prince des géomètres anglais en flagrant délit d'erreur, Cassini II qui dirigeait les opérations annonça qu'au lieu d'être aplatie la terre était allongée vers les pôles. Cette assertion provoqua une guerre de plume qui fit couler autant d'encre que la guerre réelle faisait ruisseler de sang.

Se montrant supérieure à tous les préjugés d'orgueil national l'Académie des Sciences de Paris fit vérifier l'assertion du géomètre français. On fit mesurer un degré du pôle qui fut trouvé plus long que le degré de l'équateur également mesuré par des compatriotes.

L'Académie proclama solennellement le triomphe de Newton. Non contente d'avoir donné cette preuve remarquable de son amour de la vérité, elle tint à pousser jusqu'au bout la démonstration. Les travaux ne cessèrent que lorsque l'on eut reconnu dans quelle partie de la triangulation de Cassini une erreur s'était glissée.

De tels exemples sont trop rares dans l'histoire du monde pour qu'il soit permis de négliger une occasion de les citer ! Evidemment les académiciens qui ont proposé de recommencer ce grand travail sont excusables de ne pas avoir prévu les difficultés que leurs commissaires devaient rencontrer. Qui pouvait dans ce moment d'enthousiasme deviner que les Bailly et les Lavoisier qui faisaient partie de la délégation académique porteraient leur tête sur l'échafaud et que l'illustre Condorcet qui parlait au nom de la Compagnie n'échapperait au bourreau que grâce au poison qu'il porterait sur lui.

Mais de ces travaux et de ces nobles efforts rien n'a été perdu !

Ces obstacles, quelque graves qu'ils fussent, n'ont fait qu'exalter le génie des physiciens et des astronomes chargés d'un travail auquel leur réputation se trouvait attachée. Ils se sont acquittés de leur tâche au milieu de dangers incessants, mais jamais les périls n'ont été assez grands pour lasser leur constance. Nous demanderons la permission de renvoyer le lecteur désireux de connaître le détail de ces glorieuses campagnes au tableau que nous avons tracé, il y a une vingtaine d'années dans nos *drames de la science*.

L'œuvre dans laquelle Arago a débuté doit de plus être considérée comme le point de départ de la géodésie moderne qui fait tous les jours de nouveaux progrès. En effet on n'a plus seulement aujourd'hui à comparer le degré de la Laponie avec le degré de l'équateur. C'est celui du Spitzberg et de la Nouvelle-Zemble que les astronomes ont mesuré avec des procédés abrégés et exacts dont on ne se doutait point encore il y a un siècle. L'expédition dont nous allons raconter les romanesques péripéties n'est donc pas seulement remarquable par le nombre des résultats acquis, mais par l'importance de ceux qu'elle a permis depuis lors d'acquérir. Grâce aux succès obtenus alors, ce n'est pas seulement une ligne tracée à la surface de la terre que les hommes cherchent à mesurer, c'est la figure elle-même du globe que l'on veut connaître avec toutes ses dépressions et ses aspérités.

Si les terroristes s'étaient bornés à déclamer contre les savants leurs prédications insensées n'auraient eu qu'un faible effet. Elles n'auraient point entravé d'une façon sensible les opérations de la commission. Mais ces déclamations avaient l'art de représenter les savants comme dévoués à l'ancien régime et les dénonçaient comme des espions au service de l'étranger. C'est à la peur, ce pire de tous les conseillers, qu'ils faisaient appel et leurs prédications n'étaient que trop facilement entendues. Si l'on se reporte aux funestes journées du siège de Paris, on se rend compte de l'espèce de folie que produit le danger de la Patrie. En effet il suffisait alors des mouvements d'une simple chandelle transportée d'un salon dans un cabinet de toilette ou dans une chambre à coucher pour mettre en mouvement des multitudes de gens qui dans leur bon sens auraient ri de pitié en présence de ces folles alarmes.

Les Français qui ont vécu l'année terrible ne seront pas surpris de la façon dont les signaux nocturnes des commissaires de l'Académie étaient accueillis dans les campagnes affolées.

La commission du mètre avait partagé le travail en deux parties distinctes, et fait de Rodez leur point de jonction.

La partie Sud était échue à Méchain. Elle n'avait qu'une longueur de 350 mille toises tandis que celle du Nord en avait 400, mais elle était considérée avec raison comme la plus difficile à cause du voisinage des Pyrénées.

Méchain n'était point comme Arago né sous une étoile favorable. Ses débuts avaient été des plus pénibles, et sa déveine l'accompagnait partout.

C'est à un hasard providentiel qu'il devait de ne point avoir succombé à la misère qui l'obligeait de renoncer à l'astronomie et à ses séductions. Désespéré, manquant de pain pour lui et pour son père, il avait été réduit à mettre en vente un instrument qu'il avait fait construire dans le but de faire des observations célestes d'une précision remarquable.

Le brocanteur chargé de cette négociation s'adressa à Jérôme de Lalande dont l'esprit ardent s'intéressait à toutes les nouveautés et dont le cœur excellent était ouvert à toutes les misères.

Reconnaissant quelque mérite à la combinaison qui était nouvelle Lalande flaira quelque grande infortune. Il demanda à être mis en rapport avec le propriétaire de l'instrument. Le brocanteur accéda à son désir; en présence d'une horrible détresse Lalande ouvrit sa bourse à Méchain.

Il fit admettre son protégé à l'Observatoire non pas comme astronome mais comme « capitaine-portier ». Puis il en fit un ingénieur géographe et c'est sous ce titre qu'il le fit nommer adjoint à l'Académie.

Le nouvel adjoint était un laborieux et il avait de plus une vue excellente. En quelques années il ne découvrit pas moins de onze comètes qui portent son nom. C'est moins que Messier qui en découvrit vingt et une et que Pons le portier de l'Observatoire de Marseille, mais c'est un chiffre qui suffit pour assurer à Méchain un rang distingué dans l'histoire de l'astronomie française. Les travaux relatifs à la mesure de la méridienne quelque pénibles

PIER.FRANC.ANDR.MÉCHAIN.

Directeur de l'Observatoire National de Paris, dont la mort a déterminé le départ de Biot et Arago pour l'Espagne.

et méritoires qu'ils fussent n'ont pas créé sa réputation, ils n'ont fait que de la consacrer. Ils lui ont assuré le périlleux honneur d'être choisi comme directeur de l'Observatoire de Paris, poste qu'il n'avait point envié car il n'aspirait qu'à une chose : mettre la dernière main au grand travail sur lequel il comptait, pour devenir immortel.

Les délais fatalement amenés par tous ces contretemps s'étaient joints aux difficultés réelles des opérations qui sont délicates, multiples et ne se prêtent à aucune improvisation. Cependant le temps marche vite en révolution, un peuple qui avait renversé en quelques heures une monarchie datant de huit siècles ne pouvait comprendre qu'il fallait des années pour remplacer la livre, le pied, la pinte et les écus à l'effigie du roi. Le Gouvernement, pour répondre à des exigences qui avaient quelque chose de fondé, se vit donc obligé de décréter la création d'un mètre provisoire. Cet étalon exécuté en quelques semaines, répondait parfaitement aux besoins de la pratique courante. Les travaux théoriques continuèrent avec activité, mais on ne persécuta plus les commissaires pour leur arracher les mesures avant qu'elles ne fussent prises avec toutes les précautions nécessaires. On n'eut plus de prétexte pour les accuser de lenteurs systématiques de tâtonnements anti-révolutionnaires. Cependant comme il était urgent de sortir du régime transitoire on simplifia les opérations en négligeant de les poursuivre sur le territoire espagnol. On réserva à une époque ultérieure le couronnement de l'édifice.

L'achèvement du mètre définitif fut célébré en grande pompe par le Directoire exécutif de la République française. Toutes les nations étrangères n'avaient point imité l'Angleterre. Un certain nombre avait envoyé des délégués spéciaux à Paris, mais ces peuples convertis aux mesures nouvelles, étaient l'Espagne, la Suède et les républiques que le gouvernement français avait créées ou qui se trouvaient dans le voisinage de ses frontières. Le mouvement avait encore conservé son caractère national et républicain. Ce n'est que plus tard qu'il devint universel, et que l'on tenta de le rendre monarchique.

Après le coup d'État, le gouvernement, consulaire ne continua point à considérer le système métrique comme la grande œuvre scientifique de la Révolution française, mais n'osant l'abolir il se contenta de préparer sa mutilation qui fut exécutée dès le commencement de l'Empire. On vit alors se produire un spectacle heureusement peu commun dans l'histoire.

Le citoyen Laplace qui avait contribué largement à l'établissement du calendrier républicain avait traversé son chemin de Damas en entrant dans le Sénat conservateur. Ce fut lui qui se chargea de découvrir tous les défauts du système décimal appliqué à la numération du temps. C'est sur son réquisitoire que le calendrier républicain fut aboli et que l'on revint au calendrier grégorien. Mais il ne se borna point à cette exécution solennelle.

Il condamna aussi la division décimale de la circonférence.

Par sa désertion audacieuse, cet astronome servile rendait inutiles les magnifiques tables de logarithmes dont Prony avait dirigé la confection pendant les plus mauvais jours de la Terreur. Par suite d'un ingénieux système de contrôle il avait trouvé le moyen d'employer des coopérateurs qui ne savaient que les quatre règles ; il avait ainsi donné du pain aux ouvriers coiffeurs dont la suppression des queues avait ruiné la profession. Ces changements avaient profondément irrité la première classe de l'Institut. Les astronomes voyaient avec peine qu'on leur interdisait de se servir de la grande réforme qu'ils imposaient aux autres mortels.

Dans ces conditions Méchain pensa que le moment était venu de continuer l'œuvre interrompue et de pousser en Espagne la mesure de la méridienne afin de compléter les opérations scientifiques. Laplace fut enchanté de trouver un moyen de montrer que, malgré sa véritable apostasie, il ne se désintéresserait point de la mesure du mètre. Il demanda donc lui-même les fonds pour que les mesures géodésiques pussent continuer et que Méchain fût mis à même d'achever la tâche qui lui avait été assignée dans le partage avec son collègue Delambre. Celui-ci, beaucoup moins zélé républicain, s'était rapproché du premier consul et avait applaudi lorsqu'il pris la couronne pour la placer sur sa tête, mais le futur chevalier n'osa refuser son concours à la formation d'une nouvelle commission.

CHAPITRE IX

Échec de la seconde Mission du Mètre

Laplace avait fait une remarque fort judicieuse et digne de son génie mathématique : si l'on prolongeait la méridienne jusqu'à Barcelone, les deux extrémités de l'arc naturel se trouvaient également éloignées du 45e parallèle. Il en résultait que les degrés du nord avaient tous une longueur plus grande que celle du degré moyen que l'on cherchait à déterminer pour trouver la valeur du rayon terrestre : au contraire les degrés du sud avaient une valeur plus petite. En prenant le même nombre de degrés de chaque côté de cette ligne sacramentelle on arrivait à une compensation presque absolue.

Mais il fallait beaucoup de courage à Méchain pour entreprendre une tâche pareille dans les circonstances politiques où l'on se trouvait. En effet il avait déjà fait l'expérience des difficultés contre lesquelles il allait avoir à se heurter en pénétrant sur le territoire espagnol. Dans sa première campagne il avait couru des périls sérieux qui l'auraient détourné de nouvelles tentatives s'il avait été moins dévoué à ses devoirs scientifiques et moins persuadé de la nécessité de terminer à tout prix la mesure de la méridienne dans les conditions favorables indiquées par l'auteur de la « Mécanique céleste ». Nous avons déjà rappelé de combien de diplomatie Méchain dut faire preuve pour démontrer aux populations françaises que les délégués espagnols n'étaient point des espions chargés de préparer les étapes de l'armée d'invasion. Nous avons déjà dit qu'il aurait eu beaucoup de peine à échapper lui-même au soupçon et que s'il ne s'était pas rencontré de bons citoyens comme le père d'Arago pour se porter garants de son civisme; sans ces bons citoyens il était perdu avec ceux qu'il cherchait à sauver.

A peine la frontière était-elle franchie que les rôles étaient intervertis. Il fallait que le seigneur Rodriguez défendît ses compagnons de travail. Il devait expliquer le but des mesures d'angle à des paysans ou des pâtres ignorant jusqu'au nom de la géométrie et qui ne ressemblaient pas à ceux de Chaldée. En effet aucun d'eux ne songeait à contempler le cours des astres lorsque par hasard ils se montraient dans toute leur splendeur.

Mais Méchain faillit ne point avoir à se mesurer contre la superstition et le faux patriotisme des montagnards Catalans parce qu'il faillit succomber à Paris contre des rancunes académiques et astronomiques.

Avant de réussir dans son projet favori, il avait eu le malheur d'entrer en possession de ses fonctions de directeur de l'établissement où la fin du règne de la dynastie des Cassini n'avait pas suffi pour ramener l'amour de l'astronomie, la passion du travail et le sentiment de l'ordre. Il s'en était ouvert au baron de Zach, rédacteur de la « Correspondance astronomique mensuelle » qui, en bon journaliste, n'avait pas négligé de profiter de ces révélations sensationnelles. Quoique cette publication fût faite à Gottingue et en langue allemande, les plaintes de Méchain étaient revenues à l'Observatoire et y avaient produit un effet d'autant plus grand qu'elles paraissaient mieux justifiées.

Méchain avait donc semé derrière lui des hostilités peut-être beaucoup plus graves que celles qu'il devait rencontrer dans les montagnes de Catalogne. Par malheur la bombe éclata avant son départ et l'effet de la lecture du journal du baron de Zach fut si terrible que le Bureau des Longitudes nomma « ab irato » un autre délégué. Méchain se trouvait donc destitué d'une façon brutale et sa place était prise par un rival qui n'ayant pas vu de près les populations espagnoles croyait enlever à la baïonnette une mission facile, honorable et commode.

Mais comme après tout les révélations de Méchain étaient fondées et que le baron de Zach avait profité de confidences intimes pour dénigrer l'astronomie française, les amours-propres blessés se calmèrent et le Bureau des Longitudes revint sur sa décision. Méchain obtint gain de cause sans connaître le danger qu'il avait couru après une alerte aussi chaude.

La géodésie aurait beaucoup perdu si Méchain avait été victime de cette indiscrétion dont nous tirerons parti sans aucun remord.

Non seulement Méchain avait le désir honnête et patriotique de mettre la dernière main à la mesure de la méridienne pour répondre aux vœux de Laplace mais il y avait dans cette belle chaîne de sommets à relier par des visées très exactes un triangle tout à fait remarquable au point de vue technique et dont la mensuration marquait un pas important. On peut dire sans exagération que la campagne devait se terminer par un haut fait scientifique qui a tenté également l'esprit de Biot et d'Arago. L'on devait évaluer d'un seul coup des lignes dont la longueur était de 150 à 180 kilomètres. Dans tout le reste de la série des triangulations, on n'avait jamais opéré que sur des lignes de 40 à 60 kilomètres. C'était à pas de géant qu'on déterminait la courbe de la terre! Fille de l'astronomie, la géodésie se montrait digne de sa mère. De si belles opérations ne sont-elles pas sœurs de celles qui rattachent réellement le ciel et la terre ?

Comprenant qu'il ne s'agissait pas seulement d'une affaire de géométrie mais qu'il pouvait survenir de dangereuses polémiques, Méchain avait à répliquer à ceux qui l'avaient fait momentanément destituer. Il se fit accompagner par Lechevalier, auteur qui avait alors quelque célébrité et à ' qui l'on devait un « Voyage en Troade » ainsi qu'un grand nombre d'autres ouvrages qu'on lit encore quelquefois plus d'un siècle après qu'ils ont paru.

Méchain ne fut pas long du reste à faire ses préparatifs dans lesquels il fut aidé par son fils qu'il emmenait en qualité d'adjoint et que la perspective de ce voyage enchantait.

Il arriva à Barcelone aussi rapidement que le permettait alors l'état des communications que, nous déclarerions bien précaire aujourd'hui. Il trouva dans le port son adjoint espagnol Gonzalès qui l'attendait de pied ferme avec ses aides et qui ne demandait qu'à l'accompagner aux Baléares qu'il fallait relier à la côte espagnole à l'aide de la triangulation dont nous avons parlé. Le ministre Godoï, plus connu sous le nom caractéristique de Prince de la Paix avait publié des ordres royaux décrétés en faveur de l'expédition et ce qui était pour le moins aussi méritoire donné tout l'argent dont elle avait besoin.

La commission du mètre avait même à sa disposition un brigantin de la flotte royale mais avant l'invention de la vapeur les voyages sur mer étaient bien loin d'avoir une régularité analogue à celle que nous connaissons. En outre il se produisit une circonstance malheureuse sur laquelle nous devons insister pour peindre le dédale de difficultés où se mouvaient les astronomes à l'époque où Biot et Arago vont entrer en scène.

La fièvre jaune ayant éclaté à bord l'équipage avait déserté. Il fallait trouver un autre bâtiment, mais les autorités locales étaient loin de partager les idées du Prince de la Paix. Elles exécutaient les ordres venant de Madrid à leur corps défendant et ne demandaient qu'un prétexte pour rester dans l'inaction ou faire massacrer les révolutionaires.

Il fallut un mois entier pour que l'on se décidât à mettre à la disposition des astronomes un navire remplaçant celui dont ils ne pouvaient pas se servir.

Mais lorsqu'on leur eut donné satisfaction, le temps qui jusqu'alors avait été très beau devint orageux et venteux.

Méchain n'était pas d'humeur à attendre que l'on pût compter sur un vent régulier. Aussitôt que la mer fut praticable il donna le signal d'appareiller. « Si nous restons trop longtemps dans ce port nous donnerons des armes à nos ennemis. On prétendra que j'ai peur, je dois partir à tout prix » écrivait-il à sa femme dans une des dernières lettres qu'elle ait reçues. Mais le fameux proverbe que « la Fortune favorise les audacieux » n'est pas toujours vrai et Méchain ne tarda point à faire la triste expérience de sa fausseté.

A peine Méchain est-il au large qu'un grain formidable éclate. L'équipage est insuffisant et découragé par la violence de la tempête. Méchain se met au travail comme un simple matelot. Il veut montrer à ces trembleurs qu'un académicien français sait défendre sa vie, mais il ne tarde pas à reconnaître que le capitaine ne connaît pas son métier. Il commande des manœuvres qui sont en dépit du sens commun.

Sans hésiter l'astronome prend le commandement du navire qui comme celui qu'il aurait pris sans la fièvre jaune est un brigantin.

Mais la mer se couvre d'un brouillard épais, il est impossible de voir dans quels parages on navigue et par conséquent de faire le point.

Force est donc d'errer au hasard sur des eaux semées d'écueils. A force de louvoyer il finit par atteindre une Caprera.

Dans cet îlot loin de tout on ignorait que la fièvre jaune avait cessé ses ravages. En voyant que l'astronome français veut débarquer les paysans s'insurgent. Ils le menacent de le fusiller sur place s'il tente de quitter le bâtiment où il crève littéralement de faim. Pendant plus d'un jour on lui refuse même l'eau et le pain.

Mais Méchain ayant fait briller quelques piastres ces fanatiques s'adoucirent. On lui vendit des sucs de marrons et on consentit même à lui laisser visiter l'île accompagné d'un de ses officiers.

Malheureusement cette excursion si périlleuse, qui a consommé tant de temps lui montre que son expédition est inutile. Il est certain que Caprera ne pourra être aperçu d'aucun des sommets de ses triangles.

Pour relier les Baléares à la côte, il n'y a qu'une ressource, mesurer une base supplémentaire. Après bien des tâtonnements, bien des hésitations il se décide pour une localité nommé Aropezza. Mais le pays où il doit opérer est coupé par de nombreux cours d'eau qu'il doit franchir à gué. Dans un de

Le môle des Barbaresques lors du débarquement d'Arago.

ces passages il est emporté par un torrent soudainement grossi. Il périssait misérablement s'il n'avait été sauvé par un brave paysan qui se trouvait providentiellement à portée et qui savait que la vie d'un Français vaut qu'on expose celle d'un Catalan.

Une autre fois il sera moins heureux et personne ne viendra l'arracher à son triste sort. C'est bien ce qu'il se dit, mais le sentiment du devoir est plus fort. Sa devise est « Vaincre ou mourir ». Rien ne l'arrête, parce qu'il veut revenir en France rapportant triomphalement la mesure d'un arc marin assez étendu pour qu'à lui seul il puisse donner la mesure de la courbure de la terre entière.

Après avoir choisi sa base nouvelle, Méchain doit déterminer aussi les sommets de la chaîne de triangles, susceptibles de la rattacher au réseau.

Dans ces recherches si pénibles, il n'est guidé que par des cartes grossières, imparfaites, dignes du Moyen âge, car la science géographique s'est en quelque sorte infiltrée dans le pays de Colomb et de Cortès à la suite des armées de Louis XIV, mais l'art des d'Anville et des Cassini n'y est point pratiqué d'une façon sérieuse. Cette grande et noble nation, qui a donné au monde le nouveau continent, n'a point encore su décrire son propre territoire.

Méchain ne peut avoir confiance que dans ce qu'il voit, dans ce qu'il observe. Aussi, rien que pour arriver au choix des sommets de son triangle, il doit faire 300 lieues par mer et autant par terre !

Tant d'ardeur, de constance charment, séduisent les Espagnols qui en sont témoins. Un officier du navire que le gouvernement royal a mis à sa disposition demande et obtient l'autorisation de suivre dans ses courses de terre le savant français, qu'il admire.

Mais il n'en est pas de même des autorités de Madrid ; celles-ci sont hostiles. Elles cherchent à reprendre, en quelque sorte par mille moyens mesquins les autorisations dues à un ministre contre lequel conspirent tous ses subordonnés.

Dans son désespoir Méchain songe à l'avenir de ce fils qu'il a été si heureux et si fier de prendre comme adjoint. « Reviens à Paris, cher enfant, laisse-moi lutter de mon mieux contre la mauvaise fortune. Reprends possession le plus vite de ta fonction de secrétaire de l'Observatoire.

— Non, cher père, répond le jeune homme désolé ; il me semble que je commettrais un acte de lâcheté en t'abandonnant. Mais crois-tu que mon retour sauverait la situation ? Est-ce que tes ennemis ne profiteraient pas... » Ici le jeune homme s'arrêta comme s'il n'osait pas aller plus loin.

« ...De ma mort, ajouta brusquement Méchain ; mais quelle vienne cette mort, je ne la redoute pas ; c'est pour toi, pour toi seul que cette pensée m'attriste... Tu as raison, ne nous séparons pas... Ecris à ta mère et à ta sœur de prendre patience. Dieu ne nous abandonnera pas... »

Toutefois il ne croit pas qu'il doive cacher à sa femme la gravité des périls auxquels il est exposé et la nature des pressentiments dont il est assailli. Il lui écrit une longue lettre dans laquelle il lui expose avec franchise les obstacles naturels qui se sont révélés et ce qu'il sait de l'état des esprits. Il ne lui cache rien, mais en même temps il insiste sur l'importance des résultats qu'il compte obtenir et il lui recommande s'il lui arrive malheur d'insister auprès de ses confrères de l'Académie pour que l'entreprise à laquelle il s'est sacrifié ne soit pas abandonnée. « Je ne suis qu'un soldat qui peut succomber mais il faut que la science française ne soit pas privée de la victoire que je n'aurai pas été assez heureux pour lui assurer. Si je n'ai pas le bonheur de te revoir, considère cette lettre comme mon testament scientifique et fais tout ce que tu pourras pour en assurer l'exécution. »

L'expédition de cette lettre si touchante calma pendant quelque temps l'exaltation de Méchain et remit quelque calme dans son esprit.

Mais la maladie gagne, deux des officiers qui partagent sa tente sont atteints du fléau. Il profite de sa double autorité de père et de chef de la mission pour obliger son fils à s'éloigner et à rallier Barcelone avant qu'une quarantaine ait été établie. Quant à lui, il ne peut s'éloigner ; il restera dans ce lieu d'infection tant que ses nouveaux triangles ne seront point mesurés et vérifiés ; il est admirablement accueilli par le propriétaire d'un château voisin, le baron de la Puebla qui se montre un véritable hidalgo.

Quand l'excitation des travaux l'abandonne, Méchain sent combien sont profonds les ravages de la maladie. Il se demande s'il reverra cette femme et ce fils qui lui sont si chers, cette patrie pour la gloire de laquelle il a sacrifié son existence, si des émules, des rivaux, des jaloux ne tireront pas parti d'une imperfection de quelques calculs dont il vient de constater l'imperfection pour nier l'intérêt qui s'attache à ses efforts.

Les excellents soins dont il est entouré dans cette hospitalière demeure ont triomphé de cette fatale attaque. On peut le croire sauvé, s'il consent à traiter sa convalescence comme il a traité sa maladie. Mais sa fatale passion l'emporte. Il se lève la nuit pour observer les astres. Il éprouve une rechute. Il est perdu... Il le sait et il délire. Il demande à chaque instant ses manuscrits, ses manuscrits qui contiennent la preuve de la fatale erreur. Il ne sait s'il doit les anéantir ou donner des instructions pour les conserver !

C'est dans ces alternatives effrayantes que l'agonie le saisit. « Ma femme, mon fils..., triangle », sont les derniers mots qu'il ait prononcés !

Quand tout est fini, le baron de la Puebla est, malgré lui, chargé d'annoncer au fils de Méchain la fatale nouvelle. Il va lui-même chercher l'orphelin, il l'amène à ces tristes funérailles, il l'aide à recueillir les papiers et les instruments de la mission.

Toujours bienveillant, ce compatriote du Cid met à la disposition du fils de l'infortuné astronome la somme nécessaire pour regagner la France.

On élève à Méchain une tombe aux frais des témoins de sa mort qui ont admiré sa vaillance. Ce monument entretenu pendant longtemps avec un soin précieux existait encore il y a une cinquantaine d'années au Castillan de la Plana.

C'est là que madame Méchain a voulu s'agenouiller. Elle y est venue accompagnée de son fils qui, pour accomplir ce triste pèlerinage, a donné sa démission de secrétaire de l'Observatoire. C'est à ce dévouement, ce noble dévouement à la mémoire d'un martyr de la science qu'Arago a dû l'honneur d'entrer à l'Observatoire de Paris. Le démissionnaire dont nous avons tu jusqu'ici le nom, n'était autre que le fils de son prédécesseur !

CHAPITRE X

Le Départ de la troisième Mission du Mètre

La nouvelle de la mort de Méchain produisit à la première classe de l'Institut national un effet lugubre. Il ne fut pas atténué par les démarches que fit la femme de l'astronome infortuné lorsqu'elle tâcha d'obtenir que l'on continuât l'œuvre de son mari. Laplace et les autres astronomes comprenaient bien l'importance qu'il y avait à couronner un monument si laborieusement édifié, mais on était persuadé que la tâche était d'une telle difficulté, qu'il fallait des hommes jeunes, robustes, hardis pour s'en charger avec des chances suffisantes. C'est cette persuasion intime qui fit que les personnages les plus influents de la classe acceptèrent avec empressement les propositions faites par Biot lorsqu'il se fut assuré de la coopération d'Arago. Car il se sentait beaucoup plus sûr de l'avenir lorsqu'il put compter sur un adjoint ayant les qualités physiques et morales nécessaires, connaissant la partie des Pyrénées où l'on allait opérer et parlant comme sa langue maternelle l'idiome des montagnards au milieu desquels les délégués de l'Académie des Sicences auraient à se mouvoir pendant plusieurs mois. L'ennemi de Méchain qui avait voulu le supplanter n'avait pas désarmé en apprenant sa mort. Il supportait avec peine l'idée que l'entreprise dans laquelle Méchain avait succombé serait exécutée et qu'il serait par conséquent démontré qu'il ne s'était pas sacrifié pour une utopie.

Il entreprit donc de dégoûter Biot du voyage qu'il avat l'intention d'exécuter. Il lui écrivit une longue lettre rédigée en apparence dans son intérêt où il exposait soigneusement tous les obstacles dont les commissaires de l'Institut auraient à triompher. Il profitait habilement de tout ce qui se trouvait mentionné dans le mémoire détaillé que madame Méchain avait entre les mains. Biot conserva pour lui seul cette révélation perfide.

Il se donna bien garde de montrer à Arago la pièce qu'il avait reçue mais il se rendit chez madame Méchain qu'il interrogea minutieusement et qui lui donna tous les détails qu'elle possédait. Cette dame poussa même la complaisance jusqu'à lui faire déclarer par son fils tout ce qu'il savait et par le mettre en rapport avec Lechevalier qui n'avait rien écrit sur la campagne, mais avait recueilli une foule de notes que l'on pourra encore retrouver à la Bibliothèque du Panthéon dont il était conservateur.

Cette espèce d'enquête provoquée par un académicien jaloux dans un but condamnable n'eut point pour résultat de déterminer Biot à renoncer à sa mission. Mais il fut mis au courant de ce qui s'était passé et put réfléchir aux moyens d'empêcher le retour de catastrophes analogues.

Prenant avec lui la lettre de Méchain, il la mit dans son portefeuille afin de la montrer à Arago lorsqu'il le jugerait convenable, ce qu'il fit comme nous le verrons tout à l'heure. Mais il ne s'en sépara point et la rapporta à Paris.

Cette pièce singulière qui prouve combien des passions peu avouables troublent quelquefois l'esprit des astronomes existe encore de nos jours. Après la mort de Biot, son petit-fils en fit hommage à l'Académie des Sciences. Elle fut déposée dans les archives où, grâce à la bienveillance de M. Bertrand, j'ai pu la lire vers l'époque où mon volume sur la « Mesure du Mètre » a été couronné par l'Académie française dont ce célèbre secrétaire perpétuel de l'Académie des Sciences faisait partie.

Le départ de la mission du mètre fut annoncé dans le « Moniteur universel » alors organe officiel et le seul journal politique qui eût une circulation sérieuse, car la presse était sous le régime du mutisme et de la censure. Afin de bien montrer que le jeune secrétaire de l'Observatoire n'était pas un simple employé, le ministre qui rédigea l'avis lui fit l'honneur de le nommer en le citant bien entendu en second. Mais le jeune astronome était si peu connu que le compositeur transforma son nom en celui d'Arengo.

Le prétendu Arengo qui peut-être n'a jamais lu cette feuille ne réclama pas. Il en résulte que le nom d'Arengo figure dans la table annuelle et même dans la table décennale.

On peut dire que l'Espagne a vu se développer les conséquences de la proclamation de l'Empire, bien avant la France. Les deux délégués du Bureau des Longitudes allaient se trouver dans une position tout à fait inextricable dont la gravité dépassait les prévisions pessimistes de l'ennemi de Méchain.

Aussitôt que le roi d'Angleterre eut appelé Pitt au ministère, le premier acte de cette homme-fléau fut de se précipiter sur l'Espagne pour l'intimider et la détacher de l'alliance française.

La rue Babazoun, lorsqu'Arago arriva pour la première fois dans la capitale de la Régence.

Quatre frégates espagnoles qui revenaient du Rio de la Plata et portaient une somme d'environ 80 millions de francs furent attaquées. Mais l'orgueilleux ministre avait compté sans la noblesse du caractère catalan : cet acte sauvage ne fit que cimenter l'alliance franco-espagnole. Un cri d'indignation s'éleva dans tout le royaume depuis le détroit de Gibraltar jusqu'aux Pyrénées. Le roi répondit à cet élan national en ordonnant à la flotte espagnole de se joindre à la flotte française dans les eaux tragiques de Trafalgar. Après une résistance qui ne fut pas sans gloire les deux marines furent anéanties ensemble. Le mélange du sang aurait fortifié l'alliance si la démence de l'ambition dynastique n'avait poussé le successeur des Césars à des projets aussi insensés que criminels.

Bientôt le trône de France ne suffisait point au nouveau souverain. Il fallait qu'il fût entouré d'une famille de rois. En conséquence il chassa les Bourbons qui régnaient en Toscane et sur le royaume de Naples. Cet acte de violence non justifié était un avertissement que Charles IV ne pouvait dédaigner. Il aurait fallu qu'il fût aveugle pour ne pas comprendre que son tour allait venir. Le prince de la Paix eut la même pensée et, d'accord avec le roi, il publia une proclamation belliqueuse dans laquelle il invitait les Espagnols à se préparer à la guerre.

La terreur que Napoléon lui inspirait alors était si grande que le Prince de la Paix n'osa dire contre qui devait avoir lieu cette guerre. Mais l'instinct populaire ne s'y trompa pas et dès ce moment les Français étaient désignés comme les ennemis du trône.

Napoléon profita du vague dans lequel le gouvernement espagnol était resté pour obliger Charles IV à envoyer de l'autre côté des Pyrénées un corps d'Espagnols qui prirent une part glorieuse à la guerre d'Allemagne.

C'était une manière brillante de profiter d'une équivoque que le ministre espagnol avait laissé subsister.

Mais Biot et Arago n'eurent pas la même ressource, nous verrons qu'ils ne tardèrent point à s'apercevoir que, par des mots énigmatiques, le manifeste désignait non pas l'Autriche, la Prusse ou la Russie mais uniquement la France.

Napoléon ne se contenta pas de ce succès diplomatique. Le trône de Naples n'était pas assez grand pour un prince comme le roi Joseph, il fallait qu'il régnât à l'Escurial. Du reste Napoléon avait besoin de Naples qu'il destinait à son beau-frère le général Murat alors grand duc de Berg.

Est-il surprenant que les astronomes français n'aient pu paisiblement viser les étoiles et les signaux géodésiques et qu'ils aient senti le contre-coup de ce trafic de peuples et de couronnes compliqué par des circonstances véritablement atroces ?

Il semblait que Napoléon ne pût avoir aucun prétexte pour détrôner un monarque qui se prêtait sur-le-champ à toutes les combinaisons qu'il proposait. Il avait même laissé pénétrer librement sur le territoire espagnol les troupes françaises destinées à effectuer la conquête du Portugal dont on lui avait promis de partager les dépouilles. Pour arriver à ses fins Napoléon imagina un plan infernal.

Le prince des Asturies était un personnage violent, sensuel, peu intelligent, sanguinaire et que la perspective de commettre un crime n'arrêtait pas. Il le décida facilement à lui demander la main de mademoiselle Tascher de la Pagerie sa nièce et à former un complot contre la vie de son père afin de régner à sa place. Le but secret de Napoléon était de se constituer le vengeur du monarque assassiné et de punir le parricide en lui enlevant le trône qu'il destinait à l'innocent Joseph.

Heureusement cette trame parricide fut découverte par Charles IV qui fit arrêter le prince Ferdinand et le dénonça naïvement à Napoléon dont il n'avait pu deviner la complicité.

Le 30 octobre le roi publia à l'Escurial une proclamation dans laquelle il annonça à ses peuples l'arrestation du prince des Asturies et la mise en jugement de ses complices. La commission franco-espagnole venait de commencer la série de ses observations lorsque se succédèrent des événements imprévus compromettant le nom français d'une façon si atroce.

Le prince Ferdinand ayant fait l'aveu de son crime, Charles IV lui pardonna solennellement et se prêta à l'acquittement de ses complices. Il poussa même la condescendance jusqu'à demander pour son fils la main de la princesse de la famille impériale avec laquelle il voulait s'unir.

Pendant ce temps sous le prétexte d'aider les troupes espagnoles à venir à bout de l'armée portugaise, cent mille Français entrèrent successivement en Espagne et s'emparèrent par surprise des principales forteresses. L'invasion du Portugal fut exécutée sans combat, le Prince régent ayant fui de Lis·bonne cependant l'invasion continua sous prétexte que les Anglais méditaient une attaque contre les côtes d'Andalousie.

Enfin le 3 mai 1808 éclata à Aranjuez, le Versailles de Madrid où se trouvait la cour une formidable insurrection populaire provoquée par la présence dans la capitale d'une armée française à la tête de laquelle se trouvait Murat transformé en grand duc de Berg à la suite de son mariage avec une sœur de Napoléon. La colère des Espagnols se manifesta par une série d'assassinats commis sur les soldats que l'on trouva isolés dans les rues de la ville. Cinq cents de nos nationaux périrent dans ces Vêpres Madrilènes, et furent immédiatement vengés. Tous les prisonniers faits par Murat furent jugés par une commission militaire et impitoyablement fusillés.

En même temps la foule avait envahi et pillé le Palais du Prince de la Paix, qui surpris pendant qu'il était à table n'avait eu que le temps de se sauver dans un grenier. Charles IV s'était empressé de destituer son favori. Voyant que cet acte ne donnait pas satisfaction à la fureur populaire, il avait abdiqué en faveur de son fils mais une fois le danger passé il avait voulu annuler sa renonciation au Trône.

Napoléon fit venir devant lui à Bayonne le Père et le Fils sous prétexte de servir d'arbitre entre leurs prétentions rivales ; après une série de scènes odieuses entre les deux prétendants, la mère et le Prince de la Paix l'empereur des Français les mit d'accord en envoyant le vieux roi régner à Fontainebleau avec une liste civile de quatre millions de francs, et le jeune à Valençay avec une riche dotation.

Une fois Charles et Ferdinand coffrés, il fit monter son frère Joseph sur le Trône que les deux prisonniers s'étaient disputé. Murat, l'ancien palefrenier, prit la place que Joseph laissait libre et alla régner à Naples.

Dans son administration si malheureusement interrompue, le Prince de la Paix s'était montré humain et animé de sentiments civilisateurs. Il n'avait pas craint d'adopter une mesure qui avait d'autant plus porté préjudice à sa popularité, qu'il avait porté une main humaine, sur le plus sanguinaire des plaisirs du peuple. Il avait eu l'audace d'abolir les combats de taureaux, ces divertissements barbares indignes d'un peuple européen. Le premier des actes de Joseph, de ce prince qui prétendait représenter la Révolution française fut de les rétablir. C'est le seul de ses actes qui ait été respecté. En effet aucun des innombrables ministres qui se sont succédé en Espagne n'a osé imiter le Prince de la Paix. La République elle-même quand elle avait à sa tête Emilio Castelar respecta les Torreadors. L'effet de cette concession aux instincts féroces de la populace fut nul car toute la population se souleva à l'exemple de la ville d'Oviedo. Les moines sortirent de leurs couvents, et la croix d'une main, le poignard de l'autre ils coururent sus aux Français.

Si nous avions à retracer l'histoire du premier empire, nous dirions que c'est l'insurrection espagnole qui a ruiné la puissance de Napoléon, et préparé l'invasion de 1814 ainsi que la défaite de Waterloo. Mais ce que nous avons raconté paraît suffisant pour montrer dans quelle fournaise se trouvaient les deux astronomes français et combien leurs opérations géodésiques devaient paraître suspectes à des populations ignorantes, dont tant d'événements criant vengeance, surexcitaient le sauvage patriotisme.

CHAPITRE XI

Arago fait sa première découverte en optique

Le voyage de Paris à Barcelone se fit sans difficultés autres que celles qui accompagnaient inévitablement des déplacements un peu importants à une époque où aucun des moyens de transport que nous connaissons n'était usité. Les délégués espagnols étaient arrivés et n'attendaient que la mission française pour partir pour les Baléares, où Biot résolut de les accompagner. La station qu'ils choisirent pour commencer la campagne fut précisément celle d'Iviça où Méchain avait été si mal reçu. Il chargea Arago de s'établir au désert des Palmiers, bien élevé sur la côte d'où l'on pouvait apercevoir la station qu'ils allaient établir dans l'archipel.

Le secrétaire de l'observatoire avait pour demeure une montagne nue et aride terminée par une sorte de plate-forme naturelle fort étroite sur laquelle il pouvait se promener comme un lion dans sa cage. Il avait pour demeure une toute petite cabane en planches faisant partie du matériel que Méchain avait apporté de Paris.

Pour ses débuts dans la grande expédition, l'impétueux jeune homme était condamné à rester dans cette station jusqu'à ce qu'il ait pu apercevoir avec la lunette du théodolite qu'on lui avait confié la flamme que Biot allait allumer à Iviça, qui devait être d'une intensité très faible de plus il ne connaissait la situation topographique du signal que d'une façon très approximative.

Il ne faut pas croire qu'il eût pour se distraire un paysage très attrayant. En effet les palmiers qu'on trouvait sur cette cime n'étaient pas le brillant végétal qui fait le charme des oasis africaines, c'était le « chamœrops humilis » cette broussaille maudite dont les racines s'étendent si loin en terre, qui fait le désespoir des colons algériens, et qui ne pouvait procurer aucune distraction au solitaire attendant l'apparition de l'étoile artificielle dont il fallait déterminer les coordonnées géographiques.

Pendant qu'Arago s'installait Biot ne perdait pas de temps de son coté. Il parvint à choisir une station. Ce sommet chauve qui se nommait Campvay était formé par une colline blanchâtre qui devait s'apercevoir de très loin. Biot et Rodriguez prirent en location la maison d'un pauvre paysan, seul habitant de ce lieu désolé; ce pauvre hère ne pouvait comprendre que des étrangers vinssent d'au delà des mers pour s'installer dans sa masure.

A cette époque, le peuple était excessivement superstitieux en Espagne, où l'Inquisition n'avait point encore été abolie. Ce brave paysan n'était donc pas éloigné de considérer ses locataires comme des sorciers cherchant un lieu sauvage pour y exécuter librement leurs enchantements.

Il parut confirmé dans cette manière de voir quand il vit arriver d'Iviça la cabane et les instruments de la station. C'est en se signant qu'il en approcha pour la première fois.

Mais bientôt il s'apprivoisa et fut pris au service de Rodriguez, qui l'installa à un second sommet, en compagnie de Chaix et de quatre matelots.

Biot se hâta alors de repasser en Espagne pour choisir un troisième sommet.

Le chef de la mission ne pouvait perdre un seul jour. En effet, il se représentait trop facilement l'anxiété de ses collaborateurs, passant leurs nuits à balayer l'horizon pour voir si les signaux dont ils étaient chargés de déterminer la position ne s'illuminaient pas. Il y aurait eu cruauté, inhumanité à prolonger sans nécessité l'attente à laquelle ils étaient condamnés.

Mais Biot ne tarda pas à reconnaître que le fameux proverbe du prince de Talleyrand, « surtout pas de zèle », s'appliquait aussi bien à la détermination du mètre, dont il était le premier auteur, qu'à la politique, où excellait son génie cauteleux.

Pour avoir voulu rejoindre trop vite Arago, Biot faillit périr englouti dans la Méditerranée.

La tempête le jeta sur une île sablonneuse et abandonnée appelée « l'Esplanador. Ce coin désolé n'avait pour habitants qu'une pauvre famille de pêcheurs et le vieux gardien d'une tour défendue par quatre soldats malades, que l'on relevait tous les mois. Jamais on ne vit plus noire détresse. Mais il y avait encore de la vanité dans cette misère. Le gardien de la tour, fonctionnaire de Sa Majesté le roi d'Espagne et des Indes, méprisait les pêcheurs, gens de rien, auxquels il daignait à peine adresser la parole.

Le naufrage de Biot fut une aubaine pour ces malheureux qui se laissèrent apprivoiser par quelques réaux et aidèrent avec beaucoup de dévouement le frêle esquif à reprendre la mer. Le gardien de la tour lui-même consentit à travailler au départ.

Méchain avait désigné pour le troisième sommet le cap Cullera, dont l'accès est très facile, mais qui n'a que 200 mètres de hauteur. Redoutant qu'une éminence aussi faible ne pût se voir des deux autres sommets, Biot résolut de la remplacer par une montagne un peu plus éloignée de la base, « Palmas-Campvay », mais ayant 600 mètres d'altitude.

L'astronome français Biot trouva la station qu'il cherchait dans un endroit isolé appelé le Mongo.

Le Mongo était recommandable non seulement par son élévation, triple de celle du cap Cullera, mais encore par la hardiesse avec laquelle il s'avance dans la mer, à l'extrémité du cap Saint-Antoine.

Il y avait un petit inconvénient qui eût arrêté un observateur moins intrépide. Les habitants avaient oublié d'ouvrir un chemin pour parvenir au sommet. On se mit à en creuser un dans le roc, travail nécessairement fort long et pendant la durée duquel Rodriguez et Arago avaient tout le temps de se morfondre. Heureusement on s'aperçut qu'il y avait un sentier naturel pour pénétrer dans cette espèce de forteresse. L'on n'avait qu'à suivre le fond d'un ravin tracé par les pluies et les éboulements.

Ce fut par cette espèce de couloir à peine praticable pour des hommes que l'on dut monter les caisses des réverbères, les miroirs, la tente et les planches de la cabane.

On ne tarda pas à reconnaître que ce promontoire escarpé et aventuré au milieu des mers était visité sans relâche par des vents furieux, qui ne permettaient pas d'espérer que la cabane en planches de Méchain pût résister pendant quelques jours. On fut donc obligé de construire à la hâte en pierres sèches une sorte de tanière, que l'on cacha dans une anfractuosité du rocher.

Pendant toute la durée de ces travaux, la patience de l'ermite de « Las Palmas » était soumise à une bien rude épreuve.

Arago n'avait pour se distraire que la conversation de chartreux dont le couvent était bâti au pied de la montagne et qui montaient chaque soir au sommet pour y enfreindre d'une façon tout à fait scandaleuse la règle de leur institut dont le silence est la loi fondamentale. Ces pères étaient d'une curiosité insatiable. Les événements de la Révolution française les passionnaient tellement qu'ils s'intéressaient aux moindres détails. « Vous aussi, leur dit Arago, d'un ton qu'il affectait de rendre plaisant, vous n'attendez sans doute qu'une occasion de jeter le froc aux orties : » Arago ne se trompait pas beaucoup, mais ceux qui étaient les plus sympathiques à la France, et qui naturellement étaient les plus jeunes, les plus intelligents et les plus vigoureux furent précisément, par suite des fautes du gouvernement impérial, nos ennemis les plus redoutables !

14

Ces moines étaient semblables à ceux de « Fra Diavolo », qui donnent plus facilement des bénédictions avec leur escopette qu'avec leur crucifix. Quoique Sa Majesté Catholique fût encore en paix avec la nouvelle monarchie impériale, ils brûlaient du désir de signaler leur dévotion en trempant leurs mains dans le sang des sujets de Napoléon Ier.

Par une noble compensation, les pauvres matelots et les paysans en rapports quotidiens avec la mission étaient tout fiers de contribuer au succès de l'opération, dont ils ne saisissaient pas bien la nature, mais dont, par une sorte d'intuition sublime, ils comprenaient admirablement l'importance.

Ces gens simples et bons, habitués à lutter contre les forces brutales de l'atmosphère, se contentaient d'un médiocre salaire. Ils étaient glorieux de vaincre les difficultés qui s'opposaient à l'exécution des desseins des savants. Ces obscurs coopérateurs avaient sur les champs de bataille de l'astronomie, le véritable élan qui fait que les dignes fils de Galilée remportent quelquefois de si éclatantes victoires.

Il y avait aussi dans la région des Français se considérant comme obligés de se dévouer pour le succès de cette grande entreprise, qui, quoique humanitaire, était également nationale.

Non seulement ces patriotes intelligents donnaient tous les renseignements possibles sur l'état du pays et veillaient à l'entretien des stations, mais ils ne craignaient pas de mettre leur bourse au service du gouvernement de leur patrie, à une époque où notre crédit était loin d'être établi sur des bases bien solides.

Ils ne redoutaient pas de se signaler d'une façon spéciale aux ennemis de la France, en prêtant la main à une entreprise dont le but devait être odieusement dénaturé.

Aussitôt que ses préparatifs furent terminés, Biot courut au désert des Palmes pour retrouver Arago et lui demander s'il avait pu apercevoir les signaux nombreux, qu'il lui avait faits; le jeune homme malgré son zèle à profiter de toutes les éclaircies, n'avait pas pu une seule fois distinguer les feux dont il devait déterminer la situation avec une précision rigoureuse.

Cette circonstance était d'autant plus inquiétante que les nuits avaient été très claires et que l'on avait vu plusieurs fois les montagnes d'Iviça s'élever à l'horizon d'une façon nette et bien déterminée. Malgré tout son optimisme Arago se voyait réduit à des conclusions vraiment lamentables.

Si l'on n'avait découvert aucune lueur, c'était par la plus terrible de toutes les raisons, c'est parce qu'elles étaient trop faibles pour qu'on les aperçût jamais. Le grand triangle ne pouvait être mesuré, les astronomes avaient exposé leur vie pour une chimère imaginée par Méchain dans un accès confinant à la folie !

Le Port de Bougie, à l'époque où une tempête obligea Arago à y chercher refuge.

C'est avec cette perspective désolante que les deux astronomes s'épuisaient en consciencieux efforts pour pénétrer les mystères de l'horizon.

Combien de fois, assis au pied de leur lunette, les yeux obstinément fixés sur la mer, n'ont-ils pas, malgré leur désir de s'illustrer, frémi en énumérant toutes les raisons qu'ils avaient pour désespérer du succès !

Combien de fois, en voyant les nuages s'élever du fond des vallées et monter en rampant sur les flancs des rochers, n'ont-ils pas senti l'espérance renaître dans leur cœur !

Le spectacle qui se déroule de ces cimes élevées lorsqu'on regarde du côté de la Méditerranée dépasse véritablement ceux que peut décrire la parole humaine, et semble digne des dieux.

A gauche, le cap Oropeza élève dans l'air ses aiguilles, qui le signalent aux navigateurs. Derrière s'étend, comme un rideau noirâtre, la chaîne de montagnes qui abrite le royaume de Valence du côté du nord. A droite, le Mongo sort du sein des flots et s'élance d'un jet vers le firmament.

L'observateur est séparé de la mer par un vaste jardin entrecoupé de mille ruisseaux, serpentant au milieu d'orangers, d'oliviers et de citronniers dont la verdure éternelle fait le plus merveilleux contraste avec le sommet blanchâtre de montagnes couvertes de neiges éternelles.

Ni Biot ni Arago n'étaient dans une disposition d'esprit qui leur permît de goûter ce charmant tableau. Leurs yeux ne voyaient ni les tours de Valence, cet heureux séjour d'un peuple indolent et frivole, ni l'antique Sagonte dont les modernes habitants donnèrent la preuve de ce que peut le patriotisme. Leurs regards s'attachaient involontairement sur le castellon de la Plana, où l'auteur du plan qu'ils étaient chargés d'exécuter avait rendu le dernier soupir et où ils auraient pu discerner son tombeau !

Tout remplis de l'idée fixe qui les prenait à leur réveil et ne les lâchait que lorsqu'ils s'endormaient de fatigue et de désespoir, en voyant qu'ils n'apercevaient aucun signal lointain, ils finirent par s'arrêter à l'idée qu'un ouragan avait arraché les cabanes du Mongo et du Campvay. Ils pensaient que, désespérés, leurs agents et leurs collègues avaient déserté ces hautes cimes ; ils commençaient à se dire que le plus sage était de les imiter, de battre en retraite devant des difficultés insurmontables.

Enfin, après deux mois de tentatives inutiles, superflues, désolantes, ils résolurent de recueillir leurs forces pour une suprême inspection qui serait la dernière, car ils ne pouvaient espérer des circonstances plus favorables : le ciel était limpide, et, quand le soleil aurait disparu, la lune ne devait pas venir les troubler.

Après avoir balayé systématiquement l'horizon de la mer dans la direction d'Iviça, ils visèrent la montagne dont la forme rappelait le plus celle de

Campvay et ils braquèrent leur lunette dans cette direction, puis ils attendirent avec une impatience fébrile que la nuit vint étendre ses voiles sur toute la contrée.

Cette fois ils aperçurent une petite lueur, dont l'éclat ne dépassait pas celui d'une étoile de cinquième ou sixième grandeur, mais qui appartenait incontestablement à la terre, car elle ne partageait pas le mouvement de la voûte céleste.

Désormais le succès était assuré, la mesure n'était plus qu'une affaire de patience. Alors Biot tira solennellement de son sein la lettre de Méchain, et il en donna lecture à Arago. Le jeune homme remercia son chef de ne point l'avoir initié plus tôt à ces doutes terribles. qui auraient paralysé tous ses mouvements. « Jamais, s'écria-t-il dans un moment d'expansion et d'enthousiasme, je n'aurais eu le courage de persister si j'avais su que l'entreprise était presque condamnée par le maître dont le génie avait eu l'audace de former ce grand dessein. Si, lorsque les astronomes ont les soleils sous leurs pieds, ils s'intéressent encore aux affaires de ce monde, l'âme de Méchain a dû tressaillir de joie et d'émotion. Elle a dû se consoler de ses tribulations en voyant l'issue inespérée de notre observation de cette nuit. »

Depuis lors, l'opération, quelque difficile et pénible qu'elle pût être, n'était plus qu'un travail intéressant et attachant.

Souvent la tempête emportait la tente et balayait les signaux, mais c'était avec un entrain incroyable qu'Arago allait les rétablir. Ces longues courses périlleuses lui paraissaient un jeu d'enfant. Plus tard, ils furent un des plus agréables souvenirs de sa jeunesse, et c'est avec un plaisir sans cesse renaissant qu'il y faisait allusion dans les derniers temps de sa carrière.

Les astronomes quittèrent cette station au mois de janvier 1807, après y avoir fait un séjour de trois mois et demi.

Heureux d'être assurés de moissonner la gloire, ils allèrent pendant quelques jours se refaire à Valence, puis ils reprirent leur vie d'étude, car il fallait se transporter successivement au Mongo et à Campvay.

Arago tenta d'établir une station nouvelle sur la chaîne de la Favoretta, afin de procéder à des vérifications ; mais il fut forcé d'y renoncer, à cause d'une circonstance qui peint bien l'état du pays. La montagne était tenue par des brigands qui voulaient rançonner les astronomes en leur vendant à beaux deniers comptants, le droit d'aller y faire leurs observations.

Biot crut que ce serait humilier la science que de se soumettre à un semblable trafic, et il se décida à tourner la difficulté.

Les opérations furent terminées comme si la Favoretta n'avait jamais existé, et le grand triangle fut déterminé avec autant de précision que si les brigands avaient tous été déjà garrottés. Pas plus que les terroristes de France, ceux d'Espagne n'avaient pu empêcher la victoire de l'astronomie.

Mais cette victoire ne fut pas la seule que les deux délégués de la mission du mètre remportèrent comme prix de leur patience.

Le troisième soir après l'apparition du feu de Campvay Arago avait l'œil à la lunette et cherchait à déterminer avec toute la précision possible les coordonnées du rayon visuel lorsqu'il s'écria :

« Ah ! voici qui est bien extraordinaire, je ne vois pas une lumière, j'en vois deux placées l'une au-dessous de l'autre et je peux mesurer l'angle qui les sépare.

— Cela n'est pas possible reprit vivement Biot, les Espagnols ont eu assez de mal à allumer une lampe sur le toit de la cabane en planches qui leur sert d'abri. Ils n'ont point été s'amuser à construire un mât plus élevé, où diable ! auraient-ils pu se le procurer et le hisser sur ce sommet si difficile à atteindre, même lorsque l'on n'a rien à porter ?

— Mais il n'y a pas deux lanternes placées en file l'une au-dessus de l'autre, répliqua Arago, sans attendre que Biot ait fini sa dissertation, il n'y en a qu'une seule, j'en suis sûr, parce que la distance des deux points lumineux est telle que leur écartement devrait être de plus de cent mètres si les deux images étaient réelles... du reste l'écartement varie. Je suis sûr que nous avons affaire...

— A un effet de mirage vertical— et nous avons tout ce qu'il faut pour l'étudier. C'est magnifique, mais...

— Quoi ? qu'est-il arrivé ?... voilà une des deux images qui pâlit et qui s'évanouit...

— C'est sans doute le vent qui change à Campvay, fit Arago.

— Non, non, s'écria brusquement Biot, c'est le vent qui se lève et qui trouble le repos de l'air. Monge nous l'a appris dans la théorie qu'il a donnée des mirages vus dans le désert. Pour les voir, il faut le calme de l'air.

— C'est vrai, ajouta Arago, j'oubliais que notre maître à tous a écrit à ce sujet dans les « Mémoires de l'Institut d'Egypte ». Il faut que nous restions ici pour répéter l'observation. Nous sommes tenus de compléter l'œuvre des soldats de la République.

— Toujours la République en avant, fit Biot d'un ton piqué. Mais vous avez raison nous ne descendrons point avant d'avoir revu ce curieux phénomène qui ne peut tarder à se montrer de nouveau. »

Biot avait raison car le lendemain le temps fut couvert et les observations de Campvay par conséquent impossibles, mais le surlendemain, jour où la lune était encore très faible et ne gênait pas les visées, l'air devint remarquablement pur et les deux lumières apparurent de nouveau. Elles restèrent assez de temps pour que toutes les mesures pussent être prises avec autant de précision qu'elles l'avaient été l'avant-veille.

Lorsqu'il fut de retour à Paris, Biot se hâta de faire de ces observations le sujet d'un mémoire qu'il présenta à la première classe de l'Institut et qui eut un immense succès. Il n'oublia pas de rappeler que la découverte du phénomène était due à l'adjoint, qu'il avait laissé en Espagne. C'est en racontant cette observation dans un renvoi en bas de page dans sa « Correspondance astronomique mensuelle » que le baron de Zach cita pour la première fois le nom d'Arago.

Cette aventure est digne de figurer dans l'histoire de la science. Par une coïncidence remarquable un jeune astronome républicain perdu dans les sommets glacés des Pyrénées complétait la théorie du mirage que les plus illustres savants révolutionnaires avaient découverte en traversant les plaines brûlantes du désert.

C'est peut-être, cette circonstance qui inspira Arago lorsqu'il écrivit cette belle phrase si profonde que l'on devrait écrire en lettres d'or au seuil de toutes les académies du monde : « Dans les grandes découvertes de l'esprit humain, l'imprévu a toujours la part du lion ».

CHAPITRE XII

Arago reçoit un coup de poignard

Chaque point du grand triangle géodésique d'Iviça devait être le siège d'un observatoire complet afin de pouvoir déterminer d'une façon rigoureuse la latitude et la longitude de chaque station. Sans cela les calculs ultérieurs auraient péché par la base. On avait donc emporté trois séries complètes d'instruments, mais dans les nombreux déplacements auxquels il avait été indispensable de se livrer un cercle avait disparu. Biot fut donc obligé de l'aller chercher à Paris. Pendant son absence Arago quitta sa station et alla se reposer à Valence dans le pays des orangers. L'été de 1807 était arrivé avec les chaleurs torrides et les orages qui les accompagnent, Arago profita de cet entr'acte dans ses travaux pour étudier la foudre. Il commença dès lors les observations si nombreuses et si intéressantes que l'on trouve dans sa « Notice sur le Tonnerre », un de ses titres les plus sérieux à l'admiration de la postérité.

Biot eut le bon esprit de ne pas revenir seul. Imitant la mission du Pérou et de la Laponie, il ramena avec lui un naturaliste.

Ainsi renforcée la mission du mètre était une sorte de colonie. Outre le membre de l'Institut, chef suprême, il y avait deux adjoints français, deux adjoints espagnols et un certain nombre de domestiques. On s'installa de manière à passer l'hiver de 1807-1808 sur le sommet du Formentera.

Biot ne bornait plus son ambition à terminer le travail commencé par Méchain. Son ambition était plus grande. Il voulait rattacher Majorque au réseau géodésique. Cette annexion devait lui permettre de mesurer un arc

15.

de parallèle de trois cents kilomètres, le quart de l'arc de méridien, mesure de Dunkerque à Formentera.

Pour obtenir un aussi brillant résultat il fallait multiplier les observations célestes et placer des signaux dans des situations favorables.

La vie des physiciens placés sous le commandement de Biot était une véritable idylle. Le seul jour de repos pour cette colonie astronomique, établie sur un cratère en travail, était le dimanche, qui était, de plus, célébré comme une véritable fête presque obligatoire en pays catholique. Plus instruit que ne le sont encore aujourd'hui bien des gens de sa robe, le curé d'Iviça ne manquait jamais de visiter les savants, avec qui il passait une partie de la journée. Souvent aussi les rustiques habitants de cet îlot bizarre et inculte demandaient la permission de voir, de palper et d'employer les instruments, qu'ils auraient considérés comme les produits d'une entente secrète avec l'ennemi du genre humain, si le digne ecclésiastique qui dirigeait leurs crédules consciences ne les avait rassurés. Grâce à lui, sans inquiétude pour leur salut éternel, ils se livraient avec une passion puérile à l'inspection de la mer et de la partie des côtes d'Espagne qu'ils pouvaient apercevoir. Ils poussaient des cris naïfs, que les Taïtiens n'auraient point désavoués, en voyant les navires voguer dans le ciel, les mâts renversés, quelquefois même les habitants de la terre se promener la tête en bas. Désirant remercier les savants qui leur avaient appris à contempler des phénomènes si extraordinaires ils venaient les visiter quelquefois, l'alcade en tête, pour les régaler d'un « fandango ». Ils se livraient à leur valse favorite au son d'une musique bizarre. L'orchestre était composé d'un fifre, d'un tambour et des inévitables castagnettes. Cependant ces dernières étaient parfois remplacées par le cliquetis d'une grande lame d'épée semblable à celle de Don Quichotte. C'était le représentant de l'autorité qui s'en emparait et la frappait en cadence avec une sorte d'outil en fer qu'il avait soin de porter dans le gousset de son gilet.

Les danses auxquelles non seulement l'astronome mais encore le délégué du Jardin des Plantes de Paris prenaient part avec un entrain tout naturaliste se prolongeaient fort avant dans la nuit. Souvent l'aurore venait interrompre les sacrifices faits à une Muse à laquelle le gouvernement de la République française a oublié d'élever des autels lorsqu'il a créé l'Institut.

Biot avait terminé tous les calculs préliminaires et étudiait un moyen de se rendre à la côte d'Espagne lorsque le hasard amena dans le port un chebec de la marine d'Alger.

C'était la Providence qui envoyait cette barque arabe au moment où il avait à sa disposition tous les éléments qu'il pouvait se procurer à Iviça. En complétant ses observations par quelques visées exécutées sur la côte il avait la mesure convoitée. Il était à même de résoudre le grand problème que Laplace cherchait à déduire des plus profonds et des plus pénibles calculs de la mécanique céleste. Il tenait le nombre que ce grand astronome demandait aux mouvements du soleil et à ceux de la lune habilement combinés.

Les rapports maritimes ne pouvaient jamais être bien sûrs entre la France et la régence, une nation qui cherchait à réaliser sur la terre l'idéal de la justice et de la vérité et un ramassis de pirates dont l'industrie principale était de rançonner toutes les puissances civilisées.

Mais dans ce moment il n'y avait guère que des corsaires à qui un savant français pût se fier pour traverser un bras de mer. N'est-ce pas une preuve mémorable de l'isolement dans lequel nous nous trouvions !

Le chef de la mission du mètre se décida à s'embarquer seul à bord de ce misérable navire après avoir laissé à Arago les pouvoirs nécessaires pour diriger l'expédition avec toute l'autorité dont il était armé. Il lui avait de plus donné l'ordre de compléter les opérations à Palma, sur la montagne qui se nomme le cap de Palazzo.

Arago était chargé de prendre les mesures angulaires indispensables pour déterminer avec une précision irréprochable la latitude et la longitude des stations extrêmes de l'arc de parallèle à la mesure duquel de si grands intérêts scientifiques étaient dorénavant attachés.

Tout le travail préparatoire était perdu si le jeune homme ne s'acquittait de sa mission d'une façon aussi précise que si la contrée dans laquelle il opérait, avait joui de la paix la plus profonde.

Parmi les pièces que Biot laissa aux mains de son successeur était le sauf-conduit qu'il avait obtenu à grand'peine de l'amirauté britannique et auquel il attachait un grand prix ; cependant, en réalité, cette pièce n'avait d'autre valeur que de prouver d'une façon vague l'intérêt tout platonique que S. M. Britannique disait porter aux opérations d'une commission scientifique française. En effet, c'était un passeport autorisant d'aller à Falmouth pour pousser vers le nord la mesure du méridien et entrer en mer au nord de Dunkerque. Il lui confia en outre un document plus sérieux : c'était un ordre ministériel signé du prince de la Paix, en vertu duquel le brigantin de la marine royale qui était encore dans le port devait le mener où il voudrait.

Le Barbaresque était disposé à s'acquitter de sa promesse aussi honnêtement qu'un marin de la paisible Hollande. Mais la guerre maritime, allumée par la rupture de la paix d'Amiens, sévissait avec une vigueur inouïe, et ces mers n'étaient pas plus sûres que ne l'étaient celles de la Chine et du Tonkin avant l'arrivée de nos dernières expéditions. Non seulement les eaux de France et d'Espagne étaient courues par des croiseurs anglais et des corsaires appartenant aux différentes nations belligérantes mais de véritables pirates appar-

tenant à des pavillons neutres profitaient de l'incertitude des relations inter-
nationales pour écumer la Méditerrannée et se jeter sur le plus faible, à
quelque nation qu'il appartînt.

A peine les côtes de Majorque avaient-elles disparu, que Biot s'aperçut
qu'il était suivi par un navire admirablement taillé pour la course et qui se
rapprochait visiblement.

Quand il fut à portée, ce bâtiment arbora le pavillon anglais, qu'il assura
par un coup de canon à boulet. Le projectile vint tomber dans l'eau, à proximité de l'algérien, pour lui bien montrer ce qui l'attendait s'il continuait à filer.

Le reïs, qui n'était pas de force à lutter, ne songea pas à donner raison
au proverbe « Corsaire contre corsaire ». Il abaissa sa voile, amena son
pavillon, et attendit l'embarcation que le capteur lança à la mer avec trois
hommes d'équipage.

Dès qu'il fut à bord, l'officier qui commandait le canot ne fit aucune difficulté pour dire qui il était, ni surtout ce qu'il voulait.

Le navire appartenait au port de Raguse et travaillait pour son compte.
Il savait bien que le chebec n'avait en lui-même aucune importance, mais il
voulait voir si la cargaison valait par hasard la peine d'être ramassée.

Sa surprise fut grande quand il aperçut qu'il y avait à bord un passager
français ; après l'avoir honoré d'un grand coup de chapeau, ce que ne font
pas toujours les corsaires, il lui demanda avec une politesse un peu ironique
de vouloir bien lui dire qui il était, et de prendre la peine de lui mettre sous
les yeux les pièces qu'il pouvait avoir à l'appui de ses allégations.

Tout en parlant de la sorte, ce forban si poli caressait, non sans affec-
tation, un magnifique pistolet qu'il portait à la ceinture. Ne pouvant plus exci-
per du sauf-conduit qu'il avait laissé entre les mains d'Arago, Biot chercha
à suppléer à cette pièce en montrant à son cynisme interlocuteur les instruments qu'il rapportait en France et qui témoignaient de la nature de ses occupations. Il se mit en devoir de lui faire comprendre qu'il était un astronome
travaillant pour le perfectionnement de la science dont tous les navigateurs
ont tant besoin, celle d'Uranie.

Mais l'officier pirate ne laissa pas à l'académicien français la peine d'achever. Il lui dit qu'il était bien fâché de faire savoir à un aussi grand savant
qu'on allait le conduire à Oran, parce qu'il s'y trouvait un pacha qui aimait
beaucoup à avoir des savants dans son bagne, et qui donnerait un nombre
raisonnable de piastres pour avoir l'honneur d'enchaîner un homme d'un
aussi grand mérite. Il avait déjà acheté fort cher un médecin et même un
apothicaire que son capitaine avait eu l'honneur de lui vendre, et nul doute
qu'il ne tînt à compléter son assortiment.

Quand Biot vit que les choses tournaient de la sorte, il demanda au corsaire si l'offre de quelques onces d'or ne pourrait pas changer ses fâcheuses intentions.

Celui-ci répondit avec un gracieux sourire que, s'il en était ainsi, les choses pourraient s'arranger à la commune satisfaction des parties.

Biot retira donc ses bottes, où il avait glissé son petit trésor, et le mit dans la main du corsaire, qui, après l'avoir fait jurer sur l'honneur qu'il n'avait plus de cachette, fit glisser les pièces dans son gousset en disant qu'il s'en tenait à la parole d'un aussi parfait gentilhomme ; cependant il le pria, dans son intérêt, de vouloir bien prendre la peine de descendre dans le canot pour passer à bord du bâtiment à l'état-major duquel il appartenait.

« Mon capitaine, dit l'officier pirate, m'en voudrait toute la vie de laisser un seigneur comme vous à bord de ce mauvais chebec, qui ne vaut pas la peine qu'on le capture et qui fait eau de toutes parts. Nous allons nous-mêmes vous mener à la côte d'Espagne, et mon capitaine sera heureux de faire votre connaissance. »

Les choses se passèrent du reste de la façon la plus correcte. Le capitaine fut charmant et fit mettre toutes voiles dehors pour que Sa Seigneurie arrivât le plus vite possible à la côte d'Espagne. Il la pria de l'excuser, s'il ne la déposait pas dans un grand port, « mais il avait pour préférer les petites criques des raisons qu'elle comprenait aisément ».

Le point que le Ragusain choisit pour débarquer son passager était dans les environs de Denia. La plage semblait déserte, mais à peine la chaloupe était-elle écartée de quelques encâblures, que Biot vit surgir de derrière un taillis les limiers de la commission sanitaire, qui, suivant le mode employé en pareille circonstance, le mirent en joue pour l'empêcher d'approcher, et parlementèrent en le tenant à distance respectueuse.

Quoique le corsaire de Raguse n'eût pas laissé à Biot un seul maravédis, on lui fit crédit sur sa bonne mine ; on lui donna ce dont il avait besoin pour passer une quarantaine, que l'on abrégea autant qu'il fut possible.

Le temps était splendide et la côte sur laquelle les Ragusains avaient débarqué Biot était très boisée. On l'avait par un heureux hasard amené dans l'ancien parc d'un château ayant appartenu au duc de Medina-Celi, et qui devait avoir été magnifique, autant qu'on en pouvait juger par l'étendue que semblaient avoir occupée les ruines. Car ces ruines elles-mêmes « avaient péri », suivant la magnifique expression du poète ; il n'en restait plus guère d'autres traces qu'une vieille statue couchée dans l'herbe et renversée sur le dos ; ce marbre déchu représentait un guerrier du Moyen âge armé de pied en cap. L'astronome français se servait sans façon de ce héros, qui aurait mis en fuite des Maures, comme d'un pupitre pour mettre en ordre des notes innombrables qu'il avait conservées.

C'est dans cette retraite paisible qu'il put se rendre compte de l'heureuse inspiration qu'il avait eue de profiter de la présence du chébec algérien pour rentrer en France. En effet, les événements politiques avaient pris tout à coup une tournure si menaçante, qu'il aurait fallu être aveugle pour ne pas reconnaître qu'on était à la veille de quelque effroyable tragédie.

En voyant la manière dont des étrangers reçus en alliés traitaient les princes de la maison souveraine, à laquelle ils étaient en général profondément attachés, les mieux disposés pour les idées françaises s'étaient indignés. Aucun sans être traître à sa nation ne pouvait assister au développement des desseins odieux que Napoléon nourrissait. La foi catholique était une autre arme non moins redoutable que les anciens amis de notre Révolution étaient les plus ardents à manier. L'orage grondait de toutes parts, sur les places publiques aussi bien que dans le fond des couvents. On pouvait croire que les Français qui avaient accompagné le grand-duc de Berg et ceux qui se trouvaient de l'autre côté des Pyrénées allaient être traités comme jadis leurs compatriotes par les Palermitains.

Biot revint à Paris profondément alarmé sur le sort d'Arago mais bien décidé à ne point retourner dans le pays dont il avait eu la chance de sortir sain et sauf. Il prit la ferme résolution de terminer sa mission du mètre au palais de l'Institut.

Quant à Arago il n'a pas à se plaindre d'avoir été abandonné car il s'est trouvé dans une situation morale et physique telle qu'il n'a eu à partager avec personne la gloire de son expédition.

C'est en ce moment que commence le drame qu'il a vécu avec tant d'enthousiasme et de simplicité de cœur qu'il s'aperçut à peine lui-même des prodiges qu'il a accomplis et qui lui ont valu à juste titre l'approbation de ses concitoyens. Pendant le dernier séjour qu'il avait fait à Valence, Arago avait pu se rendre compte de la violence des haines que couvraient des rapports polis et même affectueux. En arrivant dans cette ville charmante, le jeune astronome avait trouvé un accueil empressé et aurait pu croire que les événements de Bayonne n'avaient point altéré les bonnes dispositions de la masse de la population vis-à-vis de la mission du mètre.

Mais, un certain jour, une nouvelle étrange se répandit. Des hommes bien renseignés avaient appris de source certaine que l'armée française avait été anéantie par la Prusse dans une grande bataille. Sous Napoléon Ier, l'imagination espagnole, en avance de 70 ans, avait pris Iéna pour Sedan !

Aussitôt les mines gracieuses s'allongèrent, les plus chauds amis oubliaient presque de saluer, les causeurs les plus spirituels ne savaient plus dire deux mots. Dans les rues, le changement d'attitude prit une forme plus brutale. Des rassemblements tumultueux se formèrent, on poussa des cris

Arago déguisé en Arabe est reconnu pour un Roûmi, et attaqué par une femme kabyle.

injurieux pour l'Empereur et des clameurs menaçantes contre les Français.
Des scènes de meurtre allaient éclater avec une violence désordonnée ; heureusement la vérité avait été connue au moment où les autorités allaient passer
leur sanglant Rubicon.

Les fonctionnaires, qui tous avaient donné les signes les moins équivo-
ques d'une joie indécente, déployèrent une activité surprenante pour éviter
une catastrophe qui les eût laissés en présence d'un vainqueur irrité. Ils
publièrent avec un empressement que les préfets de l'Empire n'ont point égalé,
le récit de cette admirable bataille dans laquelle la Prusse fut littéralement
pulvérisée. Tout rentra dans l'ordre avec une rapidité si prodigieuse, que
Neptune aurait eu le droit d'être jaloux de ce « Quos ego. ».

Arago était donc averti de l'intensité de ce feu qui couvait sous des dehors
de politesse, de sympathie et d'urbanité. Il se rendait parfaitement compte de
la gravité des dangers qui le menaçaient. Mais à Majorque comme à Paris, lorsqu'il marcha contre les barricades de Juin, il était l'homme du devoir. Malgré
ces menaçants prodromes il s'installa sur le sommet de la montagne qui lui
servait d'observatoire sans tenir compte de l'orage qui s'accumulait autour
de sa tête. Il ne daignait pas s'apercevoir que ses aides avaient trouvé des
prétextes puérils pour l'abandonner. Jamais sa pensée sereine n'avait été
si exclusivement absorbée par les choses du ciel et si peu disposée à s'abaisser
vers celles de la terre. S'il avait braqué sa lunette il aurait peut-être vu les
groupes menaçants qui s'agitaient avec fureur sur la plage, où il paraît
qu'on avait été jusqu'à fouler aux pieds le drapeau tricolore.

La populace de Palma commença par s'occuper des grands personnages
qu'elle soupçonnait d'être favorables à la France. En premier lieu, elle s'empara des voitures de l'évêque dont elle fit un autodafé. Elle s'attaqua ensuite à
celles du ministre Solles et elle finit par celles des simples particuliers, que
leurs richesses rendaient suspects. Chacune de ces exécutions était précédée
de promenades ou pour mieux dire de processions dans les ruelles ; des orateurs, la plupart en soutane ou en froc, excitaient les passions populaires
contre les Français. Aux yeux de ces énergumènes tout Français était un
admirateur et un complice du chef que son pays avait mis à sa tête.

Les mutins se seraient livrés à bien d'autres excès et auraient brûlé les
propriétaires de ces carrosses en même temps que leurs voitures sans la présence d'une flotte qui n'avait pas encore donné son adhésion au mouvement
et de laquelle les meneurs se méfiaient.

Dans les premiers jours il avait été question d'Arago et de la mission du
mètre mais on n'y avait plus pensé, et on l'aurait peut-être oubliée si Arago
n'avait pas continué ses compromettantes observations.

De temps en temps quelques agitateurs soupçonneux avaient dénoncé les signaux que les astronomes faisaient au continent. Les plus exaltés avaient déclaré qu'ils savaient pertinemment que ces lumières étaient observées par l'armée d'occupation de la Catalogne, que, sous prétexte de la mesure de la méridienne, on tenait ainsi les Français au courant de tout ce qui se passait.

Mais le plus pressé était de se livrer à des manifestations tumultueuses contre les amis de Napoléon que l'on tenait sous la main.

La foule en fureur ne peut suivre à la fois deux objets différents. Elle avait donc momentanément oublié les astronomes, les meneurs ajournant le moment où ils s'occuperaient des espions de la montagne jusqu'au jour où ceux de la plaine auraient reçu le châtiment qu'ils leur réservaient.

Mais, le 27 mai 1808, un événement imprévu vint montrer qu'il était temps d'agir contre les prétendus astronomes qui surveillaient les révoltés.

M. Berthemie, officier d'ordonnance de Sa Majesté l'Empereur, arriva à Palma, chargé d'une mission importante. Cet officier apportait, à l'amiral espagnol qui commandait aux Baléares, l'ordre de mener sa flotte dans le port de Toulon, afin qu'elle pût combiner ses mouvements avec les navires français qui y étaient déjà réunis.

Dès que la populace fut avertie de la nature de la mission du colonel, sa colère se tourna naturellement contre le brave officier, qui débarquait sans escorte, comme il l'eût fait dans un port de France.

Le capitaine général vit bien qu'il serait impuissant pour le protéger contre ces forcenés. Il prit donc le parti, sévère en apparence, mais en réalité fort humain de faire incarcérer l'officier français au fort Belver où il était provisoirement à l'abri de ces furieux.

C'est alors seulement que la populace songea sérieusement au complice de l'aide de camp qu'on venait d'arrêter, à ce maudit astronome qui faisait des signaux du haut de la montagne et qui avait dû avertir son gouvernement de la révolution de Palma. Les meneurs déclarèrent tout d'une voix que le salut public exigeait son arrestation immédiate si l'on ne trouvait plus commode, plus simple et plus rapide de l'assassiner sur place.

On forma donc une colonne destinée à s'illustrer par cette glorieuse expédition. Rien n'était plus burlesque et en même temps plus terrifiant que la vue de ce détachement improvisé de l'armée de la Foi. Jeunes gens, vieillards, enfants, femmes au teint bronzé, aux cheveux hérissés, la plupart presque nus ou couverts de haillons dignes du pinceau d'un Murillo, ces furieux marchaient en désordre derrière la bannière royale d'Espagne que portaient des prêtres, des moines et des sacristains. Pour tromper la longueur du chemin ces exaltés chantaient des cantiques interrompus de temps en temps par d'affreux hurlements.

Arago qui depuis quelques jours ne voyait arriver personne à son sommet, se douta bien qu'il était survenu une révolution sur le bord de la mer. Il comprit d'un trait que les révoltés ne l'oublieraient point toujours. Du reste, il lui était matériellement impossible de rester plus longtemps dans son observatoire sans y mourir et de soif et de faim. Il prit donc le parti de devancer la visite du peuple et de descendre à Palma après avoir bourré ses poches des papiers de la mission.

Il n'eut pas le temps d'arriver jusqu'à mi-route avant de rencontrer la bande dont nous avons tracé le portrait et qui montait pour lui faire son affaire.

L'aspect de ces furieux fit frissonner Arago. Mais surmontant ce mouvement involontaire, il s'approcha avec un calme parfait.

Le patois majorquais est peu différent du catalan qu'Arago parlait aussi facilement que sa langue maternelle. Il lui avait donc été très facile de se familiariser avec cet idiome.

« Que venez-vous faire, dit-il, mes braves camarades ? que cherchez-vous si loin de Palma ?

— Ce que nous cherchons, lui fut-il répliqué, c'est un savant qui se dit astronome et qui fait des signaux pour apprendre à Barcelone... Ah ! si nous le tenions...

— Vous ferez bien, dit-il, tâchez qu'il ne vous échappe pas. Aussi, je vous engage à détacher quelques-uns d'entre vous, les plus lestes pour monter par un petit chemin escarpé, qu'ils pourront suivre. Vive la Religion ! et viva el Re-El-re-netto! » Le roi seul, le roi seul, le roi sans entrave, tel était l'idéal de ces pauvres diables car l'absolutisme faisait partie de leur credo.

L'apparente bonne foi d'Arago et la facilité avec laquelle il distribua les poignées de mains à ceux qui montaient si haut pour l'assassiner excitèrent l'enthousiasme de la bande qui repartit d'un pas accéléré. Arago continua sa descente d'abord d'une façon assez lente pour ne pas exciter les soupçons puis quand il fut à une certaine distance il fila comme un trait. Mais ce n'était pas tout de se soustraire à la colère populaire, pendant quelques instants; il devait songer encore aux suites qu'aurait sa ruse s'il restait tranquillement dans une petite ville, où il n'y a pas moyen de se cacher efficacement.

Son premier mouvement, un peu naïf, fut de se rendre à bord du navire que le gouvernement espagnol avait mis à sa disposition, et il pria tout simplement l'officier qui le commandait de le conduire à Toulon. Mais celui-ci répondit froidement à l'astronome que le gouvernement dont il se prévalait n'existait plus, qu'il avait été détruit par une insurrection, et qu'il ne connaissait plus qu'un chef de l'État, le capitaine général des Baléares, que c'était à ce personnage qu'il devait s'adresser.

Quand Arago vit qu'il ne pouvait décider « son » capitaine à prendre la mer, il changea de langage et le pria de vouloir bien procéder à son arrestation et le garder à son bord jusqu'à ce qu'il pût l'envoyer sans attirer l'attention de la foule au fort Belver. Là il partagerait le sort du colonel Berthemie.

Mais le capitaine brûlait du désir de voir disparaître le rassemblement qui grouillait sur le quai. Il craignait que cette vile multitude, dont le nombre augmentait à vue d'œil, ne finît par envahir son bâtiment.

Il consentit donc à arrêter Arago et à le conduire sur-le-champ comme il le demandait chez le capitaine général qui disposerait de son sort comme il l'entendrait.

Arago avait donc la perspective terrifiante de traverser cette meute humaine acharnée à sa perte et dont les hurlements sinistres semblaient annoncer un massacre trop certain. De tous les animaux le plus redoutable n'est-il point l'homme lorsque par malheur il devient enragé ?

Cependant, comme ce pis aller lui donnait une perspective d'échapper, Arago manifesta sa reconnaissance. « Capitaine, dit-il en serrant la main à ce timide officier, je vous remercie. Je n'attendais rien moins d'un marin catalan, je quitte en paix les « Trois Frères » sous la garde des bons matelots auxquels vous me confiez ». Il dit ces paroles d'une voix ferme et sonore afin que tout l'équipage l'entendît bien, et il s'engagea intrépidément sur la planche qui servait aux marins pour communiquer avec le quai.

CRAPITRE XIII

Arago refugié au fort Belver

Malheureusement ces pourparlers avaient duré longtemps, et le groupe
qui s'était formé le long du bâtiment grandissait de moment en moment. Juste
à l'instant où Arago parut, un nouvel élément de désordre venait s'ajouter à
tous ceux qui existaient déjà. L'expédition de la Montagne était revenue après
avoir fait buisson creux. Les forcenés qui la composaient s'étaient répandus
dans la ville. A la colère d'avoir laissé échapper la victime qu'ils voulaient
égorger se joignait la rage d'avoir été dindonnés. Un des plus acharnés, qui
s'était mêlé au groupe sanguinaire, reconnut sur-le-champ Arago. Le voilà,
s'écria-t-il, le coquin, le scélérat qui s'est joué de nous. Il faut le pendre
sur place. — Nous n'avons pas besoin de le conduire au Capitaine Général. —
Il trouverait moyen de nous échapper.

Puis il racontait la scène de la rencontre ; il insistait sur l'audace de cet
espion qui leur avait donné des détails faux afin de les égarer et qui s'était
moqué d'eux en leur souhaitant bonne chance.

Alors joignant l'exemple à la parole il se précipita avec tant de violence
sur Arago qu'il franchit le cordon d'escorte et lui porta un coup de couteau.

Arago se détourna assez à temps pour qu'il ne fût atteint que peu gravement à la tête. La blessure était assez légère pour qu'Arago n'éprouvât pas
de gêne sensible mais il avait senti le froid de l'acier ainsi que celui
du sang. Immédiatement il comprit qu'il était perdu, si ceux qui demandaient sa mort s'apercevaient qu'il avait été touché. Car il savait que le liquide
qui entretient la vie exhale une odeur capiteuse que les foules grossières et
cruelles ne peuvent flairer sans devenir ingouvernables.

Son escorte ne lui était pas hostile car les matelots du brigantin avaient
appris à l'apprécier dans ses premières traversées, grâce à son calme héroïque, aux paroles qu'il prononçait, on arriva sans encombre chez le capitaine
général.

Arago réitéra sa demande extraordinaire : « Je dois m'excuser d'être
le signataire de la pétiton que je vous adresse, mais nous sommes dans des

circonstances si exceptionnelles que vous excuserez ce qu'elle a d'insolite, l'orage passera, et j'ai confiance dans l'honneur Espagnol... »

Du moment qu'il vit le sang froid et la résignation d'Arago, le capitaine général s'empressa de signer l'ordre de l'emprisonner. « Je me risque, lui dit-il, en lui remettant la pièce qu'il sollicitait, je ne peux refuser le Pain et le Feu du roi d'Espagne à un savant qui vient de si loin pour mesurer l'étendue de ses domaines, je donnerai des ordres pour que vous n'ayez à vous plaindre ni de votre auberge ni de vôtre hôtelier ».

Le gouverneur de Belver était un vieux grognard qui avait fait la guerre en 1776 contre les Anglais. Froissé, comme tous les Espagnols, par les résultats de la politique de Napoléon, il ne confondait pas, cependant toute la nation française avec l'Empereur, dont son patriotisme avait à se plaindre.

Quoiqu'il fût esclave de la consigne et peu disposé à adoucir les règlements de la prison en faveur des détenus qui lui arrivaient escortés par l'émeute, il se serait fait hacher en morceaux plutôt que de les livrer. Il écrivit donc au capitaine général pour le prévenir que sa garnison de soldats indigènes lui paraissait peu sûre, et il priait Son Excellence de vouloir bien la remplacer par une compagnie de gardes suisses.

Revenu de leur terreur panique les adjoints espagnols étaient honteux de l'abandon dans lequel ils avaient laissé leur collègue français. Rodriguez surtout se faisait distinguer par son zèle. Il venait tous les jours visiter les deux détenus du fort Belver, il leur apportait des livres, des journaux et des nouvelles du dehors. Celles-ci étaient loin d'être rassurantes car les patriotes qui ne demandaient qu'à marcher avec la France avaient été transformés et étaient devenus des ennemis irréconciliables de Napoléon et de ses sujets.

Par avidité, par ambition ou par imprévoyance l'empereur avait déchaîné la plus terrible des révolutions.

Le pauvre Rodriguez ne pouvait rapporter aux captifs, que des bruits de guerre, de rupture, de représailles et de pronunciamientos. Il devenait urgent d'agir, car il était trop certain désormais, que les fossés du fort Belver ne seraient pas longtemps infranchissables aux héros de l'armée de la Foi, et que les portes de ses cachots ne seraient plus un abri suffisamment efficace.

Rodriguez résolut donc de tenter une démarche décisive. Il se rendit chez le capitaine général pour lui faire comprendre qu'il assumait une responsabilité terrible, dans le cas où l'émeute triomphante arriverait à tremper les mains dans le sang des Français du fort Belver. Car l'un d'eux était un brave soldat dont jamais l'Empereur ne laisserait le trépas impuni, et l'autre un jeune savant dont la mort vouerait le nom du capitaine général à l'exécration de la postérité la plus reculée.

Certainement les révoltés pouvaient espérer l'impunité d'un moment, mais,

Arago et son lion à bord des *Trois-Frères*.

pour être un peu lente, la vengeance n'en serait certainement que plus sûre.
En effet, le roi Joseph venait d'être proclamé à Madrid même, et il était à
prévoir que l'Empereur à son tour viendrait au delà des Pyrénées, amenant
avec lui la victoire qui, sous son règne, avait toujours été la fidèle amante des
Français.

Le colonel Berthemie avait reçu sur les champs de bataille de graves
blessures qui s'étaient réouvertes. Il crachait le sang, et l'on pouvait croire
qu'il ne tarderait point à succomber. Quel ne serait pas l'embarras du capitaine général s'il avait à rendre compte de la mort d'un officier appartenant
à la maison militaire de l'Empereur? Comment pourrait-il démontrer que
cette catastrophe n'avait point été amenée par de mauvais traitements,
peut-être même par le poison?

Ces arguments « ad hominem, » imaginés par Arago et représentés avec
feu par Rodriguez avaient produit un effet décisif sur le capitaine général.

« Je ne peux, répondit-il à Rodriguez, me mêler officiellement de rien ;
mais je ne suis pas obligé de savoir tout ce qui ce passe à Palma. Si vous
trouvez le moyen de faire partir les deux prisonniers français du fort Belver,
je vous en aurais un gré infini. En effet je crains à chaque instant un crime que
je ne pourrais que déplorer. L'agitation grandit de jour en jour contre vos
deux malheureux amis. Les rapports de police sont formels, faites vite si
vous tenez à les sauver. »

Arago était populaire parmi les matelots du Brigantin, et le quartier-
maître surtout lui était dévoué. « Nous en pouvons tirer un grand parti,
dit-il à l'adjoint espagnol, si vous parvenez à fréter un bâtiment. »

L'idée était excellente et Rodriguez essaya de la mettre à exécution, mais
les barques étaient très rares dans le port, et toutes celles qui s'y trouvaient
appartenaient à des fanatiques. C'eût été provoquer une explosion sur l'heure
que de leur faire une proposition.

C'est uniquement le hasard qui sauva les deux Français voués à une
mort devenant chaque jour plus certaine.

La mer avait rejeté sur le rivage une barque de pêche à moitié pontée,
dont l'équipage avait péri dans les derniers voyages. Elle était en très mauvais état mais à la rigueur on pouvait la renflouer.

Le brave maître d'équipage eut une idée lumineuse. Comme le brigantin
se trouvait cloué pour longtemps dans le port il demanda au capitaine la
permission de réparer cette embarcation pour aller à la pêche. Celui-ci
accorda à condition qu'il donnerait une part de son poisson aux matelots à
ses camarades restant à bord.

Les remises en espèces et même en nature étaient si rares que les marins
de l'état étaient dans une grande misère, le perspective d'un supplément de

17

ration était loin d'être à dédaigner. De grand cœur le quartier-maître promit une partie du poisson qu'il prendrait, au bout de deux ou trois jours de travail le Brigantin était en état de mettre à la voile.

Le 28 juillet 1808, Berthemie et Arago, qui la veille avaient été prévenus par Rodriguez, sortaient silencieusement du fort Belver, espérant profiter des dernières lueurs du crépuscule pour gagner le rivage sans être aperçus.

A peine avaient-ils franchi le seuil de ce donjon, qu'ils y voyaient arriver la famille du ministre Soller, qu'on venait d'arracher non sans peine à la fureur de la populace. Les malheureux avaient leurs vêtements en lambeaux et portaient les traces des mauvais traitements qu'ils avaient déjà essuyés.

Les deux amis ne purent retenir un frisson en songeant au sort qui était sans doute réservé à leurs infortunés successeurs. Combien ils trouvèrent doux l'air qu'ils respiraient hors de ces cachots ténébreux ! mais hélas ! ils n'avaient devant eux qu'un avenir après tout bien sombre. Car ils savaient que la fragile barque à laquelle ils allaient confier leur fortune n'allait point les conduire dans leur patrie. C'était vers Alger, ce nid de pirates dont le nom excitait de si vives craintes dans toutes les régions méditerranéennes, qu'ils allaient chercher un refuge. Le seul port qui leur fût ouvert, c'était celui que toutes les nations civilisées s'accordaient pour fuir également! Ils ne pouvaient trouver la liberté que près du bagne où les chrétiens trouvaient ordinairement des fers que les puissances civilisées toléraient par une odieuse complicité.

L'histoire rapporte que Camoëns fit naufrage sur les côtes d'Indo-Chine et fut réduit à se sauver en nageant. Dans cette circonstance critique il n'oublia pas son grand poème, et d'une main il soutenait son manuscrit au-dessus de l'eau. Arago a montré, vis-à-vis des archives de la mission et même des théodolites dont elle se servait une sollicitude qui n'est pas moins digne d'éloges. Car jamais il n'abandonna les instruments qui lui étaient aussi chers que son drapeau national. Il veilla surtout avec une sollicitude jalouse sur le sort des manuscrits renfermant les procès-verbaux d'observations, et qui comme l'épopée du Virgile portugais ont aussi leur admirable poésie. C'est en effet de l'étude de ces chiffres arides en apparence que l'on fait jaillir les principaux éléments du système du Monde ; ceux qui nous donnèrent les notions les plus exactes sur les grandes harmonies de la nature.

Porteur de ces précieux documents Arago va se diriger vers ce nid de pirates où Cervantès a souffert pendant tant d'années. Son séjour dans la capitale de Barberousse sera moins long et surtout moins pénible ; mais ce qu'il aura vu, appris, souffert et entendu, dans cette sorte de descente aux Enfers, aura également exercé une influence souveraine sur le développement de sa raison et l'affermissement dans son cœur, ainsi que dans son esprit des principes de devoir, de vertu, de raison et de liberté.

CHAPITRE XIV

L'Alger des Barbaresques

Il faut reconnaître bien haut, que c'est à la branche aînée des Bourbons que l'on doit la conquête de l'Algérie.

L'exploit qui a ouvert l'Afrique à l'activité de la nation française et qui a commencé sa renaissance coloniale jette un lustre singulier sur les derniers jours de la race royale qui a constitué notre merveilleuse unité et préparé pendant des siècles barbares le règne de nos institutions républicaines définitives.

Cette conquête fut un acte de noble courage et le réveil d'un véritable esprit chevaleresque. En effet l'Angleterre avait mis son veto et Charles X passa outre aux menaces de nos voisins. Il ne fallut rien moins que la crainte d'une intervention de l'empereur Nicolas pour que le cabinet de Saint-James laissât faire le siège d'Alger. La prise de la capitale des forbans, que les Anglais s'apprêtaient à défendre et à faire défendre par les Ottomans, est le premier fruit de l'alliance Russe! !

Cette conquête qui faisait tant d'honneur au vieux drapeau blanc exerça une influence décisive sur notre histoire. Charles X voyant qu'il avait triomphé des héritiers de ceux qui avaient mis en déroute Charles Quint perdit la tête dans un excès d'orgueil. Il crut que la France ivre de gloire, se laisserait arracher la liberté et il tenta de retirer la Charte au mépris de laquelle, il signa ses criminelles ordonnances.

Le peuple de Paris, dans un élan sublime répondit par les barricades et défit l'armée du Roi en plus d'un combat sanglant. Mais l'Angleterre toujours à l'affût de ce qui peut augmenter son influence, saisit comme on dit la balle au bond, et appuya Louis-Philippe dans sa conspiration personnelle. Cet astucieux personnage put donc détourner à son profit le mouvement héroïque, et établir une nouvelle monarchie sur les ruines de celle qu'il avait trahie. Dans sa reconnaissance pour les étrangers qui l'avaient aidé dans son escamotage il prit l'engagement d'évacuer l'Algérie. Mais la nation avait adopté la conquête avec tant d'enthousiasme qu'il lui fut impossible de tenir vis-à-vis de la reine Victoria ce qu'il avait secrètement promis à Guillaume IV, et l'Algérie fut déclarée partie intégrante du sol de notre Mère-Patrie.

La France était certainement la nation que les pirates algériens redoutaient le plus, mais en même temps elle était celle pour laquelle ils avaient le plus de sympathie. En effet ni nos marins, ni nos colons, ni nos soldats n'ont jamais affiché vis-à-vis des Musulmans la haine et le mépris dont font preuve les Anglais ou les Italiens et surtout les Espagnols dont les Présides ne sont que des lieux de garnison et de propagande religieuse. Déjà au xviii° siècle et à plus forte raison à partir des premières années du xix° les établissements français de La Calle étaient le siège d'un grand commerce : il était très fructueux par ce qu'on s'y livrait à la pêche du corail, industrie alors très prospère le corail étant fort à la mode à Paris et par conséquent dans toutes les grandes villes du monde.

Jusqu'à la fin du xviii° siècle les Espagnols avaient été très puissants autour d'Oran et nombre de tribus obéissaient aux ordres venus de Madrid, mais leur occupation avait un caractère si autoritaire que jamais leur présence n'avait été acceptée par la population africaine. Il en était tout autrement du territoire de La Calle, où nous ne cherchions point à faire des catholiques, mais des clients pour les charmantes parures fabriquées dans les ateliers de Paris. Nous ne nous plaignions point de ce que le Coran permit aux Musulmans d'avoir trop de femmes, parce que toutes aimaient nos boucles d'oreille et nos colliers. Nous ne lui reprochons que de prétendre qu'on ne pourrait conquérir son Paradis si l'on buvait nos excellents vins. Mais nous nous gardions de charger des inquisiteurs de convertir sur ce point les vrais croyants, nos missionnaires étaient nos aimables cabaretiers.

La piraterie s'exerçait toujours mais surtout contre les petites puissances maritimes telles que les Républiques Italiennes, le Portugal, la Toscane, les duchés, le Piémont, Raguse, la Suède et la Norvège, les îles Anséatiques, les provinces Unies des Pays-Bas, etc., etc.

Comme il n'y avait aucune solidarité entre les différentes nations c'étaient ces marines secondaires qui fournissaient l'effectif du Bagne d'Algérie. Quant aux sujets des diverses puissances qui se trouvaient à bord des bâtiments capturés, les consuls qui habitaient Alger avaient pour mission de les réclamer aussitôt qu'ils débarquaient.

La piraterie barbaresque était entrée dans les mœurs du xvii° et du xviii° siècles comme on le voit par la fameuse exclamation du personnage de Molière: « Qu'allait-il faire dans cette galère ? » quand on lui apprend la captivité de

Pons, astronome célèbre, alors simple portier de l'Observatoire de Marseille,
visite Arago au Lazaret.

son fils. On ne cherchait nullement à extirper le mal, on se bornait de le contenir dans une juste limite. On traitait les corsaires des Régences comme l'on traita longtemps après les pirates du Riff, avec une relative indifférence.

Il n'est point superflu d'ajouter pour expliquer cette tolérance, que les courses de la Régence étaient exploitées par deux institutions ecclésiastiques importantes. La première était la confrérie des Pères Trinitaires, qui faisaient

Les Trinitaires venant à Alger pour racheter les esclaves chrétiens.

des quêtes dans toute la chrétienté pour le rachat des captifs. La seconde l'ordre des chevaliers de Malte chargés de pourchasser les écumeurs de la Méditerrannée.

Mais ni les uns ni les autres, n'étaient assez naïfs pour désirer la destruction de ce repaire car les pirates étaient las d'être de ces deux genres de congrégation. Ils étaient aussi nécessaires à leur existence que l'eau, l'est à celle des poissons.

La Révolution française avait supprimé les moines mendiants et conquis la forteresse des moines guerriers, son œuvre serait incomplète aussi longtemps que les pirates resteraient intangibles dans leurs ports africains.

La Milice avait survécu, à la puissance de ses vaisseaux et de ses corsaires car ceux-ci n'étaient que l'ombre d'eux-mêmes. Les Barberousse et les Salah Reys n'avaient eu que des successeurs indigènes de leurs hauts faits. Ce n'était plus que le souvenir de la défaite de Charles-Quint qui protégeait Alger la blanche. Seules les petites puissances payaient tribut en or ou en piastres, les-grandes envoyaient leur contribution sous forme de boulets et de bombes.

La constitution algérienne était restée ce qu'elle était au commencement du xvii° siècle, un outrage à la logique, au bon sens et au droit des gens.

Les Algériens n'avaient pas le droit de s'engager dans la milice. Elle se recrutait uniquement en Asie Mineure. Tous les ans un officier se rendait en tournée dans ce pays, et ramenait les Turcs qui s'étaient enrôlés sous l'étendard qu'il promenait devant lui dans toutes les grandes villes de la contrée.

C'étaient les miliciens, qui au nombre de 8 à 10.000 nommaient les Deys ou souverains absolus d'Alger. Chaque fois qu'un nouveau Dey était nommé le grand seigneur envoyait un Pacha avec un firman d'investiture soigneusement rédigé et revêtu d'une foule de timbres constatant son authenticité.

Mais souvent ce pacha arrivait trop tard parce que, pendant qu'il voyageait, le titulaire avait été massacré par ses électeurs. C'était le sort réservé à ces souverains lorsqu'ils avaient cessé de plaire, ce qui arrivait très rapidement; on vit une fois trois Deys élus et massacrés successivement pendant la même journée.

Seuls les officiers et les hauts fonctionnaires habitaient des palais, mais les révolutions d'Alger se faisaient toujours dans les casernes où dormaient en commun les soldats, et où régnait une licence incroyable sous des dehors d'austérité. Le Dey était sans défense car il résidait à la Djemma, bâtiment situé au centre de la ville. Les miliciens tenaient à l'avoir sous leur coupe afin de pouvoir lui couper plus facilement la tête, mais aussi longtemps que cette tête tenait sur les épaules, son pouvoir était absolu.

Les grandes villes du pays étaient gouvernées par des Beys auprès desquels se trouvait un détachement de janissaires et qui envoyaient chaque année un tribut à Alger.

Cet impôt provenait des nomades habitant le voisinage. Il était prélevé par une colonne de janissaires aidée par les tribus de Maghzen, c'est-à-dire certaines tribus privilégiées qui se reconnaissaient parce qu'elles avaient le droit de porter le manteau rouge. Non seulement elles ne payaient point l'impôt mais elles avaient droit à une prime de perception.

Le commerce d'Alger était preque nul et entièrement aux mains des Juifs qui étaient périodiquement dépouillés de tout ce qu'on trouvait dans leurs demeures. Mais l'État avait droit à une partie du butin des pirates, et du prix des esclaves européens qu'on vendait aux enchères publiques. La plupart restaient enfermés pendant la nuit au Bagne, et pendant de jour étaient employés aux travaux du port. L'état encaissait les sommes que versaient les Trinitaires pour leur rachat et les tributs payés par les nations chrétiennes pour échapper aux conséquences de la guerre que les bons musulmans doivent faire aux chrétiens à moins qu'ils n'achètent à l'iman le droit d'exercer en paix leurs croyances. Il y avait dans la ville quelques résidents européens impitoyablement envoyés au Bagne, chaque fois que le Dey se brouillait avec l'état auquel ils appartenaient. Dans ces circonstances, les consuls des autres puissances ne manquaient jamais d'intervenir bruyamment en leur faveur mais souvent cet appui officiel n'était qu'une ruse pour cacher la part prise à la catastrophe que l'on faisait mine de déplorer. Car il y avait autour de ce trône branlant d'Alger des intrigues analogues à celle que la Cour de Fez, nous permet de juger actuellement.

Jamais ville arabe n'a été plus sale, plus populeuse mais en même temps plus pittoresque, que la capitale des Barberousse. L'on ne voit aujourd'hui que les restes de la ville musulmane la plus curieuse. Toutes les qualités des cités de l'Orient se trouvaient juxtaposées réunies dans la capitale des pirates de la Méditerranée. Cette Rome de l'esclavage et de la polygamie s'épanouissait au milieu d'une atmosphère embaumée. Dans l'intérieur des remparts les harems, les muezzins et les chaouchs. Au dehors les bouquets de roses et les buissons de jasmin. Les splendeurs de la nature faisaient un cadre magnifique aux orgies de la cupidité et de la violence. La beauté du ciel, la laideur de l'homme, voilà les contrastes sur lesquels errait l'œil stupéfié d'Arago. Lorsque, fugitif des poignards des sectaires de l'armée de la foi il aborda pour la première fois cette terre où le nom de sécurité était aussi profondément inconnu que ceux de justice, de raison et d'humanité!

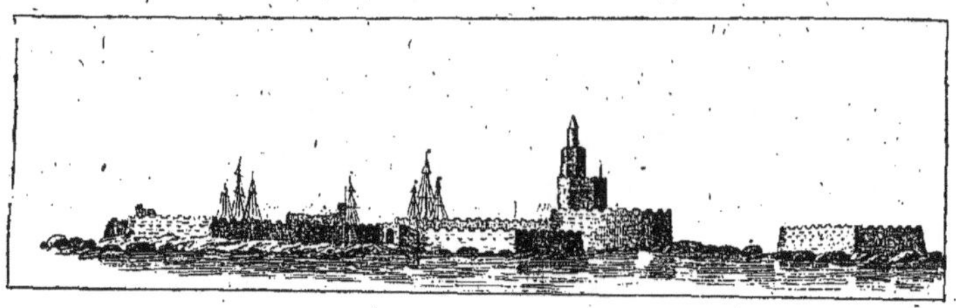

La batterie du Môle au temps des Barbaresques.

CHAPITRE XV

Arago arrive à Alger

Lorsque les deux fugitifs au fort Belver partirent pour Alger, il y avait déjà à bord de la barque de pêcheur les instruments de la mission dont Arago n'avait pas voulu se séparer et qu'il tenait à rapporter en France aussi bien que les papiers. C'était un dévouement peut-être exagéré et qui faillit occasionner sa perte ainsi que celle du général Berthemïe.

Le maître d'équipage était le seul qui, avec le capitaine, connût le but de l'expédition et le nom des passagers, les matelots croyaient recevoir à leur bord un noble émigré accompagné de son domestique et se rendant à Alger pour le compte de la Junte insurrectionnelle qui venait de s'établir aux Baléares comme dans les autres parties de l'Espagne et des colonies espagnoles.

Mais la trop grande familiarité du maître qui était Berthémie avec le domestique Arago ne tardèrent pas à confirmer les soupçons que la manière étrange dont l'embarquement s'était fait, avait nécessairement soulevés.

Les matelots étaient excessivement disposés à faire un mauvais parti aux deux étrangers arrivés à leur bord d'un façon si mystérieuse. En effet, ils portaient avec eux des bagages d'une forme tout à fait extraordinaire, dont ils ne pouvaient deviner l'usage et dont par surcroît ils paraissaient se préoccuper autant que de leur sûreté personnelle. A une époque d'ignorance et de méfiance universelles, il n'en fallait pas autant pour faire croire à l'existence d'un pouvoir d'origine infernale. Le devoir de bons croyants, c'était de

débarrasser en pleine nuit le navire de ces deux hôtes suspects, et de compléter le service rendu à la religion en s'emparant de leurs dépouilles.

Arago qui avait remarqué la surprise des matelots et entendu quelques
mots significatifs, fut bientôt averti qu'il se tramait quelque chose.

La barque fit relâche à Caprera, îlot qui abritait alors quelques pêcheurs,
et qui devait bientôt recevoir des milliers de prisonniers français, capturés
par les espagnols à la suite de la fameuse capitulation du général Dupont à
Baylen.

Ces roches, où tant de compatriotes allaient passer la plus dure et la
plus monstrueuse des captivités sont très pittoresques.

Avant cette époque sinistre les rares habitants étaient très hospitaliers,
et ils offrirent à l'équipage de participer à un petit banquet improvisé dont la
pêche de la matinée et leur troupeau de chèvres faisaient tous les frais.

Arago, qui avait donné le mot à Berthémie, porta la santé du roi Ferdinand, et conquit les bonnes grâces de l'équipage par la chaleur avec laquelle
il condamna les excès des français, excès qu'il blâmait du reste dans le fond
de son cœur; mais comme il ne faut jamais négliger aucun moyen de salut il
ne crut pas superflu de montrer aux matelots une preuve de son adresse. Il
prit dans sa poche quelques maravédis qu'il jetta en l'air et qu'il coupa en
quatre à coup de pistolet avant qu'ils fussent retombés à terre. Puis il prit un
poignard qu'il piqua dans un petit arbre contre lequel il le lança à dix mètres
de distance. Il profita en outre de l'occasion pour bien montrer à l'équipage
résolument que ses pistolets étaient chargés ainsi que ceux du noble étranger
dont il était depuis dix ans le valet de chambre.

Grâce à ces démonstrations qui n'étaient pas superflues on ne tarda pas
à prendre de nouveau la mer, et à mettre le cap sur Alger, sans qu'aucun
incident se produisît contre Arago.

C'est avec un ravissement inexprimable qu'il vit se détacher sur les côtes
d'Afrique une tache blanchâtre qui indiquait déjà la capitale de ces pittoresques régions et qu'il vit le triangle qui compose la Casbah se garnir de maisons mauresques entassées les unes sur les autres. Une petite barque menée
par deux pagayeur arabes, et ayant à bord un officier de la milice accompagné
d'un janissaire accosta bientôt le brigantin et demanda en langue sabir ce qu'il
venait faire à Alger.

La réponse ayant été considérée comme satisfaisante, la barque et le
navire se dirgèrent vers le môle.

Les voyageurs débarquèrent à la Tour Barberousse où se trouvait alors
l'arsenal et qu'on appelait la marine.

A peine avaient-ils mis le pied hors du navire qu'ils étaient sur le point
de devenir les victimes d'un attentat qu'il ne leur était pas possible de prévoir.

Vue d'Alger du côté de Babazour. — Elle a été prise du temps des Barbaresques et était destinée à montrer l'ensemble des fortifications ainsi que la manière dont elle se rattachait au fort l'Empereur.

Les passions politiques qui divisaient l'Europe avaient un écho formidable dans la poignée d'Européens qui habitaient le pays des pirates et que les Turcs confondaient sous le nom méprisant de « Chiens de Chrétiens ».

Qu'Arago était loin d'arriver dans ce repaire au milieu de circonstances favorables pour un Français. On venait d'y apprendre la capitulation de Baylen.

La nouvelle qu'une nombreuse armée régulière avait été obligée de mettre bas les armes devant une poignée d'insurgés mal armés avaient excité à un degré facile à comprendre l'orgueil des Espagnols résidant à Alger. Chacun avait arboré la cocarde insurrectionnelle, à laquelle ils avaient ajouté une petite médaille en or portant l'effigie du souverain captif à Valençay.

Mais les succès obtenus par les patriotes ne s'étaient pas bornés à cette victoire éclatante.

Ayant appris les massacres de Valenci, les Espagnols d'Alger ajoutaient que ces nouvelles Vêpres siciliennes s'étaient étendues à toute l'Espagne, où actuellement il n'y avait plus un seul Français vivant. Le neveu du constructeur des navires de la Régence avait placé sur son chapeau une immense cocarde rouge, et se promenait dans la ville en déclarant tout haut qu'il l'avait teinte ainsi en la trempant dans le sang des Français.

Le digne oncle d'un tel énergumène se trouvait à la Marine, avec les autres chrétiens que le spectacle fort rare d'un bâtiment arrivant d'Europe y avait attirés. Ce misérable ne put garder son sang-froid lorsqu'il vit débarquer les deux Français, qui, heureux d'avoir échappé à tant de dangers, se sentaient rassurés en voyant autour d'eux un groupe de civilisés. S'armant brusquement d'une perche qui était à la portée de sa main, il se mit à frapper à tour de bras sur le colonel, qui lui parut moins robuste qu'Arago. Il s'apprêtait à traiter de même l'astronome, qui ne s'était même pas aperçu de l'espèce de puits d'un nouveau genre dans lequel il allait tomber. Mais un marin génois s'étant saisi d'un aviron administra à ce fanatique un coup si adroitement dirigé qu'il l'étendit raide par terre.

Les Turcs et les Maures témoins de cette scène ne se cachaient pas pour rire de la rixe à laquelle ils assistaient. Ils y voyaient une preuve de la vérité de ces passages du Koran où le Prophète parle de l'esprit de vertige et d'erreur inspiré à ses adversaires, en jetant en l'air une poignée de poussière.

Mais il n'y avait pas de temps à perdre, car les compatriotes de l'individu assommé auraient pu revenir en nombre et faire un mauvais parti au Génois qui protégeait ainsi des Français, mais quand il revint à la vie, il n'y avait plus personne à assassiner à la tour de Barberousse. Après avoir prié le patron du brigantin d'attendre son retour avant de retourner à bord, ce brave Italien conduisit Arago et Berthemie à la porte de la Marine, que les trois chrétiens franchirent sans difficulté. Ils arrivèrent bientôt dans la ruelle tortueuse qui porte aujourd'hui le nom de rue des Consuls et où se trouvait le bureau de M. Dubois-Thainville et où demeurait son chancelier.

Il n'est pas nécessaire de décrire la surprise avec laquelle les nouveaux débarqués contemplèrent la multitude bizarre qui semblait grouiller dans les rue d'Alger la bien gardée. Ces singulières voies publiques étaient si étroites, qu'il aurait été complètement impossible d'y aller en voiture, et qu'il était déjà difficile d'y passer à cheval et à mulet. Il n'y faisait même pas bien clair, car en beaucoup d'endroits le ciel était caché par des avancées qui débordaient des maisons voisines. Tous les échantillons des races multiples qu'on rencontre encore en Algérie s'y trouvaient représentés et regardaient les chrétiens avec un air de malveillance et de mépris si peu déguisé qu'il semblait que la scène de la Marine allait recommencer avec des circonstances encore plus atroces et d'une façon plus dangereuse.

Par un heureux hasard le chancelier du consulat de France se trouvait à son bureau ; le Génois put donc repartir sur-le-champ pour aller chercher les bagages des deux voyageurs. Il était temps que le Génois revint à la tour, un grand nombre de curieux s'étaient amassés et une foule bizarre causait déjà de la destruction des objets extraordinaires que deux Français avaient apportés dans un but inconnu.

Quand le Génois revint avec les bagages à la rue des Consuls, les deux roumis étaient partis sous la conduite du chaouch du consulat pour se rendre à la maison de campagne qu'habitait M. Dubois-Thainville avec sa famille.

Le chaouch qui appartenait à la milice dont il portait crânement le costume était un personnage peu intelligent, mais très brave et d'une grande force musculaire. Il avait tout ce qu'il fallait pour défendre les individus placés sous sa protection et le prestige de l'uniforme pouvait être appuyé le cas échéant par de solides raisons lestement appliquées. Comme tous les osmanlis, il était d'un dévouement absolu pour ceux qui le payaient.

Il baragouinait quelques mots de français, ce dont il était très fier. Chemin faisant il donnait à Arago et à Berthemie des détails sur les objets qu'ils rencontraient et qui tous n'étaient point également réjouissants pour des roumis.

En effet ils passèrent devant le bagne de la rue Bal-el-oued au moment où en sortaient les esclaves chrétiens qui allaient travailler dans le port sous la conduite d'argousins armés de fort gourdins; ils avaient à la jambe des chaînes pesantes devant considérablement gêner leurs mouvements. Les malheureux captifs étaient en haillons, pieds nus et ils étaient maigres, sales, décharnés. Devant le bagne il y avait foule parce qu'on y vendait des esclaves chrétiens et notamment une femme provenant d'une barque sarde, qu'un pirate avait remorquée dans le port.

Le Janissaire du Consulat de France.
Protection d'Arago lors de son débarquement dans la capitale des Barbaresques.

Tout attristés de ce qu'ils venaient de voir et d'entendre les deux amis sortirent des portes complètement navrés. Quelle ne fut pas leur surprise quand à un kilomètre des remparts ils trouvèrent une campagne charmante dont les honneurs leur furent faits par une Parisienne des plus répandues dans la haute société, une de ces élégantes pour lesquelles le monde commençait et finissait dans les murailles alors toutes neuves de l'ancien octroi !

La maison dont cette femme spirituelle et mondaine faisait les honneurs dans des circonstances si étranges existe encore aujourd'hui, mais elle a singulièrement changé de destination car c'est là que l'on a établi la demeure de l'évêque d'Alger, à proximité du couvent du Bon-Pasteur.

Madame Dubois-Thainville était cousine germaine de deux majestés, car l'une de ses sœurs avait épousé Joseph Bonaparte, roi d'Espagne et l'autre Bernadotte, qui allait monter prochainement sur le trône de Suède. Quand les croiseurs du roi Georges n'arrêtaient pas les précieux paquets qui lui étaient destinés, elle en faisait admirer le contenu aux femmes des autre consuls qui vivaient avec elle dans une grande intimité. Elle recevait aussi les visites de leurs maris, malgré les intrigues auxquelles ils se livraient et la manière dont ils dénonçaient son mari dans les rapports qu'ils adressaient à leur gouvernement. Rien n'est plus curieux que de trouver la preuve dans les papiers du ministère de ces cabales, qui contrastent avec le récit que fait Arago des fêtes auxquelles la famille du consul d'Angleterre prenait part avec un entrain remarquable. La preuve de cette coupable duplicité se trouve révélée dans un livre que mistress Broughton a publié il y a soixante-dix ans sur son séjour à Alger, livre par lequel les détails relatifs à l'arrivée d'Arago se trouvent parfaitement vérifiés.

Cependant le despotisme du dey pesait si lourdement sur tous les membres de cette petite colonie que dans les cas graves ils étaient toujours obligés de se prêter un mutuel appui.

Le tribut du Danemarck ayant éprouvé quelque retard, le dey entra dans une fureur épouvantable et décida que le consul de cette puissance réfractaire serait sur-le-champ envoyé au Bagne.

Cette terrible sentence fut mise à exécution sans aucun retard. Arrêté au milieu de la ville par un chaouch, l'infortuné consul, qui était un amiral en retraite fut conduit en prison avec les esclaves chrétiens. En dépit de ses réclamations, il fut attaché à la chaîne après avoir revêtu l'uniforme des forçats. Le lendemain matin, on l'envoya, avec ses nouveaux camarades, aux travaux du port.

En apprenant que le prince qui régnait à Alger avait commis un aussi sanglant outrage au droit des gens, ses collègues se réunirent et décidèrent qu'ils se rendraient dès le lendemain matin à l'audience du dey pour obtenir la liberté de leur infortuné confrère. Arago vit alors un mémorable spectacle se produire à Alger au milieu de cette lutte gigantesque ensanglantant tant de champs de bataille et sur terre et sur mer. Le ministre d'Angleterre, et celui de France, marchaient en tête du cortège, en se donnant fraternellement le bras.

Une manifestation aussi inattendue devait agir même sur l'esprit d'un despote qui n'avait d'autre loi que ses caprices : il donna l'ordre de mettre l'amiral en liberté.

Ses collègues se chargèrent de l'arracher de la prison et le ramenèrent triomphalement à sa villa. Mais sa femme avait été si vivement impressionnée de cette catastrophe, qu'elle tomba malade et ne tarda point à rendre l'âme.

Semblable mésaventure arriva un peu après à M. Fraissinet, Français passé au service de la Hollande, qui habitait à Alger depuis vingt-quatre ans et était père de huit enfants. Le gouverneur de la République batave ayant refusé de payer le tribut, le dey le fit arrêter pour le jeter au bagne.

Les représentants de toutes les puissances firent immédiatement une démarche auprès du dey qui n'osa point persister dans sa cruelle résolution. Il se contenta de la promesse qui lui fut faite d'écrire en Hollande pour demander que le traité fût maintenu, faute de quoi M. Fraissinet serait obligé de quitter Alger et les navires de la Régence courraient sus aux bâtiments hollandais.

Cette scène était toute récente lorsque Arago arriva. Madame Fraissinet était encore malade de la frayeur qui l'avait saisie lorqu'elle avait vu les chaouchs du divan s'emparer de son époux malgré ses larmes et celles de ses enfants éplorés.

Les événements tragiques qui se passaient au nord de la Méditerranée avaient semé de si violents ferments de haine entre tous les membres de la famille européenne que la crainte du bagne ne pouvait plus maintenir l'union et la concorde dans le corps consulaire, accrédité auprès du dey d'Alger.

Quelque légitime que fût la présence d'un commissaire du Bureau des Longitudes et par conséquent du Gouvernement, Dubois-Thainville se défiait du consul d'Angleterre. Il crut donc nécessaire autant qu'il le pouvait de faire un secret de l'hospitalité qu'il lui accordait ainsi qu'à son compagnon. Il se serait peut-être contenté de les confier d'une façon banale aux soins de son chancelier et de les abandonner à tous les hasards d'un séjour dans un milieu effervescent s'il n'avait pas eu des raisons particulières très pressantes.

Mais ces motifs étaient d'une nature telle qu'il fallait éviter à tout prix qu'ils fussent pénétrés, qu'on devait ne négliger aucune précaution pour empêcher que le consul d'Angleterre n'arrivât à le soupçonner.

Arago découvre l'électro-aimant au cours d'une séance de l'Académie des Sciences.

Vue de la Ville d'Alger, prise du large dans les premières années du XIXe siècle.

CHAPITRE XVI

La Mission diplomatique d'Arago

Depuis longtemps Dubois-Thainville avait obtenu un congé de six mois sous le prétexte banal de rétablir sa santé, mais en réalité il avait pour but d'entretenir l'empereur de l'état de la Régence et de la facilité extrême avec laquelle il arriverait à en faire la conquête. Tantôt parce que la mer n'était pas libre, tantôt parce qu'il survenait des tempêtes, le plus souvent parce que le dey refusait de signer les passeports il était obligé de renoncer au dessein qu'il poursuivait. C'était un heureux coup du sort qui lui procurait à la fois la présence d'un astronome dont il avait facilement apprécié la haute intelligence et d'un officier de la maison militaire de l'empereur des Français. Il aurait été coupable de ne point profiter d'une si brillante occasion.

Notre consul apprit donc à ses hôtes que, vers le dernier tiers du xviii° siècle, on put croire que le gouvernement de la Régence allait devenir moins tumultueux et que, comme à Tunis, la soldatesque allait se laisser dominer par une dynastie de souverains se succédant régulièrement. En effet, Baba-Mohammed, le dey qui eut la gloire de repousser la tentative des Espagnols et de leur imposer un tribut de 14 millions de nos francs, expira dans son lit après un règne de vingt-cinq années, fait sans exemple dans les annales de la milice qui faisait une si prodigieuse consommation de souverains.

Son fils adoptif, Baba-Hassan, mourut également sur le trône, après un règne de sept à huit années, pendant lequel il bâtit le palais situé à Bab-el-Oued et connu de nos jours sous le nom d'hôpital du Dey.

Il fut remplacé par son neveu, Baba-Mustapha, le khasnadji qui éleva le beau monument habité chaque été par le gouverneur général et donna son nom à la plus riche commune des environs d'Alger.

Sous le règne relativement paisible de ces princes, le pouvoir des juifs s'était développé ; il avait suivi la même progression que le commerce et l'industrie.

Comme ceux de France, avec lesquels ils avaient sans doute des rapports secrets par l'intermédiaire de leur sanhédrin, les juifs d'Alger étaient favorables à la cause française et hostiles à l'Angleterre, qui cherchait alors à les maintenir dans un état complet d'ilotisme politique. Dès l'année 1796, le juif Busnah, ministre des finances du dey, avait envoyé en France plusieurs navires chargés de blé et dont la cargaison avait une valeur de cinq millions de francs (1).

La fortune des Busnah et de son associé Bacri excita la colère des Janissaires. L'un d'eux assassina le ministre devant son maître. Il s'ensuivit un tumulte à la suite duquel un grand nombre de maisons juives furent pillées et Bacri jeté en prison.

Le dey avait sauvé provisoirement sa vie en cédant aux mutins, mais il fut bientôt massacré à la suite d'une conspiration à la tête de laquelle se trouvait Ahmed-Khodja, chef des secrétaires du Divan, qui s'était toujours fait remarquer par son extrême hostilité aux juifs.

Ce nouveau dey était un homme violent, d'un caractère emporté et cruel, qui avait profité du suprême pouvoir pour faire périr ses ennemis dans les supplices. Le consul anglais avait agi à son égard avec beaucoup d'habileté. Il avait fait venir de Londres un médecin qui, étant à Alger le seul praticien, n'eut pas de peine à se faire admettre au palais, où l'on avait sans cesse besoin de ses services. Grâce à ce coup de maître il était absolument au courant de ce

---

(1) C'est même la dette créée en cette occasion, et que le Directoire avait oublié de solder, qui amena le coup d'éventail si chèrement payé par le dey Hussein.

qui se passait à la cour du dey; il savait que Ahmed-Khodja professait une grande admiration pour Bonaparte.

En sa qualité de Khodja, Ahmed passait pour un homme de lettres si l'on peut employer ce terme dans un pays où il n'y a ni littérature ni même d'imprimerie ; il aimait le faste et la dépense et était toujours à court d'argent. Aussi pour l'attirer dans le parti de la Grande-Bretagne, le consul anglais lui avait proposé de lui louer le port de Le Calle en lui payant une somme triple de celle que lui donnait la compagnie française. Enfin pour compléter sa corruption il avait loué la maison du beau-père du dey et pour un prix bien au-dessus de sa valeur.

Cependant il n'y a pas que dans les pays civilisés où les ambitieux qui ont professé une opinion pour arriver au pouvoir l'abandonnent lorsqu'ils sont en possession de la puissance convoitée. A peine sur le trône le dey s'était rapproché des Juifs et avait tiré de prison Bacri dont il avait fait son confident. Celui-ci qui était dévoué à la France lui avait fait comprendre qu'il aurait toute sorte d'avantages à se mettre bien avec Napoléon qui pourrait peut-être le prendre sous sa protection et l'aider à régner indépendamment de la volonté des Janissaires.

Cette idée avait beaucoup souri à Ahmed-Khodja, dont la principale crainte était d'être massacré un jour comme l'avaient été presque invariablement tous ses prédécesseurs.

La seule affection sérieuse qu'Ahmed-Khodja eût jamais ressentie était celle qu'il avait conçue pour les lions de sa ménagerie. Il laissait ses favoris attachés à des anneaux fixés au mur comme s'ils étaient des chiens de garde. Il aimait à s'entourer de ces animaux lorsqu'il donnait ses audiences, et quand il savait qu'un consul devait y assister ; alors il appuyait fièrement ses pieds sur l'échine d'un de ces enfants du désert qui lui servait de tabouret.

Le consul d'Angleterre portait un magnifique uniforme rouge qui intimidait les félins favoris de Son Altesse. Car ceux-ci malgré leur mine farouche étaient d'un naturel fort timide parce qu'ils avaient été élevés avec toutes les précautions usitées par les dompteurs. Ordinairement ils se contentaient de grogner chaque fois que le représentant des Iles Britanniques approchait de Son Altesse. Aussi celui-ci, quoiqu'il eût autrefois servi dans l'Inde, était vivement impressionné. Malgré l'empire que tout bon diplomate doit avoir sur lui-même il avait beaucoup de mal à dissimuler ses appréhensions.

Ahmed-Khodja qui était d'un naturel malicieux se plaisait à ce manège. Il se gardait bien de faire le moindre mouvement qui pût calmer ses lions ; autant qu'il pouvait le faire sans créer de scandale il se plaisait à les agacer. Un certain jour le fauve à belle crinière sur le dos duquel s'appuyait Son

Altesse releva tout d'un coup la tête et se dressa sur ses pattes comme s'il voulait se sauver.

Ahmed-Khodja, qui ne s'attendait pas à ce mouvement violent fut renversé et tomba tout de son long sur le dos. Mais il ne se démonta pas. Se relevant lestement il dit au consul d'Angleterre, qui était devant lui pâle comme un mort : « Monsieur, votre uniforme fait peur à tout le monde, même à mes lions. »

Cette flatterie était accompagnée d'un sourire que nul monarque d'Europe n'aurait désavoué, mais qui ne dérida pas le diplomate auquel il était adressé. En effet il savait que Bacri, l'ami de la France, avait l'oreille du dey.

Le prince ne tarda pas à donner une preuve signalée de l'admiration qu'il professait pour l'empereur des Français.

En effet il décida qu'il offrirait à Napoléon deux lions magnifiques dont l'un avait été élevé par Son Altesse et était si parfaitement dressé que le consul de France le garda plusieurs jours dans sa villa sans avoir besoin de l'attacher.

Aussitôt que le gouvernement algérien eût choisi un navire on y amena les deux lions que l'on enferma dans deux cages de fer en attendant le jour de l'embarquement.

Un tel cadeau qui, dans aucun pays ne peut passer pour banal, avait aux yeux des musulmans une signification symbolique à laquelle le dey lui-même attachait peut-être une importance plus grande qu'on ne pouvait certainement le supposer. N'était-ce pas une manière de faire comprendre à Napoléon que le prince qui régnait à la Djenina aurait accepté avec joie un protectorat qui aurait écarté de ses yeux la désolante perspective d'être un jour massacré à son tour comme l'avait été devant lui le prince de qui il avait dirigé l'assassinat.

En tout cas la nature de cet envoi exigeait impérieusement que l'on trompât la vigilance du consul d'Angleterre et qu'on lui cachât la véritable condition des deux Français qui allaient s'embarquer à bord des « Trois-Frères ».

Arago et Berthemie furent donc transformés en deux juifs hongrois se rendant à Alger pour y acheter une pacotille de bibelots que l'on fabriquait comme actuellement. Cette version était d'autant plus plausible que les élégantes de 1808 en étaient pour le moins, aussi friandes que celles de notre temps. Comme le chancelier du consulat de France exerçait en même temps les fonctions de consul d'Autriche, cette métamorphose n'offrit aucune difficulté.

Il était grandement temps que l'on fit filer les deux Hongrois, car déjà le bruit s'était répandu dans la ville que l'empereur des Français avait envoyé un colonel de son armée avec des instruments d'astronomie pour une valeur de 250.000 francs. C'était aux caisses d'Arago que cette rumeur faisait allusion.

Arago devant l'état-major de Marmont, duc de Raguse, à qui il demande de suspendre le feu
pour entamer les négociations avec les insurgés de 1830.

Le départ eut lieu d'une façon si précipitée, que le capitaine, ayant besoin de matelots, arrêta quelques-uns des spectateurs que ses manœuvres avaient attirés sur le port et les embarqua malgré leurs vives protestations. On s'aperçut que le dey s'était placé sur l'Observatoire de la Djenina et suivait les manœuvres avec une longue-vue, comme s'il avait pris un intérêt extraordinaire à ce qui se passait au large.

Le soir même, on vit arriver dans le port une frégate anglaise, et le capitaine eut avec le consul d'Angleterre une entrevue qui se prolongea beaucoup plus que ne font d'ordinaire les entretiens dans de semblables circonstances. On remarqua que le lendemain le consul d'Angleterre retourna encore une fois à bord sous le prétexte d'y dîner.

CHAPITRE XVII

Arago prisonnier à Rosas

Le navire auquel Arago confiait ainsi sa fortune se nommait les « Trois Frères ». Il portait le pavillon de la Régence mais il avait été construit à Zante. Il appartenait à l'émir Secca directeur de la monnaie d'Alger et avait été affrété par le beylik autrement dit le gouvernement. Le capitaine en nom était un fils d'un Turc et d'une Mauresque qui n'avait aucune notion du métier marin. Il était en réalité sous le commandement d'un pilote italien nommé Spiro Cagliero.

Il y avait à bord comme passagers cinq juifs dont la présence indiquait une situation. Bocri ayant été tiré de prison et rétabli dans la faveur du dey n'avait rien de plus pressé que de se débarrasser des juifs qui lui étaient opposés. Ces rois esclaves avaient comme on les voit toute les passions des souverains qui ne sont point réduits à trôner dans un ghetto. Sous toutes les formes possibles l'esclavage produit partout et à toutes les époques les mêmes effets dégradants !

L'équipage était des plus bizarres. Il y avait un charpentier, cinq matelots italiens et autant de matelots maures.

Exception rare dans la marine d'Alger, les « Trois-Frères » étaient un navire honnête. Jamais il n'avait fait de piraterie. Cependant pour l'honneur du pavillon, des canons en cuivre reluisaient martialement sur le pont.

Les deuxième et troisième journées se passèrent sans incident notable ; le vent était favorable, et tout semblait promettre une heureuse traversée, lorsque à l'entrée du golfe du Lion on aperçut un navire espagnol portant fièrement à la corne d'artimon le pavillon du gouvernement espagnol insurgé contre les Français.

Le capitaine Spiro était d'un naturel pacifique et n'entendait employer, pour se défendre, aucun des canons qui avaient si bonne mine sur son pont. Avant d'accepter le commandement des « Trois-Frères », il avait mis pour condition qu'il reviendrait à Alger si les Anglais, ne trouvant pas ses passe-ports valables, l'obligeaient à rebrousser chemin.

Il ne prit donc pas la chasse devant l'Espagnol et se laissa aborder sans difficulté, persuadé qu'au pis aller on le laisserait retourner d'où il venait.

Malheureusement le commandant des « Trois-Frères » n'avait pas affaire à un croiseur régulier, mais à un corsaire de Palamos, qui, n'ayant jamais fait aucune prise, n'était nullement disposé à abandonner la riche proie que son saint patron lui envoyait.

En effet, outre les lions, il y avait à bord des singes, des plumes d'au-truche, du sumac, du kermès, de l'encens, de la noix de galle, une multitude de marchandises de nature à tenter l'avidité de pauvres pêcheurs transformés en écumeurs de mer pour la gloire de Sa Majesté Ferdinand VII, de ce mons-tre couronné qui était alors captif à Valençay.

Le corsaire déclara donc qu'il capturait le bâtiment, et il le conduisit à Rosas, petit port maritime du nord de la Catalogne, où était établi le tribunal maritime que les insurgés avaient créé.

Le juge devant lequel les passagers comparurent était un fanatique, dési-reux de montrer son zèle pour la bonne cause en accordant l'autorisation de vendre le navire, en même temps qu'il se débarrasserait des passagers en ima-ginant une raison quelconque pour les fusiller.

Le capitaine croyait avoir trouvé le prétexte que cet honnête homme cher-chait. Comme Arago parlait à merveille l'espagnol, il avait déclaré qu'il était un transfuge de la cause royale allant en Algérie faire le commerce pour le compte de la France, que c'était lui le propriétaire du bâtiment, et que, pour éviter la confiscation, il s'était donné la qualité de simple passager.

C'est dans ce sens que les interrogatoires des deux juifs de Hongrie furent dirigés. Comme les prisonniers avaient eu tout le temps de s'entendre pour tout ce qu'ils auraient à répondre, il fut impossible de les mettre en contra-diction l'un avec l'autre.

N'ayant pas d'Allemand sous la main, variété de l'espèce humaine fort rare dans ces régions, ce digne juge ne pouvait convaincre les deux prison-niers qu'ils ignoraient complètement la langue harmonieuse des Germains, il examina donc soigneusement les Arabes et les passagers indigènes dans le but de savoir ce qu'étaient les deux suspects.

Ceux-ci savaient très bien une portion de la vérité, suffisante pour obliger Berthemie et Arago à confesser le reste et pour mériter la récompense qu'on leur promettait et à laquelle on aurait facilement ajouté une prime en argent.

Mais aucun de ces braves gens ne voulut acheter son élargissement au prix d'un acte que sa conscience lui aurait certainement reproché comme un crime. Il ne se trouva parmi eux personne pour trahir deux hommes appartenant à une religion détestée, mais que la Providence avait fait leurs compagnons d'infortune.

Arago en conserva une vive reconnaissance : trente ans plus tard, lorsque le sort de l'Algérie se discuta devant le Parlement français, il fit allusion à cette conduite humaine, loyale et méritoire dans un discours qu'il prononça pour engager les vainqueurs à traiter les populations indigènes avec générosité.

Arago n'avait point à exécuter les travaux humiliants et pénibles qui étaient le lot des esclaves retenus au bagne d'Alger. Mais les rations qu'il recevait du gouvernement insurrectionnel d'Espagne n'étaient pas meilleures que celles que lui auraient données les Turcs de la milice. En outre sa vie était compromise. Il suffisait d'une révélation pour qu'il fût fusillé comme espion. Ce qui l'exposait le plus sérieusement, c'étaient, répétons-le à son honneur, c'étaient les résultats numériques qu'il portait sur sa poitrine et qu'il avait cachés en dessous de sa chemise; si par malheur on les avait découverts, il était perdu. Comment faire comprendre à ces ignorants que ces chiffres étaient le résultat d'observations dont il leur était impossible de comprendre la nature? Nul avocat n'aurait pu les convaincre qu'Arago n'était pas un espion portant des avis secrets à l'armée française... Cependant jamais il n'eut la pensée d'anéantir cette terrible pièce à conviction.

Mais dans sa détresse il eut l'idée d'intéresser à son sort sir Georges Eyres, capitaine anglais, qui commandait dans ces parages et était en rapports constants avec les envoyés royalistes d'Espagne.

« Capitaine, disait-il, je ne suis pas un homme de guerre, mais un astronome chargé d'une mission importante pour le Bureau des Longitudes de France, il s'agit d'une entreprise humanitaire à laquelle sans exception toutes les nations sont intéressées. Je vous prie de m'accorder une entrevue, je vous donnerai de plus amples détails et je mettrai sous vos yeux une lettre qui vous montrera je l'espère que j'ai quelques droits à votre bienveillance. » Arago faisait allusion au sauf-conduit que Biot lui avait laissé et auquel il attachait naïvement une importance exagérée.

Ce fut probablement cette assertion qui intrigua sir Georges et qui détermina le capitaine de l' « Aigle » à se rendre à Rosas avec son canot major. L'entrevue eut lieu sur la plage même à quelques pas de l'embarcation qui avait amené cet officier.

Il fut bien vite édifié par le contenu de la pièce que le jeune astronome avait entre les mains. En effet on ne pouvait soutenir qu'un sauf-conduit pour la mer du Nord engageait les croiseurs de S. M. Britannique dans les eaux de la Méditerranée. Mais il ne laissa pas percer les impressions qu'il ressentait. Il laissa insensiblement le jeune astronome s'engager dans une foule d'explications qu'il écouta sans sourciller, mais il ne fit aucune réponse aux demandes qui lui avaient été adressées. Froidement il renvoya Arago dans le lieu de son triste internement où jamais il n'entendit plus parler de lui.

Le seul conseil qu'il lui donna et qu'Arago se donna bien garde de suivre fut de tout avouer aux autorités espagnoles, seules compétentes pour prononcer sur son sort.

Arago était du nombre des philosophes qui pensent que si les savants ont une patrie, la science n'en a point. Il mettait le culte de la vérité au-dessus de tous les amours-propres, même l'ambition de grandir la gloire du pays qui l'avait vu naître.

Jamais il ne négligea une occasion de favoriser le développement scientifique de la raison française, mais ce ne fut pas une seule fois aux dépens de la justice.

Les principaux physiciens et astronomes anglais furent de ses amis. Lord Broughton fut après Humboldt son admirateur le plus sincère. Bien des années plus tard il eut l'occasion de voir sir Georges mais jamais il ne parvint à lui arracher une explication sur les motifs de sa conduite.

Les choses restèrent en cet état jusqu'à la fin du mois d'octobre, époque à laquelle les Espagnols apprirent que la ville de Rosas allait être assiégée par le général Gouvion Saint-Cyr, chargé de réduire l'insurrection de Catalogne.

Comme les insurgés savaient que cet homme de guerre pousserait les opérations avec l'activité excessive qui a toujours été le caractère principal de sa stratégie, et qu'ils auraient besoin de toutes leurs ressources soit en hommes, soit en vivres, soit en munitions, ils s'empressèrent d'évacuer les prisonniers. On les transféra à Palamos, petit port où les Français ne pouvaient songer à les aller chercher.

On leur assigna pour résidence un vieux ponton ; mais leur captivité fut adoucie par l'autorisation de se rendre à terre, faculté dont ils s'empressèrent de jouir, quoique leurs vêtements fussent en haillons.

La misère d'Arago était inénarrable, lorsqu'un compatriote qui rentrait en France, sur un « cartel d'échange », vint à son aide d'une façon aussi ingénieuse qu'imprévue. Il lui offrit une tabatière au fond de laquelle se trouvait une once d'or, il partageait avec lui ce qui lui restait.

Mais un bonheur ne vient jamais seul ; le cadeau de l'« once d'or » était le signe qu'un changement de fortune se préparait.

Au moment où Arago commençait à désespérer de recouvrer jamais la liberté et se résignait par force à une existence aussi misérable que monotone, arriva un décret de la junte suprême donnant l'ordre de relâcher le navire et ses passagers.

Si les choses avaient marché si lentement, la faute en était à l'hostilité des

Arago, avec Lafitte et Lafayette, demanda à Louis-Philippe de gouverner d'une façon
plus conforme aux stipulations de la Charte.

Espagnols, qui continuait à s'exercer d'une façon passionnée contre tout ce qui portait le nom français. Car la lettre écrite au nom du capitaine Spiro Caligiero avait produit son effet, grâce à l'active intervention de M. Dubois-Thainville et du propriétaire du bâtiment, le ministre Sella, qui n'entendait point perdre ainsi sa cargaison, et qui n'avait pas eu de peine à faire partager son opinion au dey.

L'annonce de la capture des « Trois-Frères » avait été reçue avec des transports de joie qui s'étaient manifestés par de bruyants hurrahs. Mais les impétueux Castillans qui habitaient Alger ne tardèrent point à déchanter.

Ils avaient pour consul un certain Ortis, qui représentait depuis longtemps le gouvernement de Charles IV et qui ayant passé avec armes et bagages du côté de l'insurrection, était maintenant le représentant en titre de Ferdinand VII. Cet individu avait pris part à la jubilation de ses compatriotes et se préparait à lancer une invitation pour un grand bal destiné à célébrer dignement cet événement, lorsqu'il vit arriver un des chaouchs du dey, qui lui intima l'ordre de se rendre immédiatement au Divan.

Ahmed le reçut au milieu de ses lions, lui reprocha avec aigreur la faute de ses compatriotes, et le prévint qu'il le ferait jeter au bagne avec tous les Espagnols habitant la Régence, et qu'il déclarerait la guerre à sa nation si l'on ne rendait « les Trois-Frères ».

Comme Ahmed-Khodja était aussi capricieux que violent, les ennemis de la France imaginèrent de gagner du temps. Ils conseillèrent au reïs que l'on expédia à Alicante de faire semblant d'obéir et de prendre la mer, avec l'intention bien arrêtée de ne pas exécuter l'ordre qu'il avait reçu. Cet homme revint au bout de dix jours, et déclara qu'il n'avait pu trouver le port où il devait aborder.

Contrairement à ce que ces astucieux ennemis de la France imaginaient, le dey n'avait pas changé d'avis. Le conte ridicule qu'on lui fit augmenta sa colère au lieu de la désarmer; il renouvela ses menaces avec tant d'impétuosité, que le consul d'Espagne vit bien qu'il ne fallait point essayer de le tromper.

Le consul d'Espagne écrivit donc à la junte suprême en termes energiques, et lui rendit un compte fidèle de l'entrevue avec le dey. Le gouvernement insurrectionnel comprit qu'il était nécessaire de s'incliner devant une volonté si nettement exprimée. C'était le 28 novembre 1808 que les « Trois-Frères » mettaient à la voile pour la France, et Arago avait quitté le fort Belver le 13 août. Il y avait déjà trois mois et huit jours que ce voyage extraordinaire avait commencé. Aujourd'hui l'on ferait le tour du monde en moins de temps, et cependant l'heure de la dernière étape n'avait pas encore sonné.

L'arrivée de l'ordre qu'Arago n'attendait plus fut suivie immédiatement par un appareillage et les « Trois-Frères » mirent sur-le-champ la voile sur Marseille. Le vent était favorable et tout faisait présager l'heureuse issue d'un voyage commencé le 13 août. On était au 28 novembre et il semblait qu'il avait assez duré mais les deux Roumis n'étaient point encore arrivés au bout des épreuves qui leur étaient réservées. Arago allait avoir l'occasion de faire plus ample connaissance avec la Régence d'Alger. La fortune lui donnait ainsi l'occasion de compléter les renseignements qu'il devait rapporter en Europe et qui furent d'une grande utilité à la nation française.

En effet lorsque le gouvernement des Bourbons se décida à mettre à exécution les plans de Dubois-Thainville et à conquérir la Régence d'Alger Arago s'était empressé de mettre tout ce qu'il savait à la disposition du ministre, de la guerre et de la marine. Il eut même plusieurs conférences avec M. de Bourmont dès qu'il eut été choisi comme généralissime de cette grande expédition. Malgré la différence d'âge, de position et d'opinion il se lia avec le maréchal lors des journées de Juillet, il en profita pour avoir avec le commandant en chef de l'armée royale une entrevue célèbre qui contribua certainement à la désorganisation des troupes fut utile au glorieux triomphe de la Révolution. Mais les connaissances qu'il acquit sur l'Algérie ne devaient pas se borner à celles qu'il devait à sa conversation avec Dubois-Thainville et à son court séjour dans la vallée des consuls. Il devait entrer en contact plus intime avec cette contrée mystérieuse et parcourir l'intérieur d'un pays où se trouvent d'immenses richesses dont personne ne se doutait. En effet aucun voyageur appartenant à une nation civilisée n'avait eu l'occasion de le parcourir depuis l'époque de la Renaissance. A peine si les érudits croyaient vaguement à ce qu'en rapportaient les écrivains romains.

Dans cette captivité de Rosas où il mena pendant de longs mois une existence précaire, misérable, que la protection des pirates d'Alger a seule abrégée, Arago éprouva successivement toute espèce d'émotions. Dès que la justice suprême se fût décidée à permettre aux « Trois-Frères » de continuer leur voyage une femme en grand deuil vint le trouver. Elle avait une taille élevée, mais elle marchait un peu courbée. Ses yeux avaient un éclat extraordinaire et son visage émacié montrait les restes d'une grande beauté. Le voile de veuve qu'elle portait relevé sur la tête mettait en valeur les neiges de magnifiques cheveux blancs. Elle portait avec une grâce austère des vêtements très simples et toute sa personne respirait un air de douleur et de majesté dont Arago ne tarda pas à avoir le secret. En effet d'une voix douce et triste, elle lui dit : « Monsieur, je suis française comme vous, car je suis la duchesse d'Orléans ! »

— Madame, fit le jeune homme en se levant avec un sympathique respect, y a-t-il quelque chose que dans la misérable situation où je me trouve

je puisse faire pour vous ? Vous pouvez compter sur mon zèle et mon absolu
dévouement.

— Vous pouvez, fut-il répondu, me rendre un grand service. Vous allez
m'a-t-on dit, quitter cette ville maudite, où comme moi, votre mauvaise fortune vous a fait échouer et où l'on est séparé du monde entier. J'ai écrit deux
lettres auxquelles j'attache la plus grande importance et que je vous prierai
de faire parvenir aux destinataires. Arago promit avec effusion de faire tous
ses efforts pour obtenir le résultat que la princesse désirait. Il ne s'en sépara
qu'après lui avoir donné l'assurance de son respect et de la part qu'il prenait
à ses chagrins. En effet cette femme infortunée, mère du roi Louis-Philippe
et veuve par conséquent du célèbre Philippe-Égalité était également repoussée
par les autres membres de la famille royale, et par les pouvoirs issus directement ou indirectement de la Révolution.

L'une de ces lettres était adressée à Sa Majesté l'empereur d'Autriche
et l'autre à Sa Majesté l'empereur de Russie.

Lorsqu'après les périls que nous avons à rapporter, Arago arriva à Alger,
il montra ses lettres au consul de France en le priant de se charger de les
faire parvenir. Mais celui-ci déclara énergiquement qu'il n'en ferait rien. Le
chef de la nouvelle dynastie redoutait tout ce qui rappelait celle qu'il
voulait supplanter, et surtout la branche qui avait conçu la pensée tout à fait
napoléonienne de faire alliance avec la Révolution afin de l'escamoter.
Arago dut donc mettre ces deux missives à la poste et il ignore le sort
qu'elles ont eu.

CHAPITRE XVIII

Arago à Bougie

Il faut se reporter à l' « Odyssée » d'Homère pour trouver des exemples de voyages pareils à ceux que nous racontons. On a peine à se figurer que nous ne sommes séparés de ces aventures que par un espace de temps de vingt-cinq ans, mais le xixe siècle, c'est ce qui constitue sa gloire, a plus fait à lui seul pour faciliter les communications des hommes que ne l'avaient fait les vingt siècles précédents.

La traversée avait commencé sous les plus heureux auspices. Un vent favorable gonflait les voiles du navire algérien et l'on apercevait déjà l'île Sainte-Marguerite dans un lointain horizon, lorsque le temps changea avec cette brusquerie qui caractérise l'hivernage et qui fait que tant de capitaines de la marine du Levant hésitaient à se mettre en route pendant qu'il durait. Le coup de mistral qui se déchaînait à l'improviste était sérieux, les « Trois-Frères » n'eurent que le temps de carguer les voiles et de rester le jouet du vent.

La tempête qui avait éclaté avec tant de rapidité fût remarquable par sa violence et sa durée. C'était un de ces furieux coup de vent, heureusement très rares mais, dont les magnifiques vapeurs qui font le service de la côte algéro-tunisiennes ont toutes les peines du monde à triompher. Lorsque le calme revint les « Trois-Frères » plus qu'à moitié désemparés se trouvaient en vue de Bougie.

Quel que fût le plaisir qu'il éprouvait en mettant pied à terre, après un aussi long embarquement dans des conditions déplorables, Arago ne put s'empêcher d'être singulièrement frappé de l'aspect de désolation qui régnait dans

22

l'antique Saldœ et qui a mis un certain temps à disparaître après l'entrée des Français, mais qui s'est complètement effacé, car de l'aveu de tous les voyageurs, Bougie est bien la « Perle de l'Algérie ».

Lorsqu'Arago y est arrivé, on y voyait debout l'enceinte sarrazine dont la Bougie des Algériens n'occupait qu'une infime partie, et qui est encore bien loin, même aujourd'hui, d'être complètement habitée. Il y avait une foule de maisons espagnoles inhabitées depuis la prise de Bougie par Salah Reïs le Dey conquérant la plupart tombées complètément en ruines sans que les Turcs aient daigné s'occuper de leur sort. Ils avaient poussé l'insouciance jusqu'à ne pas réparer les trous que leurs boulets avaient faits dans les remparts. Les Français les y trouvèrent encore lorsqu'ils entrèrent dans la ville trente ans après le voyage d'Arago et près de trois siècles après que les Espagnols en avaient été chassés.

Arago qui ne perdait pas un seul instant de vue le parti que la France pouvait tirer de son voyage ne fut pas long à s'assurer de l'importance que Bougie possède comme station maritime. De toute la côte de l'ancienne Régence il n'y en a pas une seule où l'on puisse établir un port de guerre dans des conditions de plus grande sécurité. Le gouvernement de la troisième république y aurait établi depuis longtemps un rival de Gibraltar si la conquête de la Tunisie n'avait mis à notre disposition à Bizerte une situation militaire bien préférable à tous les points de vue.

La ville et le port de Bougie occupent le segment occidental du vaste hémicycle que dessine le golfe auquel cette ville a imposé son nom. En arrière de Bougie règne un plateau élevé duquel jaillit à pic le Gouraïa, qui s'élance dans les airs jusqu'à une hauteur de sept cents mètres, et dont les pentes abruptes sont remarquables par leurs teintes grisâtres et leurs formes décharnées. Vers l'ouest, le Gouraïa s'abaisse, par des ressauts successifs, jusqu'à la haute falaise qui pénètre comme un coin dans la Méditerranée et porte le nom de cap Carbon. C'est là que se trouve la crypte naturelle d'El-Metkoub, ou de la roche percée, au fond de laquelle une tradition algérienne recueillie par les Pères de la Merci prétendait que Raymond Lulle était venu, dans le courant du XIV⁰ siècle, poursuivre ses pieuses méditations.

Du côté de l'orient, la roche à laquelle Bougie est adossée se baigne dans les eaux d'un fleuve fort important en Algérie, quoiqu'il ne soit qu'un simple torrent tout à fait incapable de porter bateau. Jamais il ne tarit, même pendant les grandes chaleurs de l'été, sorte d'avantage que beaucoup de ses rivaux plus célèbres ne possèdent pas.

Il est considéré à juste titre comme la porte naturelle pour pénétrer en Kabylie, dont il trace la limite occidentale, et pour s'élever par étages jusqu'au pied des plus hautes cimes du Djurjura.

Un étudiant annonce aux citoyens du Quartier latin la victoire du peuple.

C'était en s'avançant lentement le long des méandres de ces cours d'eau, qu'on nommait alors la rivière d'Akbou, que le khalifat du bey de Constantine, à la tête d'un fort contingent des tribus du Mâkhzen, allait chaque année prélever l'impôt. Suivant que les années étaient plus ou moins favorables, où que les tribus étaient plus ou moins affaiblies par leurs dissensions intestines, il réussissait plus ou moins complètement. Quelquefois l'expédition revenait en désordre, après avoir laissé derrière elle un grand nombre de soldats du goum ; mais d'autres fois les cavaliers apportaient des têtes pendues à l'arçon de leurs selles et poussaient devant eux les produits des razzias pratiquées contre les Kabyles qui avaient, pour leur malheur, essayé de résister.

C'est comme cela, qu'avaient été cueillies les têtes qui ornaient les remparts de la pittoresque cité.

C'était le long de ce fleuve que marchaient les caravanes se rendant à Alger et auxquelles Arago eut tout de suite l'idée de se joindre afin de ne pas manquer l'occasion de faire un voyage si utile pour sa patrie.

Tout semblait favoriser ce dessein sans éveiller les soupçons du caïd commandant la ville pour le compte de l'odjak d'Alger.

On laissait du reste à bord des « Trois-Frères » le précieux chargement y compris les lions qui semblaient fatigués d'avoir rugi d'une façon désespérée dans les cages où ils avaient été épouvantablement secoués et, comme le reste de l'équipage, ils avaient cruellement souffert de la faim. Si par malheur les barreaux de la cage s'étaient brisés, ils auraient rapidement montré à leurs compagnons d'infortune avec quelle rapidité ils avaient oublié l'excellente éducation que le dey Ahmed-Khodja leur avait fait donner.

Il n'était pas possible de songer à renvoyer le « Trois-Frères » en France sans lui avoir fait subir un carénage à Alger. A peine si on pouvait le conduire à l'Arsenal en profitant d'un très beau temps. Dans le port il n'y avait que quelques mauvaises barques de pêche absolument hors d'état de traverser la mer et condamnées à rester bloquées jusqu'à la fin de l'hivernage. Il n'y avait qu'un parti à prendre, retourner à Alger par terre, afin de s'embarquer sur un autre navire du Dey. Mais la révolte des Kabyles et celle de la tribu des Flinas, dont on voyait encore les têtes plantées sur les murailles de Bougie, étaient si récentes qu'il y avait à craindre de trouver dans les montagnes quelque volcan mal éteint. En outre la ville était remplie de rumeurs vagues comme il arrive à la veille des révolutions. Le caïd ne se souciait peut-être pas de procurer à des Roumis l'occasion de visiter l'intérieur de la Régence. Il déclara qu'il craignait que le moindre accident ne fût un prétexte dont quelques ambitieux s'armeraient pour lui enlever à la fois sa tête et son caïdat. Il refusa net, alléguant que même en temps ordinaire il avait beaucoup de mal pour tenir les Kabyles en respect, sous la portée de ses canons.

Mais les deux Français insistèrent si vivement, et ils lui offrirent de plus une superbe pipe que son Altesse envoyait à l'empereur des Français. Le ca¨d se laissa donc convaincre, à condition toutefois qu'on lui remettrait une attestation bien en règle prouvant qu'il avait averti les voyageurs des dangers auxquels ils s'exposaient ; il déclinait d'ailleurs toute responsabilité pour ce qui pourrait leur arriver.

Une fois qu'il eut pris des mesures pour ne point être compromis, le ca¨d fut charmant, et il prêta avec beaucoup d'affabilité son concours pour l'organisation de la petite caravane dans laquelle les deux chrétiens devaient être incorporés.

CHAPITRE XIX

Arago voyage en Kabylie

La caravane d'Arago était placée sous le commandement d'un marabout qui prétendait posséder une grande, influence dans l'intérieur du pays. Circonstance qui peint bien l'état des esprits, ce personnage avait entrepris « à forfait » de faire parvenir Arago et Berthemie à destination. Il ne demandait pour salaire de ce service qu'une somme de vingt piastres fortes,. soit environ cent francs de notre monnaie. Ce n'était pas un chiffre exorbitant malgré la valeur que possédait à cette époque l'argent dans un pays où les denrées étaient d'un bon marché surprenant. Il est vrai qu'il réclamait pour toute la durée de sa vie le droit de porter le burnous rouge, droit auquel étaient attachés une foule d'avantages ainsi qu'une grande considération.

Arago et Berthemie partaient enchantés de la perspective de faire un voyage si curieux, mais ils ne tardèrent pas à reconnaître qu'il présentait des difficultés beaucoup plus grandes qu'ils ne le supposaient.

Quoique le sentier qui longeait le fleuve fût aisément praticable pour des cavaliers arabes rompus à toutes les difficultés d'un voyage algérien, il était loin d'en être ainsi pour les deux Roûmis. Quoique montés sur des mules infiniment plus dociles, ils furent bientôt l'un et l'autre harassés de fatigue, car à chaque instant il fallait changer de rive, c'est ce que fait encore aujourd'hui le chemin de fer qui suit les méandres du fleuve. La voie a tant de courbes de faible rayon que les mécaniciens ne peuvent lancer la locomotive, et que pendant plusieurs heures on marche avec une vitesse proverbiablement petite même en Algérie. Bien entendu l'usage des ponts étant inconnu dans toute la Régence il fallait passer le fleuve comme on pouvait à l'aide de roches semées au hasard, et de quelques pierres plates.

Cependant on rencontrait de temps en temps quelques travaux ayant un air de famille avec ceux que les Maures ont exécutés en Espagne et qui sont une trace évidente de leur domination.

Cette tournée, quoique excessivement pénible, donnait une haute idée des ressources locales. En effet à chaque instant on découvrit des rigoles d'irrigation et des chutes d'eau ménagées d'une façon rudimentaire pour actionner des meules qui broyaient les olives du pays. Ces olives étaient petites car les Kabyles ne greffaient jamais leurs arbres, mais de temps en temps on voyait de magnifiques forêts d'oliviers sauvages qui, entre les mains de cultivateurs européens, auraient été la base d'une richesse excessive.

Arago et Berthemie découvraient aussi derrière des anfractuosités de rochers des établissements métallurgiques rudimentaires construits et exploités par les farouches montagnards habitant les gorges du massif que les Romains nommaient déjà le « Mons Ferreus ».

A cette époque, les Kabyles, circonstance qu'Arago ne négligea pas de noter, s'en servaient pour forger les instruments d'agriculture qu'ils vendaient aux Arabes des plaines ainsi que les armes dont ils se servaient pour les razzier.

La région qui comprend le versant sud aussi bien que le versant nord du Djurdjura possédait alors une population aussi dense que de nos jours, où elle peut lutter, sous ce rapport, avec beaucoup de départements français.

Mais ce n'était pas le long du fleuve servant de grande route aux Turcs qu'elle s'était aglomérée. On pouvait donc juger mieux de la beauté des sites pittoresques qui se succèdaient à chaque instant que de la richesse et du nombre des tribus.

On rencontrait cependant de temps en temps des villages habités par une population vigoureuse, mais farouche, et jetant des regards soupçonneux sur la caravane qu'elle voyait passer.

Arago fut frappé de l'air sauvage des premiers indigènes qu'il rencontra, et qu'il compare, non sans raison, aux soldats de Jugurtha. En effet, ils appartenaient probablement à la remuante tribu des Ouled-Mèzaïa, dont les montagnes cernaient en quelque sorte la ville de Bougie; ceux-ci ont presque jusqu'à la République, profité de cette circonstance pour maintenir dans une sorte de blocus une ville que la nature a destinée à un grand avenir et que quelques écrivains appellent le Gibraltar de l'Algérie.

De temps en temps on tombait sur de petits édifices carrés portant avec plus ou moins de droit le nom de caravansérail et construits par des âmes charitables pour servir d'abri aux étrangers.

La porte de ces établissements hospitaliers, si communs dans tous les pays arabes, restait ouverte nuit et jour à tout venant. Personne ne demande au voyageur ni d'où il vient ni de quel côté il compte porter ses pas. Généralement l'intérieur est à ciel ouvert, mais le périmètre est abrité par quatre toits reposant sur des poutrelles verticales représentant des colonnes. Trois côtés sont réservés aux voyageurs qui s'y installent de leur mieux, sous les couvertures qu'ils prennent toujours soin d'apporter. Le quatrième est consacré aux animaux. Des anneaux de fer sont scellés dans la muraille et servent à les attacher.

On ne trouve pour tout mobilier dans ces auberges gratuites qu'une fontaine, mais cet objet vaut à lui seul un trésor car dans toutes les parties de l'Orient, « l'eau c'est la vie ».

Ces établissements sont si utiles dans les pays où la population est clair-semée, et peu hospitalière que les Français ont continué à en construire. Ils les ont multipliés dans tous les sens et quelques-uns font beaucoup d'honneur au goût des officiers qui les ont érigés.

C'est à une trentaine de kilomètres de Bougie que la caravane rencontra le premier de ces caravansérails. Il avait été construit près des ruines d'une ancienne colonie romaine à laquelle on avait emprunté les pierres nécessaires à son édification.

Arago avait été longtemps à s'endormir parce qu'il n'avait pu s'empêcher d'essayer de déchiffrer une inscription qui se trouvait par hasard dans la muraille et qui semblait indiquer que la ville ruinée pouvait remonter au temps d'Auguste. Tout d'un coup il fut réveillé par le bruit d'une violente querelle.

Deux Kabyles qui venaient d'entrer avaient reconnu dans le marabout un individu qui les avait dénoncés au caïd de Bougie comme capables de faire un mauvais usage de leurs armes, de sorte qu'on les en avait dépouillés tant qu'ils étaient restés en ville.

Très rancuniers de leur naturel les Kabyles voulaient tirer vengeance de ce mauvais trait sans le moindre respect pour le caractère sacré du personnage qui le leur avait joué. Ils seraient parvenus à lui faire un mauvais parti sans l'intervention aussi opportune que bien sentie des matelots des « Trois-Frères ». Le tumulte s'apaisa ; mais la paix avait eu tant de mal à renaître, que la confiance des deux Roumis dans l'influence de leur conducteur était très fortement ébranlée. Arago et Berthemie délibérèrent même afin de savoir s'ils ne devaient point rebrousser chemin. Mais comme les hommes de l'équipage avaient énergiquement soutenu leur chef, ils arrivèrent d'un commun accord à la conclusion qu'il n'y avait pas lieu de s'impressionner d'incidents très communs dans la vie africaine et ils se décidèrent à poursuivre leur route.

La seconde journée se passa sans autre incident notable que la traversée du ruisseau, qui fut exceptionnellement difficile. Elle dura si longtemps que pour la halte du soir, on ne put atteindre un caravansérail ; il fallut passer la nuit sans autre abri que quelques trous de rochers.

La troisième journée fut fort pénible; parce que la route était devenue très escarpée. Le soir il ne se rencontra ni toit régulier dû à la main de l'homme, ni repaire fortuitement creusé par celle de la nature ; il fallut camper en plein air, à l'entrée d'un bois assez touffu, près duquel on alluma de grands feux, précaution que prennent toujours les Arabes, non seulement pour se chauffer mais surtout pour écarter les fauves.

Quoique peu habitués à dormir à la belle étoile dans un pays où les jours de décembre sont assez chauds, mais où les nuits sont fraîches, les deux Français fatigués par la journée précédente, reposaient en paix lorsqu'un grand bruit vint les réveiller en sursaut. C'étaient les mules qui s'agitaient. Un lion se trouvait dans le voisinage et la présence de l'homme ne parvenait pas à rassurer ces animaux, tant est puissant l'instinct qui les pousse à fuir le roi des forêts.

Les Arabes prirent les dispositions nécessaires pour éviter une attaque nocturne ; mais celle-ci n'eut pas lieu, et le lendemain ils quittèrent leur campement en ordre de bataille, afin de recevoir l'ennemi s'il s'avisait de se présenter. Les mules et les hommes allaient au pas, serrés les uns contre les autres. Par surcroît de précaution, l'on avait posté en tête et en queue du cortège un Kabyle, l'œil au guet, la main sur la gâchette et prêt à faire feu.

Arago éprouvait alors un sentiment de curiosité véritable. Il lui tardait de voir se développer dans toute sa force et dans toute son agilité un félin semblable à ceux qu'il était habitué à caresser sans aucune appréhension, car souvent à Rosas il passait la main dans la cage de ses compagnons de captivité. Mais, une fois la forêt traversée, la caravane reprit son allure ordinaire, et personne ne songea plus au lion, excepté l'astronome.

Son désappointement disparut bientôt devant la multitude des spectacles qui se déroulaient sans interruption et dont il jouissait sans arrière-pensée. Originaire des montagnes du Roussillon, il était habitué dès l'enfance à admirer les sites qu'offrent à chaque instant les vallées kabyles, habilement cultivées, où le paysan arrive à tirer parti de la moindre couche végétale et profite de la disposition étagée du terrain pour capter le plus mince filet d'eau. Jamais Arago n'oublia la magnifique leçon de choses que ces pauvres et agrestes habitants de l'Atlas lui avaient donnée. Dans toute sa carrière scientifique et poli-

Arago adjure les insurgés de Juin 1848 à rentrer chez eux et d'envoyer des délégués à la Commission exécutive.

tique il ne négligea jamais l'occasion de soutenir un projet relatif à l'aménagement des eaux dans les pays montagneux.

Mais la force de l'habitude et des préjugés est si grande qu'il n'obtint pas des résultats proportionnés à ses efforts. C'est par suite des développements des fabriques de « Houilles blanches », que la transformation des montagnes françaises a réellement commencé. Il a fallu non seulement son éloquence, mais sa découverte du magnétisme de rotation pour que notre patrie recueillît tout le fruit de son voyage en Kabylie.

Il semblait que tout dût se passer paisiblement.

Malheureusement un des moindres défauts du Kabyle du Djurdjura n'est pas la superstition poussée à l'excès, et les Beni-Mansoud sont peut-être encore renommés à ce point de vue.

La tête de ces cultivateurs laborieux et honnêtes que l'on devrait croire plus raisonnables est presque toujours bourrée de fantômes. Quand la nuit a commencé à étendre ses voiles, les terreurs secrètes n'ont plus de bornes. Pour un empire on ne les déciderait point à approcher de certaines ruines qu'ils croient hantées par des djinns, où les esprits des individus assassinés dans le voisinage. Ils croient l'air semé d'êtres surnaturels qui épient leurs moindres mouvements, et sont au courant de leurs sentiments.

Le troisième jour la caravane rencontra une troupe d'Arabes du Maghzen qui poussaient devant eux des mulets, chargés de sacs de blé et d'orge ainsi que d'outres remplies d'huile. Ils amenaient aussi un troupeau de moutons. La réunion de ces denrées n'avait point été exécutée sans résistance car on voyait marchant à pied au milieu des soldats une demi-douzaine de pauvres diables enchaînés. Ils s'en allaient à Bougie où le caïd devait décider de leur sort et il était probable que leurs têtes allaient joindre bientôt celles qu'Arago avait déjà contemplées avec un véritable sentiment d'horreur.

Arago confiait à Berthemie les pensées qu'un tel spectacle lui avait suggérées, il comparait l'état de ces admirables montagnes à ce qu'elles pourraient être si un gouvernement sage et civilisateur, libéral et humain remplaçait cette anarchie.

Sa féconde imagination lui faisait entrevoir ce que deviendraient ces régions si fertiles et à présent si connues, dans le cas où la France tournerait son activité coloniale de leur côté et les délivrerait du joug de la barbarie musulmane.

La caravane entra bientôt à Akbou joli village kabyle, qui donnait son nom à l'oued Sahel et où se trouve actuellement une station de la voie ferrée. L'enceinte avait plusieurs brèches récentes, faites par les razzieurs d'Alger et que les habitants n'avaient point encore eu le temps de réparer.

L'intérieur de l'enceinte était encore en désordre. On voyait quelques maisons à moitié incendiées, mais à part cette circonstance on aurait dit un village des Pyrénées-Orientales.

Arago était en train de faire remarquer cette circonstance à Berthemie lorsqu'il lui sembla que quelqu'un s'approchait de lui en courant par derrière. Instinctivement il s'écarta et se retourna.

C'était en effet une femme furieuse, à moitié nue, qui armée d'un énorme gourdin, se précipita sur lui.

Il n'aurait pas eu le temps de l'écarter, et il était assommé net sans la présence d'esprit du marabout. Cette fois au moins le dévot disciple de Mahomet se montra complètement digne de la confiance dont on l'avait honoré. On peut dire qu'il gagna noblement les vingt piastres fortes dont prudemment on ne lui avait payé que la moitié. Il détourna très adroitement le coup et maitrisa la fille d'Ève qui se livrait à cette furibonde agression.

C'était une très belle créature, grande, robuste, aux cheveux blonds, à la peau blanche, aux lèvres roses, aux dents d'émail. Ses grands yeux bleus lançaient des éclairs étranges. C'était une folle mais on le serait à moins, car son père et sa mère avaient péri lors de la dernière visite des Turcs du caïd de Bougie, et son fiancé avait été emmené dans la place et exécuté.

Loin de lui tenir rigueur de son incartade, Arago s'appliqua à la calmer. Il y réussit sans peine à l'aide de quelques colifichets et de douces paroles. Il eut tant de succès que, passant d'un extrême à l'autre, la folle lui fit mille protestations d'amitié. Quoiqu'elle ne connût pas un mot de la langue du jeune et beau Roumi qui lui plaisait maintenant autant qu'elle l'abhorrait quelques instants auparavant, elle lui fit comprendre qu'elle ne demandait pas mieux que de s'attacher à lui. Les Kabyles sont en général monogames et leurs femmes beaucoup plus fidèles que celles des Arabes quoiqu'elles ne se cachent point le visage. Malgré cette circonstance atténuante Arago refusa l'offre séduisante qui lui était faite et malgré l'intervention du marabout Arago eut quelque peine à lui faire comprendre qu'il ne pouvait la garder avec lui.

CRAPITRE XX

Arago se fait musulman

A partir d'Akbou le cours de l'oued Sahel est beaucoup moins tourmenté, mais la vallée est plus étroite de sorte que l'on ne voit plus les cimes ni au nord de la chaîne du Djurdjura, ni au nord de la chaîne des Bibans. A cette époque surtout où l'on pouvait à chaque instant s'attendre à une attaque des montagnards la route était singulièrement monotone, la chaleur était grande et la partie de l'oued que l'on côtoyait était trop sèche pour que l'on pût trouver de l'eau. Hommes et bêtes étaient alanguis par une soif épouvantable lorsque l'on arriva chez les Beni-Mansour, puissante tribu kabyle où l'on remarqua une agitation inusitée.

Des nouvelles importantes étaient venues d'Alger par la télégraphie arabe qui était usitée de tout temps en Afrique. Arago faillit en payer cher une terrible application.

Cette télégraphie est purement acoustique. Lorsqu'il y a du nouveau, des crieurs se portent sur un lieu élevé et hurlent la nouvelle dans la direction où ils savent que se trouve une habitation. C'est ainsi que colportés de bouche en bouche les avis et mots d'ordre circulaient avec une rapidité surprenante, inconnue en France. L'usage des lignes établies par les frères Chappe était exclusivement réservé au souverain tandis que le peuple arabe n'avait besoin ni de lunettes, ni d'opérateurs pour se servir de sa télégraphie.

C'était une cause permanente d'infériorité et d'embarras pour le gouvernement turc, qui ne pouvait empêcher les Arabes de s'entendre pour organiser de dangereux soulèvements. Dubois-Thainville l'avait signalée à Arago, qui ne s'attendait pas à avoir de sitôt une preuve de la vérité des assertions de son hôte. Cette preuve mémorable et instructive faillit comme on le verra lui coûter la vie, peu s'en fallut qu'il ne fît ample connaissance avec les bagnes d'Alger, ce séjour affreux dont les Trinitaires n'exagéraient point les terreurs. Mais ce que les Pères ne disaient point, ce qu'ils n'avaient garde de dire, c'est que le gouvernement de ces argousins était aussi faible qu'odieux. Ils le savaient très bien, mais ils gardaient pour eux cette conviction intime. Arago fut un des seuls témoins indépendant n'ayant aucun intérêt à garder le secret de cette décrépitude.

Quoique la Régence fût sous le régime des révolutions sanglantes et imprévues, les nouvelles qui venaient d'arriver étaient assez graves pour légitimer l'émotion des Beni-Mansour.

Quelque temps avant le départ des « Trois-Frères », Ahmed-Khodja avait envoyé dans la province de Constantine une expédition dont les débuts n'avaient point été heureux. Rien n'était perdu, mais la nouvelle de ces échecs avait semé dans toutes les casernes une agitation incroyable. Il était arrivé quelques nouvelles meilleures dont Ahmed-Khodja avait essayé de profiter. Mais ces succès partiels qu'il avait fait habilement mousser avaient été suivis d'une déroute complète. L'armée s'était débandée et pour se venger de sa défaite elle n'avait rien trouvé de mieux que de massacrer l'aga ou ministre de la guerre qui la commandait en personne. Cette catastrophe était l'arrêt de mort d'Ahmed-Khodja et de tous les grands officiers de la Régence.

Ahmed-Khodja s'efforça de trouver son salut dans la fuite, bien triste ressource dans une ville admirablement disposée pour servir de prison. En effet, Alger la bien gardée n'avait que cinq portes, qui, lorsque la milice était en insurrection, se trouvaient toujours immédiatement fermées.

Le malheureux prince commença par se cacher dans l'appartement de sa femme, et il parvint à sortir du palais en sautant sur le toit d'une maison voisine ; mais il fut reconnu par quelqu'un des révoltés qui cernaient la Djenina : ceux-ci se mirent à sa poursuite. Un d'eux lui tira un coup de feu pendant qu'il cherchait à passer sur une autre terrasse. L'infortuné, atteint dans le dos, tomba tout sanglant dans la rue.

Sans attendre qu'il eût rendu le dernier soupir, un janissaire lui trancha la tête, et l'apporta en courant à la Djenina.

Les autres, se précipitant sur le cadavre, le traînèrent quelque temps dans les rues, puis le mirent en morceaux qu'ils accrochèrent aux piques de fer placées dans les différents quartiers pour recevoir les débris de la dépouille des suppliciés, qu'il était d'usage d'écarteler.

La milice mit alors sur le trône un certain Ali-ben-Mohammed, qui était employé dans une petite mosquée, où il exerçait les humbles fonctions de laveur des morts. C'était un homme d'une soixantaine d'années, tout à fait dépourvu d'instruction et ayant la réputation d'un fanatique, mais ne jouissant d'aucune influence personnelle.

Ahmed-Khodja avait été en quelque sorte un dey à poigne, mais les Janissaires avaient assez de ce régime. Ali-ben-Mohammed semblait l'homme qu'il fallait dans la circonstance.

Les épisodes qui se déroulèrent devant Arago et dont le jeune astronome faillit devenir victime suffiraient pour convertir ceux qui persisteraient à voir dans les casernes le modèle le plus parfait de l'organisation sociale.

.A ce point de vue, les impressions de voyage d'Arago ont eu une importance capitale. Après avoir vu ce que le travail peut faire des rochers de l'Atlas, il assistait aux mouvements tumultueux d'une milice qui ne connaissait d'autre loi que ses caprices. Le gouvernement d'Alger était en effet celui des pronunciamentos à outrance. Les deux leçons se complétaient si admirablement qu'elles exercèrent successivement l'influence la plus salutaire sur l'esprit du jeune homme.

En effet il conserva toujours dans son cœur la haine de l'anarchie sans cesser de chérir la liberté et de détester le despotisme.

Le croque-mort couronné par un caprice de la soldatesque n'était arrivé au trône que parce que sa candidature avait été improvisée par un janissaire nommé Omar. Omar pensait bien régner sous le nom d'Ali-ben-Mohammed. Le premier soin du nouveau souverain fut de montrer qu'il y avait en lui l'étoffe d'un Machiavel.

Il fit beaucoup de protestations de reconnaissance à Omar et pour lui prouver combien elle était sérieuse il s'empressa de le nommer à un poste considérable, mais à Tlemcen !

Furieux, Omar improvisa une conspiration pour étrangler tout de suite Ahmed et se faire nommer dey à sa place. Mais l'infortuné Omar fut dénoncé par sa belle-sœur, saisi et étranglé sans forme de procès. Cette mégère avait la réputation d'être la plus jolie femme d'Alger. Elle espérait que par reconnaissance et pour l'amour de ses beaux yeux Ali-ben-Mohammed l'enlèverait à son époux qui était un simple savetier et la prendrait pour sa première femme. Mais au lieu d'être sensible aux charmes de la belle traîtresse dont il se défiait instinctivement, il la laissa entre les mains de l'époux qu'Allah lui avait donné et il acheta d'un seul coup deux jeunes esclaves grecques qu'il paya un prix extravagant.

Ce dey était un prince farouche et soupçonneux ayant gardé sur le trône les habitudes lugubres de son ancienne profession. Il proscrivit de la cour l'usage de la musique, de la danse et du vin de champagne.

Sous son règne une femme aimant le monde, même le monde musulman, comme la belle traîtresse, aurait été parfaitement déplacée à la Djenina. L'ancien laveur de cadavres cherchait par tous les moyens possibles à se procurer de l'argent, afin de satisfaire aux exigences de la milice, qui étaient nécessairement sans bornes sous un prince aussi méprisé.

24

Il respecta d'abord la vie de Sidi-Kadour, le beau-père du feu dey, se contentant de lui prendre les biens immenses qu'il avait acquis pendant le règne de son gendre. Mais, quand ce malheureux fut réduit à la besace, il feignit de croire qu'il était possesseur de biens qu'il dissimulait, et, comme il n'en pouvait rien tirer, il le fit périr sous le bâton.

Sa fille fut également torturée, aussi dans le but de lui arracher un secret qu'elle ne connaissait pas ; mais, par une sorte de miracle, il daigna l'épargner après l'avoir fait assommer à moitié.

Comme un semblable règne ne pouvait durer longtemps, l'avènement d'Ali-ben-Mohammed avait été le signal d'une incroyable anarchie.

Chaque village kabyle était la capitale d'une petite république très jalouse de son indépendance et de son droit absolu de contrôler le passage des caravanes qui traversaient son territoire. C'est une conséquence des plus gênantes du régime de l'autonomie communale, à laquelle n'ont pas songé les Lycurgue et les Solon qui l'on prônée dans nos contrées.

Il fallait à chaque instant que le marabout se dérangeât de sa route pour aller pérorer avec les notables, qui représentaient le conseil municipal du lieu, afin d'obtenir leur adhésion.

Ces entrevues étaient toujours plus ou moins prolongées, au grand désappointement des voyageurs, obligés d'attendre quelquefois pendant des heures entières avant de faire un pas la décision que les « Koubar » avaient prise, car il suffisait d'un caprice d'une djamah pour que la caravane dût rétrograder. Enfin on approchait de la petite ville arabe qui domine la vallée et se trouve en même temps à cheval sur le mauvais sentier conduisant de Constantine à Alger. Les deux Roumis se réjouissaient d'entrer sur la route la plus fréquentée de toute la Régence et qui était aussi praticable que peut l'être un chemin n'ayant pour tous travaux d'art que les restes de ceux qu'avaient exécutés les Romains.

Mais là encore une surprise peu agréable attendait les voyageurs. Pour la première fois depuis qu'ils avaient quitté Bougie, ils trouvèrent devant eux l'indice d'une détermination bien arrêtée de ne les laisser passer à aucun prix. Les abords du village devant lequel ils arrivaient étaient fortement barricadés ; on aurait dit que les indigènes appréhendaient que la caravane ne fût décidée à s'ouvrir un passage les armes à la main.

L'infatigable marabout fut dépêché encore une fois en avant, avec la mission de rassurer les montagnards et de leur bien faire comprendre qu'ils n'avaient devant eux qu'une caravane de paisibles voyageurs se rendant à Alger dans un but pacifique, et ne demandant pas mieux que de payer tout ce qu'ils consommeraient dans le village.

Avec de telles paroles il ne fut pas difficile d'obtenir l'entrée du village

Ascension de Barral et Bixio; la première exécutée en France pour faire des expériences scientifiques, depuis l'année de la proclamation de l'empire de Napoléon Ier (Juin 1850). — Le ballon part du jardin de l'Observatoire; cette expérience n'a pas été renouvelée depuis lors.

ou plutôt de la ville car il s'y trouvait un bazar dans lequel la caravane s'installa confortablement; après avoir mangé un excellent couscous, arrosé d'un café délicieux; les voyageurs s'étendirent sur des nattes et des tapis moelleux.

Rafraîchis par un bon sommeil, les deux Français allaient mettre le pied sur le seuil de cet édifice hospitalier quand ils entendirent ces mots : « Roumis, Roumis » prononcés avec une animation extraordinaire. Leur incognito avait été trahi par deux Kabyles que le marabout avait eu le tort d'admettre dans la caravane et qui n'avaient eu besoin d'aucune confidence pour s'apervoir que ni Arago ni Berthemie n'était des enfants du Prophète.

Le cheikh de la Djamah était un Hadji qui avait fait trois fois le pèlerinage de la Mecque et ne badinait pas sur les matières de la foi. Il avait juré sur la Barbe du Prophète que les deux Roumis qui avaient dupé les Beni-Mansour seraient punis de leur audace. Comme ce n'était point un homme sanguinaire il leur fit comprendre qu'ils n'auraient pas la tête tranchée mais qu'on les enverrait au bagne en arrivant à Alger.

Toute la population était si menaçante que la résistance n'était pas possible. Arago vit bien d'un coup d'œil qu'il était indispensable de céder à la mauvaise fortune. Il engagea Berthemie à céder comme lui.

On allait donc enchaîner les deux Roumis lorsque le marabout s'interposa; il avait eu une heureuse inspiration.

— Vous ne savez pas ce que vous faites, dit-il, en maltraitant ainsi ces deux infidèles. Je n'ai pas cru utile de dire qu'ils étaient des étrangers parce qu'ils se rendent à Alger dans le but de se convertir à notre sainte religion.

Ces quelques mots dits avec audace calmèrent pour un instant l'orage, mais ce calme ne dura pas.

« Qui nous prouve, cria-t-on de toutes parts au marabout, qu'ils t'ont dit la vérité.

Le marabout était fort embarrassé pour répondre, et déjà le cheikh de la Djamah ouvrait la bouche pour déclarer qu'il fallait passer outre, lorsqu'Arago qui avait compris ce dont il s'agissait, s'écria :

— Nous ne demandons pas mieux que de donner une preuve de notre sincérité devant les habitants de ce noble douair de Beni-Mansour... que faut-il faire ?

Le marabout qui était un homme de ressources comprit toute la puissance du subterfuge d'Arago.

— Habitants de ces montagnes, dit-il d'un ton solennel, nous ne pouvons procéder ici à la circoncision des deux néophytes. C'est une opération que fera le grand mufti dans la principale mosquée à Alger en présence de Son Altesse le nouveau dey... mais les deux Roumis vont réciter avec moi la fatah... c'est le *credo* des Musulmans.

« La Allah illa Lahou ou Mohamed rasoul Allah », s'écria-t-il à tue-tête et en psalmodiant.

« La Allah illa Lahou ou Mohamed rasoul Allah », fit Arago.

« La Allah illa Lahou ou Mohamed rasoul Allah », répétèrent en chœur les assistants avec un accent de conviction en levant les mains au ciel, comme pour le prendre à témoin de la véracité des paroles qui venaient d'être prononcées.

Le cheikh de la Djamah qui était ému jusqu'aux larmes par cette scène qu'illuminait un beau soleil s'avança vers Berthemie qui était de beaucoup le plus âgé. Il lui donna l'accolade et l'invita à une Diffa que l'on prépara immédiatement pour célébrer ce beau jour et à laquelle tous les membres de la caravane furent invités.

Non seulement on prépara un couscous monstre accompagné de toutes sortes de confitures et de pâtisseries arabes, mais on arrosa ce repas avec du délicieux moka. On servit des espèces de glaces d'un goût parfait et l'on donna à la caravane le spectacle d'une danse des Ouled Naïl au son du tambourin.

Les deux héros de cette fête pantagruélique n'avaient qu'une crainte, c'est que le bruit de la conversion ne se répandît. En effet une loi fondamentale de la Régence ordonnait au gouvernement de fournir à chaque renégat au moins une femme, une maison et un emploi suivant ses capacités. Mais il était interdit sous peine des galères à perpétuité aux chrétiens convertis de quitter la terre islamique et toute tentative devait être punie de mort.

Le lendemain à la pointe du jour la caravane quittait ce douar trop hospitalier et se rendait dans la vallée des Issers qui était déjà un modèle de fertilité, et que traversait la route d'Alger au milieu de paysages enchanteurs que la conquête a détruits car la Mitidja que l'on domine de ces montagnes était alors semée de délicieuses villas abritées par des arbres odoriférants et disparaissait derrière des buissons de cactus. De temps en temps surgissaient de gigantesques palmiers dont les dattes ne nourrissaient pas mais qui donnaient une ombre délicieuse et jetaient sur tout ce paysage un parfum de féerie. Les champs étaient partout semés de buissons de roses et de jasmins.

Lors de l'arrivée des Français la Mitidja a perdu cet aspect enchanteur qui rendait le Fahs ou la banlieue d'Alger célèbre dans tout l'Orient.

Le gouvernement décidé à l'abandon ne prenait aucune précaution pour la conservation des propriétés qui n'étaient point occupées par les officiers de l'armée, ou les indigènes employés par les autorités. Des villas ravissantes ont disparu, des arbres séculaires ont été coupés. La culture européenne a fait disparaître l'air de désolation qui rendait cette région tout à fait lugubre ;

on a asséché les marais empestés. qui s'étaient formés mais le cachet artistique n'a point été rendu à ces sites. sans rivaux dans toute l'Afrique du
Nord et qui brillaient du plus vif éclat lorsqu'Arago les a admirés avec
Berthemie en descendant des montagnes de la Kabylie. Malgré son amour
pour son cher Roussillon, il avoua plus tard que les rives du Têt lui parurent
bien fades la première fois qu'il les revit après avoir suivi les rives embau-
mées du Mazafran.

Mais depuis que l'Algérie a profité du triomphe des principes d'Arago,
que les Napoléon et les Louis-Philippe appartiennent à l'histoire, que les
colons ont leur droit souverain, cette place merveilleuse recouvre l'aspect
artistique que lui avait donné le travail des Maures chassés d'Afrique par
l'Inquisition et opprimés par l'odjak. C'est ainsi que l'on nommait la soldatesque qui faisait des Néron afin d'avoir le plaisir de leur couper la tête.

CHAPITRE XXI

Le second séjour d'Arago à Alger

Les deux voyageurs commencèrent à se faire conduire à la Djamah, dans l'intention de présenter au Dey le marabout qui s'était si bien acquitté de sa mission. Dans la montagne, il avait pu porter le manteau rouge sans en avoir le droit, mais dans la capitale il n'osait s'y frotter.

Mais lorsqu'on arriva devant le Palais, il était environné par une cohue redoutable. Les Janissaires de la Caserne Verte, la plus peuplée et la plus turbulente de toutes, s'étaient soulevés, et avaient envahi le Palais dans l'intention hautement déclarée de massacrer le Dey qui avait cessé de plaire, pour en nommer un autre.

Ces révolutions si fréquentes se ressemblaient toutes et l'on connaissait le cérémonial de ces coups de force, d'autant plus odieux qu'ils se commettaient avec une sorte de régularité.

Tout était réglé à peu près aussi bien que les réceptions du 1er de l'an à l'Élysée. Cependant le Dey, croque-mort qu'on allait expédier dans l'autre monde, faillit trouver le moyen d'émouvoir ses bourreaux. Arago fut témoin d'une partie de cette scène étrange.

Ali-ben-Mohammed n'essaya point de se défendre contre les mutins, ni à échapper à ses bourreaux, mais il essaya de les attendrir. Il se jeta à leurs pieds et leur demanda de l'autoriser à se rendre en Asie-Mineure d'où il leur jura sur la Barbe du Prophète qu'il ne reviendrait jamais.

— Ce n'est pas possible, lui répondit l'aga des Janissaires, nous vous avons nommé Dey pour toute la durée de votre vie. Il n'y a donc qu'une manière légale de vous détrôner, c'est de vous ôter la vie.

A ce raisonnement d'une logique terrible il n'y avait rien à répondre...

Comme l'aga ne voulut pas en démordre Ali-ben-Mohammed garda le silence après avoir fait entendre quelques vaines supplications.

Toutefois les Janissaires furent touchés de la résignation d'Ali-ben-Mohammed. On lui offrit de lui faire boire une tasse de « mauvais café ». C'est du café dans lequel on a mis une certaine quantité de poudre de diamant. Cette poudre de diamant qui est taillée à arêtes vives tranchantes comme du verre déchire les entrailles, ce qui amène rapidement la mort sans occasionner de douleurs bien vives.

Mais Ali-ben-Mohammed refusa d'accepter ce compromis. Il fit remarquer à l'aga que le Koran interdit aux musulmans d'attenter à leur vie et que par conséquent il préférait être exécuté.

On lui déclara que cette fois il avait raison et en conséquence on se mit en devoir de le conduire à la place de l'exécution.

Peu de minutes après son arrivée Arago vit passer le cortège du malheureux qu'on menait à Bâbel-Oued au milieu des vociférations.

Quoique les événements excitassent vivement sa curiosité Arago ne crut pas prudent de suivre ce groupe tumultueux et les deux Roumis ainsi que le marabout se hâtèrent de se rendre au Consulat qui était encombré de juifs et d'européens portant ce qu'ils avaient de plus précieux. En effet sur le haut de la Djenina on avait arboré le drapeau rouge des insurrections ; c'était un signe véritablement terrible à Alger. En effet il donnait le signal de véritables saturnales, la justice ne s'occupant jamais de ce qui se passait pendant l'interrègne des deys.

En même temps tous les grands de la ville se rendaient au palais afin de trouver grâce devant le nouveau maître que le caprice des Janissaires leur donnerait.

Quant à Ali-ben-Mohammed il ne tarda pas à être étranglé, mais d'une façon plus humaine que celle à laquelle les condamnés sont généralement soumis.

Ordinairement on les étrangle à deux reprises différentes. Dans la première on les serre juste assez pour les suffoquer mais on les fait revenir à la vie en leur jetant de l'eau froide à la figure. C'est alors qu'ils ont repris leurs sens que le bourreau les étrangle sérieusement.

Par faveur spéciale Ali-ben-Mohammed fut étranglé d'un seul coup.

Les Janissaires ne furent pas longs à s'entendre et le drapeau du nouveau dey flotta sur l'édifice avant que le dey déchu fût arrivé au lieu de son supplice. Si l'infortuné avait eu le sang-froid de regarder du côté de l'édifice dont on pouvait apercevoir le faîte dans le lointain il aurait pu s'assurer avant de quitter cette terre qu'il était déjà remplacé.

Cette scène terrible resta toujours gravée dans l'esprit d'Arago qui, tout

en favorisant de tout son pouvoir l'établissement d'une république en France,
n'hésita point à exposer sa vie pour empêcher que comme celles d'Alger
elle n'eût « ses janissaires aussi »

L'Alger des Algériens était beaucoup plus curieux à visiter que ne l'est

Le Père Joseph, guide d'Arago dans ses excursions
dans la ville d'Alger.

aujourd'hui l'Alger des Algérois, tel est le nom que les habitants de la capitale
de l'Afrique française ont fini par adopter pour ne point être confondus
avec leurs prédécesseurs de violente mémoire. L'élite de la population était
la milice qui n'avait pas jeté de racines dans les pays, par suite d'une loi
fondamentale de l'odjak. Comme nous l'avons dit, il était interdit aux fils des
Turcs de s'enrôler dans le corps auquel leurs pères avaient appartenu. Sous
le nom de Coulouglis ils formaient une catégorie de Parias souvent fort gênants

et qui formaient des corps indigènes que l'on était parfois obligé de massacrer lorsqu'ils ne se contentaient pas de leur rôle d'auxiliaires. Quant aux Arabes ils étaient surtout matelots et formaient la majeure partie des équipages des corsaires algériens. Le nombre de ces corsaires allait en diminuant et par compensation un, certain commerce se développait, surtout pendant la durée de la guerre maritime par suite de combinaisons bizarres dont nous parlerons plus bas.

Mais si l'esprit guerrier se calmait, le fanatisme ne désarmait pas. En effet Alger dans son enceinte dont la superficie n'atteignait pas celle d'un quartier moyen de Paris, ne comptait pas moins de cent mosquées dont chacune était entretenue aux frais des fidèles musulmans de l'empire ottoman. On ne recrutait pas seulement des soldats chargés de faire la guerre aux infidèles, mais on recueillait les fonds destinés à l'entretien des imans, des muezzins et de tout le menu personnel de chaque mosquée. La ville du Barberousse était peuplée d'une armée de prêtres, qui au lieu d'être célibataires avaient presque tous leurs quatre femmes réglementaires, de sacristains et de bedeaux. Il y venait aussi des derviches hurleurs ou non, des fanatiques et des aïssaouas en quantité.

Comme nous l'avons vu par la mésaventure du môle, les passions politiques traversaient la Méditerranée. Les victoires ou les défaites des Français et des Espagnols étaient répercutées parmi les Roumis égarés dans cette fournaise musulmane. Les forçats renfermés dans le bagne n'y échappaient en aucune façon.

Un certain jour le dey pris d'un accès d'humanité au lieu d'employer la violence et le bâton des argousins envoya chercher Dubois-Thainville pour rétablir l'ordre gravement troublé. Il y avait dans les chiourmes un grand nombre de Siciliens et de Napolitains qui s'étaient pris de querelle à propos des affaires de deux Italiens, et qui s'assommaient avec les anneaux de fer dont leurs jambes étaient chargées !

Pour circuler dans le dédale de ces rues, si curieuses mais si dangereuses à visiter, Arago employait souvent le chaouch du consulat. Nous avons déjà fait connaissance avec cet homme qui était très fier d'être éligible au trône du dey, droit auquel il tenait essentiellement.

Comme Arago lui faisait remarquer que ce droit n'était pas d'un usage sans danger et que les Janissaires élevés au trône étaient inévitablement massacrés après un règne de courte durée. « Peu importe, répliquait cet homme, je ne craindrais pas leur sort, et je subirais volontiers la mort après avoir fait pendant une journée, absolument tout ce que je voudrais. »

L'autre guide d'Arago offrait un parfait contraste avec ce brutal personnage. C'était un Lazariste nommé le Père Joseph, qui habitait Alger depuis

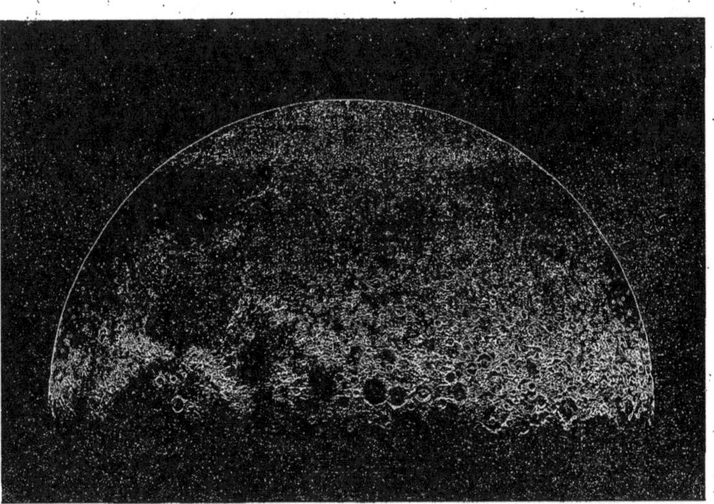

Photographie de la lune obtenue instantanément en 1904 avec le grand coudé de l'Observatoire. Cette planche est destinée à montrer l'étonnant progrès accompli depuis qu'Arago a exécuté pour la première fois par le daguerréotype le premier cliché du soleil.

plus de trente ans. Ce religieux était de taille un peu au-dessous de la moyenne. Il portait sur sa robe de bure une longue barbe blanche et avait de longs cheveux d'une neige éclatante frisant naturellement. Il était très maigre et avait une figure osseuse et décharnée; mais malgré le poids de l'âge il avait conservé ses dents qui étaient magnifiques. Ses yeux très doux indiquaient cependant une forte résolution. Il était très respecté et même très aimé des Musulmans parce que dans la peste d'Alger il avait rendu des services très appréciables pour soigner les mourants et ensevelir les morts sans faire de différences de religion.

C'était un excellent patriote fort dévoué à la France. Avant la Révolution il avait été lié avec l'abbé Grégoire et il en parlait toujours avec admiration.

Un certain jour on vit entrer dans le port une corvette française et un brick anglais, au grand désespoir du père Joseph. En effet le digne homme était désespéré de voir les nations chrétiennes donner aux Musulmans le spectacle de leur rivalité. Mais les Algériens se réjouissaient hautement. Tout Alger était sur la plage ou sur les terrasses lorsque les deux navires prirent le large. Les infidèles se réjouissaient de voir le sang roumi versé par des Roumis, lorsqu'ils s'aperçurent que le brik anglais gagnait le cap Matifou et disparaissait vers l'Orient.

Voyant que son adversaire ne voulait pas accepter le combat le navire français rentra triomphalement dans le port. Alors on apprit que les canons qui avaient si étrangement intimidé le croiseur de S. M. B. étaient purement et simplement en bois, et que la prétendue corvette n'était qu'un navire de commerce.

Peu de temps après survint un autre incident non moins curieux et qui contribua à calmer la colère dans laquelle se trouvait le consul d'Angleterre dont tout Alger s'était moqué.

Le général français commandant la place de Barcelone avait eu l'idée d'armer un corsaire à bord duquel il avait placé les hommes les plus remuants de la garnison. Il y avait un dragon, un hussard, un fantassin et un sapeur avec sa longue barbe. Tous avaient conservé leur uniforme et étaient devenus en peu de jours d'excellents matelots. Ils s'étaient embusqués dans une anse rocheuse des environs de Palamos; après un combat très sérieux dans lequel ils avaient peu souffert, ils s'étaient emparés d'un navire anglais portant à Cadix la malle de Majorque.

A la demande de Dubois-Thainville le corsaire remit au consul d'Angleterre les prisonniers et lui envoya les blessés pour qu'il les fît soigner. Il était entendu que ces prisonniers devaient être ultérieurement échangés contre le même nombre de prisonniers français. Nous faisions crédit à nos ennemis d'une vingtaine de captifs.

Mais les lettres furent conservées, ouvertes et communiquées à Arago qui eut la satisfaction de voir que son évasion avait fait les frais de nombre de correspondances. Il n'avait pas produit un effet défavorable sur la partie féminine de la population, mais il acquit aussi la certitude de l'existence d'un complot en règle organisé pour l'enlever. Les auteurs du guet-apens avaient conçu contre le grand homme dont ils avaient rêvé la mort, une haine peu explicable si ce n'est par une espèce d'instinct. En effet aucun savant n'a été aussi utile qu'Arago à la Patrie. Son séjour dans la Régence à une époque décisive lui avait suffi pour concevoir une idée fort juste de la politique coloniale à adopter vis-à-vis des indigènes pour rendre notre domination inébranlable.

Rien n'était plus facile que de se substituer aux Turcs et les Turcs ont été bien surpris quand ils ont vu qu'on les expulsait au lieu de les employer. Ils ne demandaient pas mieux que de faire comme les soldats et les fonctionnaires du bey de Tunis. Hussein-Dey lui-même s'il ne s'était rendu impossible par son coup d'éventail n'aurait sans doute demandé qu'à être protégé...

On a fait aux vaincus de 1830 l'honneur de sentiments qui n'existent pas avec l'éducation et les habitudes musulmanes. Cette erreur qu'Arago a essayé d'éviter par ses discours à la Chambre, a coûté beaucoup de sang et bien des malheurs que sa sagacité aurait évités.

CHAPITRE XXII

Arago inscrit sur les registres du Bagne d'Alger

Pendant qu'Arago, dont l'esprit ingénieux et actif était toujours en quête d'une occupation utile ou d'un problème à résoudre, continuait ses études sur l'état de la capitale de la Régence et de ses environs, les événements suivaient rapidement leur cours.

Le nouveau dey était un fanatique qui, comme tout bon musulman, détestait les Roumis, mais il ne les détestait pas tous également et l'on soupçonnait véhémentement le consul d'Angleterre d'avoir détourné le cours le plus violent de cette haine du côté des Français.

Quoi qu'il en soit il se piquait de donner à ses actes les plus arbitraires une sorte de vernis de régularité qui ne faisait que de les rendre plus oppressifs et plus dangereux. C'est une précaution que les deys employaient très rarement.

Les caisses qu'Arago avait laissées à Bougie ne furent pas plus que les cages et les lions apportés par les « Trois-Frères » qui n'étaient pas susceptibles de naviguer autrement qu'avec de grandes précautions. On les mit sur des barques à destination d'Alger. Aussitôt qu'elles arrivèrent le gouverneur envoya au consulat un Janissaire pour inviter Arago à assister à l'ouverture. Il se rendit avec grand empressement à la Marine s'imaginant qu'on allait lui restituer ce qui lui appartenait. Combien Arago était éloigné de deviner la vérité. Le bruit s'était répandu que ces caisses renfermaient un trésor dont le Divan avait l'intention de s'emparer afin d'éteindre une réclamation qu'il avait le dessein de formuler contre la France.

Bacri, qui venait d'être nommé ministre des finances, sentait bien que le seul moyen de consolider son pouvoir et de ne pas retourner en prison était de faire venir de l'or au trésor.

Il fit donc remarquer au dey que son prédécesseur le consul de France avait fait relâcher cent six esclaves génois sans payer un sou. En portant les captifs à mille piastres par tête, c'était une somme de 560.000 piastres dont le gouvernement de la Régence avait été privé et qu'il fallait faire rentrer.

Le moyen le plus expéditif était de commencer par s'emparer du trésor d'Arago. C'est afin de le saisir régulièrement qu'on avait convoqué l'astronome.

Mais les fonctionnaires de la Régence ne cherchèrent point à cacher leur mécontentement lorsqu'ils virent qu'il n'y avait dans ces boîtes mystérieuses que des instruments en cuivre. Ils n'écoutèrent point le drogman qui s'évertuait à leur en expliquer l'usage. Ils laissèrent Arago les placer en lieu sûr en attendant son embarquement et ils partirent fort mécontents, décidés à faire le nécessaire pour être bientôt payés.

L'esclavage est comme une lèpre qui infecte tout ce qu'il touche, et les relations de la France avec la Régence avaient, à cette époque, comme celles de toutes les autres nations, un caractère de marchandage véritablement révoltant. Nous allons citer un autre exemple particulièrement honteux de cette traite des blancs.

En obtenant la grâce des cent six captifs de Gênes, le consul de France avait promis de faire mettre en liberté les corsaires algériens que le gouvernement portugais tenait au bagne de Lisbonne, où les Français venaient d'entrer plus en libérateurs et en amis qu'en véritables conquérants.

Mais le dey avait dans son bagne trois cents esclaves portugais, et les corsaires de la Régence venaient, dans un seul coup de filet, d'en ramasser plus de cent.

Les Portugais se refusaient donc à relâcher les Algériens qu'ils retenaient aussi longtemps que plus de quatre cents de leurs compatriotes gémiraient dans les bagnes du dey.

Ces malheureux, qui n'avaient espoir qu'en la France, affectaient les sentiments de la plus vive admiration pour la personne de l'Empereur, et le plus grand enthousiasme pour la nation française. Ils venaient de signer une protestation unanime contre des libelles antifrançais imprimés en Europe et introduits dans la Régence par un navire anglais. Dubois-Thainville ne pouvait pas abandonner des clients si dévoués à Sa Majesté. Que dirait-on à Lisbonne si le consul de France refusait de s'occuper d'eux, s'il les abandonnait sous prétexte de ne pas manquer de parole aux pirates, et dans le but sordide de ne pas payer la rançon des Gênois ? Quel parti ne tirerait pas de cette faiblesse la perfide Albion.

La négociation fut longue, orageuse ; le Divan se montra inflexible dans ses réclamations. Dubois-Thainville, poussé à bout, déclara qu'il allait en référer à son gouvernement.

Mais le dey, qui se défiait de la diplomatie, refusa de se prêter à tous ces atermoiements; il dit au consul qu'il allait lancer ses corsaires contre la France, à laquelle il allait déclarer la guerre, et qu'il devait se considérer comme prisonnier; il ajouta même que, le lendemain, il l'enverrait chercher par ses chaouchs pour le mettre au bagne avec tous ses compatriotes réfugiés dans la Régence.

Cette menace n'était pas ainsi qu'il arrivait souventes fois aux Deys, une boutade de mauvaise humeur mais il y avait un parti pris bien arrêté de punir des créanciers récalcitrants et de faire rentrer de l'argent à tout prix. Dès le lendemain des chaouchs envahissaient le consulat. Ils mettaient Dubois-Thainville, Arago et Berthemie en état d'arrestation; ils ne laissaient dans la maison que les femmes et les enfants.

Heureusement M. Nordesling, consul de Suède, avait acquis sur le Divan et sur le Dey une grande influence qui ne tenait pas seulement à son caractère personnel mais de toutes les puissances qui avaient un traité avec la Régence, la Suède était celle qui payait son tribut le plus régulièrement. En outre les Algériens étaient très bien reçus à Stockholm, où il se faisait un très grand commerce de bibelots. Les femmes de ce pays raffolaient alors de ces menus objets.

Officieusement les consuls de Suède venaient en aide aux marins algériens qui étaient capturés dans les divers ports de l'Europe, et obtenaient quelquefois des échanges de prisonniers.

Madame Dubois-Thainville, femme fort intelligente, était parfaitement au courant de ces détails et n'avait nullement besoin des instructions, que l'on n'avait point du reste laissé à son mari le temps de lui donner.

A peine les Chaouchs avaient-ils quitté la vallée des Consuls, qu'elle entrait comme une folle dans la maison du consul de Suède qu'elle demandait à voir sur-le-champ. On la conduisit immédiatement dans le salon où il se trouvait avec toute sa famille; c'est seulement après avoir versé un torrent de larmes qu'elle trouva la force de raconter ce qui était arrivé... Elle ne recouvra sa présence d'esprit que pour supplier le consul de venir en aide à la famille de son roi...

« Je sais madame, lui dit le diplomate en essayant de la rassurer, combien le roi mon maître aime votre mari et combien ma reine vous est attachée... Tenez j'ai encore sur mon bureau une lettre que le ministre des affaires étrangères m'écrit et dans laquelle il me charge de vous offrir l'expression de la sympathie de toute notre famille royale... J'ai quelque influence sur le Divan et je cours au consulat d'Angleterre pour entraîner mon collègue à se joindre à moi.

— Oh! monsieur, n'y allez pas, mon mari me l'a dit, c'est cet homme qui est l'auteur principal de tous nos maux.

— Je le sais, madame, dit gravement le consul de Suède, mais je crois, si votre mari veut faire ce que je lui dirai, que nous obtiendrons la révocation de l'ordre barbare qui vient d'être lancé... Pour ne pas perdre de temps je cours au bagne pour empêcher...

— Empêcher quoi? dit madame Dubois-Thainville au comble de l'anxiété.

— Empêcher, fit le consul de Suède après un moment d'hésitation, qu'on ne mette les prisonniers à la chaîne.

— A la chaîne, avec les forçats, s'écria madame Dubois-Thainville en se tordant les mains.

— Calmez-vous, madame, nous empêcherons ce malheur, je ne négligerai rien pour cela.

Puis, se penchant sur une table, il écrivit quelques mots sur un papier qu'il remit à son chancelier qui se trouvait présent par hasard.

« Allez vite, lui dit-il, porter cette lettre au ministère des finances de la Régence après l'avoir fait traduire en arabe.

« Vous voyez, madame, que je ne perds pas de temps. Pendant que je cours au bagne, mon chancelier avertit les autorités que je me porte garant du paiement de la somme que le gouvernement d'Alger réclame du gouvernement français.

— Ah ! monsieur, croyez à mon éternelle reconnaissance », dit madame Dubois-Thainville et elle se répandit en assurances que la femme du consul reçut avec empressement. Quant au consul lui-même, il avait disparu.

Il se rendait en hâte au bagne d'Alger où il était temps qu'il arrivât. En effet les trois prisonniers avaient été introduits dans une salle située au premier étage où il se trouvait une forge et des fers. C'est là que l'on fixait à la jambe droite de chaque forçat une chaîne plus ou moins longue ou plus ou moins pesante suivant les instructions données à l'ouvrier.

Les forçats étaient généralement attachés deux par deux de telle manière qu'ils n'éprouvaient pas de gêne sensible pour marcher et pour exécuter les travaux dont ils étaient chargés, mais il en était autrement lorsqu'ils cherchaient à courir.

De l'endroit où on allait les ferrer les futurs forçats étaient exposés à la vue de tous leurs camarades que de leur côté ils pouvaient inspecter. Leur vue plongeait sur ces centaines de misérables n'ayant pour s'asseoir et se coucher qu'un lit de camp avec de méchantes couvertures déchirées et la barre à laquelle on les cadenassait chaque nuit. On sentait les baquets infects réservés à leur usage. On contemplait leurs haillons disparates, car la Régence ne donnait jamais un costume à ses captifs... On leur laissait sur le corps les vêtements qu'ils avaient en entrant au bagne, cependant on accordait aux Trinitaires l'autorisation de remplacer ceux qui tombaient en lambeaux

Vue de l'Observatoire au xviiᵉ siècle et de la Tour amenée de Marly, pour soutenir les lentilles de petit diamètre et de long foyer employées par Cassini et Huyghens. Ce dispositif a permis de découvrir des objets célestes peu faciles à étudier de nos jours; mais il était tellement pénible d'en faire usage que les astronomes ont dû y renoncer d'une façon définitive dès que les progrès de l'optique ont permis d'employer des lentilles de dimensions sérieuses.

La boisson était de l'eau, la nourriture quelques galettes arabes et des légumes bouillis, n'ayant d'autre assaisonnement qu'un peu de sel.

Le bagne était plus loin de la vallée des Consuls que la Djenina où se trouvait le ministère des finances que le chancelier allait visiter. Aussi avait-il eu le temps de voir ce haut personnage et d'obtenir un firman suspendant le ferrage, pendant que le consul parlementait encore auprès des géoliers pour être admis près des trois prisonniers.

La vue du firman produisit un effet instantané. Le chef des gardiens du bagne fit signe au forgeron de ne plus activer le feu dans lequel les fers chauffaient déjà. Très poliment, il pria les prisonniers de descendre dans son bureau où il leur fit servir des pipes et du café en attendant qu'il fût pris une décision sur leur sort.

Après les avoir mis au courant de la situation, le consul de Suède s'adressa à Dubois-Thainville et lui dit :

« Vous voyez que je ne recule devant rien pour sauver les parents de mon roi... mais je ne puis réussir si vous ne m'aidez... Je vais de ce pas chez le consul d'Angleterre et je suis sûr d'obtenir son consentement si vous consentez à ce qu'il vous a demandé... sans cela je ne réponds de rien.

« Vous savez ce qu'il vous a demandé... Réfléchissez bien, le gouverneur impérial de France y trouvera son compte. Avec les droits qu'il percevra il pourra acquitter haut la main la somme que la Régence exige pour votre rançon.... Vous savez, mon cher collègue, ce n'est pas la première fois que nous causons de cette affaire et je ne vous ai jamais caché mon sentiment... Il y a du reste cas de force majeure et votre conscience se trouve parfaitement à l'abri. »

Les deux Français qui écoutaient sans comprendre ce dont il s'agissait étaient si fortement intéressés par cette conversation énigmatique qu'ils n'avaient touché ni à leur pipe ni à leur tasse de café, dont ils avaient pourtant le plus grand besoin.

Dubois-Thainville qui paraissait en proie à de sérieuses réflexions dit : « Après tout, vous avez peut-être raison... en tout cas il n'y a pas à hésiter après la généreuse garantie que vous m'avez donnée... Promettez en mon nom ce que vous voudrez, je m'en rapporte absolument à vous ».

Le consul disparut après avoir dit quelques mots à l'oreille du chef des argousins.

L'absence de Dubois-Thainville ne fut pas longue et il revint rapidement porteur de l'ordre d'élargissement qui fut exécuté sur-le-champ.

Tout en retournant à la vallée des Consuls, Dubois-Thainville expliquait à ses compagnons de courte captivité quel était le ressort secret qu'il avait fait jouer grâce au dévouement du consul de Suède.

Désespérant de venir à bout de la contrebande qui s'exerçait d'une foule de manières différentes, le Gouvernement avait entrepris de lui faire concurrence lui-même en vendant des autorisations d'importer des quantités limitées de marchandises prohibées, telles que les denrées coloniales et les balles de coton.

Satisfait d'avoir obtenu le nombre de passeports qui lui suffisaient, le consul d'Angleterre avait demandé la mise en liberté, mais il avait laissé le Dey insister pour que le consul de France et ses deux hôtes fussent inscrits sur les registres du Bagne.

Le colonel Berthemie avait montré beaucoup moins de confiance qu'Arago dans le résultat de cette aventure, ce qui tenait peut-être uniquement à ce qu'il était plus âgé et par conséquent moins prompt à espérer. En conséquence, cette délivrance en quelque sorte providentielle l'avait beaucoup plus profondément ému. Il manifestait sa satisfaction d'une façon très communicative.

« Qu'il nous inscrive ou non, peu importe, s'écria-t-il, ce n'est pas moi qui irai réclamer, je ne me sens nullement atteint par l'espèce d'outrage que ce barbare croit nous avoir infligé.

— Je suis même touché de l'intention, fit vivement Arago, et je le remercierai volontiers car c'est un hommage qui n'est pas mince. En effet de très grands hommes comme Cervantès et Regnard y ont subi les plus affreux traitements. Ce n'est ni plus ni moins qu'un brevet d'immortalité que cet Hadji nous octroie. Nous devons lui être reconnaissants de tout, sauf bien entendu de l'intention.

— Je n'y contredis point, dit à son tour le consul, vous avez raison à votre point de vue, mais je ne peux pas envisager les choses avec la même philosophie que vous.

« C'est infliger à la nation, que je représente de mon mieux, une humiliation que je ne saurais accepter en son nom... c'est une ruse diplomatique pour me forcer à demander des passeports qu'il ne saurait m'offrir sans faire une déclaration de guerre à la France.

« Ma présence de l'autre côté de la Méditerranée est absolument nécessaire. Ne faut-il pas que je m'occupe d'accélérer l'envoi des fonds qui doivent libérer ce brave collègue à qui nous devons tous notre affranchissement ? Pourrions-nous laisser l'honneur de nos nationaux en de plus dignes mains ? mais tous les Français qui voudront rallier le sol de la patrie je les prendrai avec moi sinon à bord de mon navire, au moins sur un de ceux qui doivent naviguer de conserve avec moi. »

Arago apprit bientôt que le dey qui en qualité de khodja se piquait d'aimer la science avait beaucoup hésité avant de signer son passeport. Espérant faciliter l'exécution de cette formalité le consul de Suède avait parlé du métier d'Arago ; mais il faillit arriver à un résultat contraire à celui qu'il espérait : « Si ce jeune homme est un bon astronome, dit Hadji Alı Khodja, pourquoi ne reste-t-ıl pas avec nous. Est-ce qu'il ne pourra pas faire ses observations du Bonzarea où il trouvera un ciel que l'Europe ne lui donnera pas ».

Ce dey demi-barbare avait aperçu ce que les gouverneurs généraux d'Algérie n'ont vu qu'après trente années de conquêtes. Il avait deviné la fondation de l'Observatoire d'Alger auquel on ne devait songer qu'après la mort d'Arago.

Quant à l'illustre astronome il avait de bien puissantes raisons pour ne point accepter le poste que le chef de la milice lui offrait. Quoiqu'il eût tiré certainement un admirable parti de cet heureux climat, il n'ambitionnait que médiocrement l'honneur d'être le fondateur de l'astronomie sur des rives déshonorées par les plus terribles des massacres que l'histoire d'aucun temps et d'aucun pays ait été appelée à enregistrer. Des destinées bien plus utiles à l'humanité et plus glorieuses pour lui l'attendaient et le moment s'approchait où sa fortune un instant rétive allait reprendre son cours régulier.

CHAPITRE XXIII

Arago embarque sur l' « Aziza »

Le Dey sentait qu'il avait été fort loin dans son traitement brutal du représentant d'une nation qui faisait alors trembler l'Europe. Il résolut de réparer en partie ses torts en donnant au départ de la flotte une certaine solennité. L'appareillage eut lieu le 21 juin après une audience à la Djenina. Pour la première fois Arago put se faire une idée de la pompe du souverain des Janissaires.

Comme lorsque Arago revenait de la Kabylie, les portes de la Djenina étaient encombrées de Janissaires, mais ces guerriers étaient animés de sentiments bien différents. L'on n'entendait plus ces vociférations semblables à des cris de bêtes féroces. Les Miliciens avaient l'air calme et bonasse qui caractérise ordinairement les Turcs. Arago remarqua que presque tous étaient de belle prestance vêtus de riches étoffes de soie. Il y en avait de tous les âges, des vieux pouvant à peine tenir les armes de luxe qu'ils avaient entre les mains. Il y en avait au contraire, qui venaient sans doute de débarquer d'Asie Mineure et dont le costume était beaucoup plus simple. L'astronome pouvait à peine en croire ses yeux tant la transformation avait été radicale.

Lorsqu'il pénétra dans la salle où le Dey était assis et recevait les hommages de l'aristocratie militaire dont il était le chef, la foule brillante qui l'entourait lui prodiguait les marques de servilité dont les Orientaux sont si peu avares. On n'aurait jamais dit qu'il aurait suffi du plus futile prétexte pour que l'idôle qu'on adorait avec tant d'ostentation fût brisée.

Le coup d'œil était du reste féerique et éclairé par un beau soleil, qui faisait reluire les pierreries, les rubis et les ornements de cuivre, d'or et d'argent dont les moindres dignitaires étaient constellés.

Quant à son Altesse, elle était entourée des muftis des principales mosquées d'Alger, personnages dont l'influence était immense; là, avant tout, le chef de l'Odjak était à la tête d'un état religieux, établi pour la gloire et la propagation de l'Islam. La réunion était très animée, parce que l'on venait de recevoir un certain nombre de derviches hurleurs arrivant en droite ligne de La Mecque, et se disposant à faire une tournée dans la Régence pour réchauffer le zèle des vrais croyants. Puis les burnous rouges des chefs de tribus faisaient merveille au milieu des turbans et des casaques des chefs des Janissaires.

Le dey était un homme de haute taille, à mine imposante, quoiqu'il eût l'air sournois et peu intelligent. Mais il portait avec beaucoup de dignité l'aigrette qui surmontait sa coiffure. Il appuyait fièrement sa main sur la poignée en or d'un large cimeterre. En un un mot, il régnait au milieu de ce repaire de brigands avec un air de calme et de majesté, que l'empereur Napoléon Ier ne pouvait dépasser.

Il fit un pas en s'avançant vers le Consul de France lorsque celui-ci s'inclina. Il lui donna la main à l'européenne, et lui dit en arabe quelques mots aimables pour lui souhaiter bon voyage. Une courte conversation s'engagea par l'intermédiaire d'un drogman. Puis Dubois-Thainville reçut d'un geste plein de grâce l'autorisation de se retirer. Pendant ce temps les femmes du harem faisaient retentir l'air de leurs joyeux « Yous Yous ».

La plupart des personnes qui accompagnaient le consul dans son voyage en France, et notamment les femmes et les enfants, n'avaient pas fait comme Arago et étaient restées à la porte. C'est lorsque le représentant de la France sortit de la Djenina que le cortège se forma.

Le consul de France en grand uniforme, était accompagné de tous ses collègues qui allèrent avec lui jusqu'à la Marine. La plupart des Européens avaient tenu à figurer dans un cortège fort pittoresque parce que les religieux en faisaient partie avec leurs soutanes et leurs robes de diverses couleurs. L' « Aziza » ne partait pas seule, elle était accompagnée d'une demi-douzaine de bâtiments légers dont chacun portait une précieuse cargaison de denrées destinées à la contrebande semi-officielle.

L' « Aziza » était armée en guerre. A son bord on avait placé les deux cages renfermant les lions que Ahmed-Khodja envoyait en présent à l'empe

L'OBSERVATOIRE DE PARIS

Vue du grand coudé de l'Observatoire, instrument unique dans le monde et permettant aux astronomes de recevoir l'image des astres dans leur cabinet de travail.

Cet instrument imaginé par le Directeur, aux débuts de sa carrière, est tellement facile à manier qu'il est instantanément braqué sur les objets célestes dont on se propose l'étude.

reur et que l'on devait lui remettre au nom de son second successeur. Ces nobles animaux qui avaient très bien reconnu le futur secrétaire perpétuel de l'Académie et qui lui faisaient fête de leur mieux, n'étaient-ils pas une preuve vivante de l'instabilité des choses gouvernementales dans la Régence ?

A bord de l' « Aziza » se trouvaient les autres cadeaux, sauf ceux dont Arago avait disposés à Bougie, mais ils avaient été remplacés par d'autres menus présents, qui devaient être les bienvenus à la Malmaison.

Dans les autres bâtiments se trouvaient quelques Français qui, comme Berthemie et Arago avaient cherché à Alger un refuge contre le poignard des insurgés espagnols.

Une salve de 21 coups de canons fut tirée par les batteries du môle lorsque l'expédition leva l'ancre.

Lui-même, le Dey était monté sur la terrasse de la Djenina pour assister à ce départ, avec un mouchoir blanc qu'il tenait à la main, il saluait les partants.

Le temps était calme, beaucoup trop calme même, si le reïs avait consulté Arago il aurait ajourné l'appareillage.

Pendant la journée l'expédition fit très peu de chemin quoique le vent fût favorable et que les navires pussent marcher toutes voiles dehors. Tout allait bien, aucun des petits bâtiments n'avait perdu de vue le convoyeur ; mais un peu avant le coucher du soleil la mer devint grosse tout d'un coup et pendant toute la nuit le vent souffla avec fureur tantôt du nord et tantôt du sud, la foudre roulait dans toutes les directions faisant entendre des tonnerres incessants.

C'était un grain épouvantable qui éclatait avec fureur et qui dispersait l'expédition ! Au lever du soleil l' « Aziza » avait perdu de vue ses conserves. On voyait à l'horizon sud une côte plate qui était celle de Gabès ou de Tripoli.

On était beaucoup plus loin de Marseille que la veille à midi lors du départ d'Alger. Mais le reïs qui, comme la suite le prouvera, était un homme de courage et de résolution ne chercha point à relâcher. Comme il avait des vivres à bord, il mit de nouveau le cap vers l'ouest-nord-ouest. Arago l'aida du reste à faire le point.

Le temps se remit et après un jour de calme le vent souffla de l'est ce qui permettait de gouverner convenablement.

Le cinquième jour depuis le départ on apercevait une nouvelle fois l'île Sainte-Marguerite qu'Arago avait déjà distinguée à l'horizon lorsqu'un corsaire espagnol l'avait capturé et lui avait imposé une captivité si intempestive, source première de tous les retards et de toutes les traverses qu'il avait subis.

Il ne tarda point à apercevoir une corvette anglaise qui croisait devant le port. La ville était donc en état de blocus effectif, efficace, il était complète-

ment interdit d'y entrer, même sous pavillon neutre sans courir le risque
d'être capturé.

Le reïs jugea bon d'user de ruse pour pénétrer dans la ville et s'acquitter

Voyant qu'une embarcation se détachait de la corvette pour l'aborder,
l'Algérien fit cacher tous les Français dans la chambre et s'avança près de
l'officier, qu'il rencontra près de l'échelle. Il lui montra ses papiers l'autorisant à ne point tenir compte du blocus, et annonça l'intention d'accompagner la corvette aux îles d'Hyères, où se trouvait alors l'amiral Collingwood,
pour protester contre tout acte de violence, dans le cas où il se croirait auto-
risé à séquestrer non seulement l'« Aziza » mais un quelconque des navires
dont la protection lui avait été confiée par Son Altesse le dey d'Alger.

L'officier retourna immédiatement à son bord raconter ce qui se passait.
Le capitaine n'hésita pas un seul instant : il fit mettre immédiatement à la
mer des embarcations pour amariner l'« Aziza ».

Le reïs fit quelques manœuvres afin de persuader au capitaine de la corvette qu'il allait le suivre, mais de manière à éviter sans en avoir l'air les
embarcations qui venaient à son bord. Dès qu'il se jugea hors de portée, il
changea brusquement de route, se couvrit de voiles et mit le cap vers l'île
Pomègue qu'il atteignit bientôt. A cinq heures du soir, au moment où l'« Aziza »
allait jeter l'ancre, on aperçut l'anglais qui revenait, toutes voiles dehors. Le
navire algérien était trop près des côtes pour que l'ennemi crût prudent de
continuer sa tentative. Il s'éloigna, après avoir envoyé pour la forme quelques
coups de canon.

La nuit suivante, on vit encore rôder des embarcations anglaises qui
essayaient d'approcher du navire à la faveur des ténèbres. Mais l'« Aziza »
était tellement rapprochée des bastions du fort Saint-Nicolas que les Anglais
n'osèrent pas donner suite à leurs desseins, ils diparurent et Arago était sauvé.

Il n'avait pas mis moins de onze mois pour se rendre d'Alger à Marseille !

Avant de partir Dubois-Thainville avait eu une conférence avec Bacri à
qui il avait fait comprendre combien il avait avantage à faire l'avance des
quelques centaines de mille francs que le gouvernement de la Régence réclamait et à décharger le consul de Suède de la garantie qu'il avait si généreuse-
ment donnée.

Bacri qui dans cette occasion servait de prête-nom au consul d'Angleterre
avait fini par s'exécuter et tout était pour le mieux dans la meilleure des régences possibles lorsque l'« Aziza » mit à la voile pour permettre à Arago d'exécuter sa dernière traversée.

La partie dramatique de notre récit se termine naturellement de la façon
la plus heureuse avec les dangers qu'a courus Arago.

Mais l'histoire que nous avons écrite pour l'édification de la jeunesse n'aurait pas sa conclusion légitime, si nous ne racontions pas rapidement comment Arago fut récompensé des travaux qu'il avait exécutés et des périls qu'il avait courus à un âge où les savants ont bien rarement la même somme de connaissances ajoutée à la même dose de courage et à la même présence d'esprit. Son voyage ne se termine pour nous que le jour où il fut admis à siéger dans le sein de l'Académie dont il fut si longtemps le membre le plus célèbre et on peut dire qu'il a eu bien des successeurs distingués, sans qu'aucun soit parvenu à le surpasser, ni même à l'égaler. Il restera dans le ciel de la science française et même de la science universelle comme un de ces corps célestes de premier rang, que les siècles ne font point oublier.

CHAPITRE XXIV

Arago au Lazaret de Marseille

Lorsque Arago arriva à Marseille les navires arrivant de la Régence étaient soumis à la quarantaine à cause de la peste qui s'était déclarée en Afrique. C'est un fléau dont nous sommes à peu près délivrés au XXᵉ siècle grâce aux progrès de tous genres que l'hygiène publique a faits, et particulièrement à la Commission internationale de l'isthme de Suez, dont l'installation est la sauvegarde de l'Europe.

En effet avec la faible durée des voyages actuels, les ports de la Méditerranée seraient constamment infectés sans la surveillance active qui est sans relâche exercée aux ports par lesquels les voyageurs et les marchandises de la mer Rouge sont introduits dans les eaux civilisées. Le jour même est proche où les nations européennes auront le bon sens de s'unir pour imposer des mesures hygiéniques efficaces dans les centres d'infection morale où se perpètrent les sacrifices de l'idolâtrie. La superstition a des limites qui sont le respect de la vie et de la santé du voisin.

Dans les premières années du XIXᵉ siècle, les autorités sanitaires faisaient exécuter les prescriptions officielles avec une rigueur absolue et le séjour du Lazaret était d'une monotonie insupportable, surtout pour les « détenus » qui, comme Arago ne connaissaient personne dans la vieille cité phocéenne. Ce n'était pas sans quelque sentiment de jalousie qu'il voyait ses compagnons de captivité journellement appelés au parloir, qui, quoique grillé d'une façon magistrale, et ne permettant aucun contact illicite n'en procurait pas moins les plus précieuses distractions.

Quel ne fut pas son étonnement quand un certain jour il s'entendit appeler.

Cette fois, c'était bien lui que l'on voulait, le nombre de coups de la sonnette répondait exactement au numéro d'ordre de la chambre qu'il occupait.

Son étonnement ne fut pas moindre quand il sut que c'était un confrère qui l'appelait et que ce confrère appartenait à l'Observatoire de Marseille, non point en qualité d'astronome mais en qualité de portier. Cependant de 1802 au moment où il venait visiter Arago il n'avait pas découvert moins de dix-sept comètes.

L'aspect du ciel lui était si familier qu'à la simple vue des étoiles, sans consulter aucune carte céleste, il se rendait compte de la nature des changements survenus.

Fils d'un pauvre paysan né à Peyres dans les Hautes-Alpes, il avait été engagé en 1789 par le directeur de l'Observatoire de Marseille pour tirer le cordon et balayer les cours. Mais pendant que son maître dormait, il allait en cachette regarder dans ses lunettes dont il avait appris tout seul le maniement. L'astronome en titre avait trouvé l'aventure originale et ne s'était pas fâché. Mais voyant que les découvertes de son portier se multipliaient, et que lui ne trouvait rien de nouveau dans le ciel, il finit par éclater.

N'était-il pas scandaleux qu'un homme de service abusât de son sommeil pour regarder sans droit dans les lunettes qui lui étaient destinées.

Pons fit part à son jeune collègue de toutes ses appréhensions et de la bizarrerie de sa situation.

Ne devait-il pas renoncer à ces recherches scientifiques, à ces observations pour lesquelles il était merveilleusement doué. En effet il avait une mémoire spéciale, si prodigieuse qu'en regardant le ciel à la vue simple il se rendait compte des changements qui étaient survenus dans la voûte céleste. J'ai, disait-il, une espèce d'instinct qui me permet en quelque sorte de deviner les comètes. Du reste ma vue est si perçante que je vois sans lunette Ganymède, le plus gros des satellites de Jupiter. Mais ai-je le droit d'exposer ainsi non seulement mon pain, mais celui de ma famille, car si on me met à la porte je ne saurai que devenir?

Arago se sentit touché jusqu'aux larmes des lamentations de cet émule de Messier, le furet des comètes du roi Louis XV.

— Tranquillisez-vous, lui dit-il, je vais reprendre ma position de secrétaire au Bureau des Longitudes, et je vous réponds que personne ne touchera à votre situation... vous serez sous la sauvegarde de toute l'astronomie française.

Le brave portier astronome s'en alla tout consolé par ces bonnes paroles, et il revint presque tous les jours revoir Arago à qui il portait régulièrement des fruits et des fleurs.

Pons ne fut pas le seul savant qui s'intéressa à Arago.

La première fois que le vaguemestre arriva il lui remit une lettre qui l'attendait poste restante et qui venait de Berlin. Elle était signée d'un nom qu'il ne connaissait pas : c'était celui d'Alexandre de Humboldt, un seigneur allemand qui s'était adonné à la culture des sciences et qui revenait d'un long voyage scientifique exécuté en Amérique.

Aléxandre de Humboldt dont la correspondance était très étendue, avait appris une partie des aventures d'Arago ; il savait que l'habile et intrépide délégué du Bureau des Longitudes avait quitté Alger et se rendait vers Marseille. Il lui avait écrit pour lui faire connaître toute l'admiration qu'il avait conçue pour sa constance et ses talents, lui offrir son amitié et lui annoncer

HUMBOLDT
Le seul savant qui écrivit de Paris au Lazaret d'Alger
pour féliciter Arago de son heureux retour.

qu'il venait à Paris dans le but de le voir le plus promptement possible, et mettre à son service tout ce qu'il avait d'influence.

Ces démonstrations n'étaient point destinées à demeurer stériles, et les deux savants se lièrent d'une amitié étroite qui dura autant que la vie d'Arago.

Arago traita Humboldt, qu'il tutoya bientôt comme un véritable frère. Cette amitié ne fut point interrompue par les événements politiques et la guerre qui éclata à plusieurs reprises entre l'Allemagne et la France. Tout en cessant

de correspondre Humboldt et Arago ne cessaient jamais de s'aimer et de songer l'un à l'autre. Singulière antinomie que la position sociale des deux
hommes qui s'attachèrent à Arago pendant qu'il était au lazaret d'Alger, d'un
côté le portier de l'Observatoire et de l'autre un favori du roi de Prusse !

On y tenait renfermée une très belle gazelle appartenant à madame Dubois-
Thainville. Cette ravissante bestiole bondissait en toute liberté avec une grâce
qui excitait notre admiration. Berthemie essaya d'arrêter dans sa course
l'élégant animal; il le saisit malheureusement par la jambe et la lui cassa.
Tous les captifs accoururent, mais seulement, hélas! pour assister à une scène
qui occasionna une profonde émotion.

Couchée sur le flanc, la gazelle levait tristement la tête ; ses beaux yeux
— des yeux de gazelle ! — répandaient des torrents de larmes ; aucun cri
plaintif ne s'échappait de sa bouche. On aurait dit une créature intelligente
qui, subitement frappée d'un irréparable malheur se résigne, et ne manifeste
ses profondes angoisses que par des pleurs silencieux.

Au sortir du lazaret Arago se rendit à Perpignan pour retrouver sa famille
qui l'avait longtemps cru mort. C'était du reste l'opinion générale à l'Institut
et au Bureau des Longitudes. Un académicien bien connu qui avait participé
aux expéditions du mètre, avait proposé charitablement de suspendre le paiement de ses appointements, que son père touchait en qualité de son représentant, et qui figuraient avantageusement dans l'actif de la famille.

Arago fut reçu avec une joie indescriptible par sa mère qui seule dans
toute la famille n'avait pas cessé un seul instant de compter sur son retour.
En effet elle allait presque tous les jours en pèlerinage soit à l'ermitage Saint-
Vincent, soit à Notre-Dame du Rendez-Vous et son cœur de mère lui disait
que le ciel ne pouvait rester insensible aux prières qu'elle lui adressait dans
l'un ou l'autre de ces sanctuaires vénérés ! Ce sentiment fut partagé par les
jeunes filles de Perpignan et surtout celles d'Estagel, auprès desquelles Arago
avait toujours été très populaire. Son influence avait prodigieusement grandi
à la suite des aventures que nous avons racontées et dont ces imaginations
méridionales exagéraient encore la portée. Mais Arago n'eut même pas le
temps d'aller danser à la fête d'Estagel car une lettre de Humboldt lui apprenait une grande nouvelle.

Le célèbre Lalande, était mort au milieu d'avril et la première classe de
l'Institut national avait déclaré la vacance. Elle allait donc procéder à une
élection. Les titres des candidats allaient être discutés. Qui sait si malgré son
jeune âge, Arago ne pourrait pas être choisi par la docte assemblée. Ce que
l'on savait de la manière dont il s'était acquitté de sa mission avait fait la
meilleure impression. Mais il était essentiel de ne pas perdre un instant et
de battre le fer pendant qu'il était chaud.

CHAPITRE XXV

Arago candidat à l'Institut

Les secrétaires perpétuels, qui sont les véritables chefs de l'Académie, et dont la publicité des séances aurait encore augmenté l'importance s'ils avaient su l'exercer, ont toujours possédé une voix prépondérante en matière d'élection. Mais aucun n'a jamais joui d'une influence aussi incontestable et aussi légitime qu'Arago. Cette puissance s'exerça de bonne heure bien avant qu'on ne songeât à lui pour le secrétariat. Ceci déplut fort à Laplace qui prétendait, en qualité d'ami particulier de l'empereur, diriger à son gré les choix de l'Institut. Une fois sa colère éclata : « On voit que M. Arago est le grand électeur de la première classe de l'Institut ». Le sénateur astro- nome faisait une allusion délicate à la constitution impériale d'après laquelle les collèges électoraux avaient été remplacés par un fonctionnaire chargé de choisir en leur nom leurs représentants. Arago ne se troubla pas. Il répondit simplement : « Qu'il n'y avait qu'un membre de l'Institut qui cherchait à éclairer ses confrères sur la valeur des candidats que l'on présentait ».

Souvent Laplace avait la main malheureuse. Un des candidats dont l'échec lui fut le plus sensible fut un certain Nicolet, qui était astronome à l'Observa- toire, et de plus membre du Bureau des Longitudes. Ce Nicolet ne regardait pas toujours dans les astres mais dans les poches de ses voisins. C'était un homme de bourse qui finit par faire des spéculations constituant de véritables escroqueries. Il fut obligé de prendre la fuite et de se réfugier en Amérique où les filous et les assassins trouvaient alors un asile assuré. Il n'y resta pas longtemps oisif. Ce fut lui qui publia dans le « Sun » de New-York, l'Histoire des Hommes de la Lune, découverts au Cap par le fils du grand Herschell. Cette supercherie eut un succès prodigieux.

Laplace n'aimait pas voir un nouvel astre se lever dans le ciel de l'Intitut avec un véritable éclat. Il avait donc une répulsion instinctive pour le triomphateur de septembre 1809. En outre il savait très bien que le délégué du Bureau des Longitudes n'était pas de ces astronomes à tout faire, ne s'occupant que des révolutions célestes et prêts à s'agenouiller devant tous les souverains. Les convictions républicaines d'Arago s'étaient de plus en plus enracinées. Au contraire Poisson qui partageait ses indignations en 1804 avait cru utile de se calmer et de se transformer en fidèle sujet de Sa Majesté impériale et royale.

Laplace avait en outre des idées singulières en matière de recrutement des membres de la première classe de l'Institut.

Suivant lui, comme suivant un certain nombre de ses successeurs, l'Ecole Polytechnique devait être considérée comme l'antichambre de l'Académie des Sciences, mais les Polytechniciens ne devaient entrer dans ce sanctuaire que par ordre de préséance. Arago ayant été l'élève de Poisson ne devait pas songer à franchir le seuil du temple avant son ancien professeur.

La candidature d'Arago marchait très bien, elle avait pris comme un feu de poudre, et elle était soutenue par la « Revue Encyclopédique » et toute la presse spéciale à laquelle la censure laissait une grande liberté d'allure, et qui en faisait usage. Quoique les séances de l'Institut ne fussent pas publiques, on savait ce qui s'y passait et l'on s'en préoccupait plus que maintenant. On n'avait point inventé un syndicat de publicistes, se réunissant pour manier l'encensoir avec un ensemble surprenant.

Laplace qui était fort hypocrite, se posa en protecteur déclaré d'Arago, et lui conseilla paternellement de renoncer à la candidature par une lettre dans laquelle il s'immolerait et ajournerait lui-même sa nomination à l'époque où il se produirait une vacance, son professeur Poisson ayant été nommé avant lui bien entendu.

Arago s'en tira en homme d'esprit. Il accepta en principe toutes les observations que l'illustre astronome voulut bien lui faire, et quoiqu'il ne fût encore que candidat il le remercia avec une effusion tout académique.

Mais il ne lui était point possible de déférer à de si sages observations par respect pour la première classe de l'Institut.

De quel droit renoncerait-il à ce que personne ne lui avait offert ? Ce serait véritablement trop de présomption à l'âge de vingt-trois ans !

Arago n'aurait pu tenir ce langage plus tard, lorsque l'absurde usage des visites fut rétabli. Mais l'empire n'avait pas eu le temps de pousser jusqu'à ce degré la restauration des travers et des vices de l'ancienne organisation académique du temps de la monarchie de droit divin.

Malgré Laplace la candidature Arago se développait sans que le secrétaire du Bureau des Longitudes ait eu besoin de s'en préoccuper.

Vue générale de l'Observatoire, lors de l'inauguration de la statue de la place Arago.

Biot à qui Humboldt avait délicatement montré qu'il avait à réparer quelque chose faisait du zèle pour qu'on ne lui reprochât pas d'avoir laissé Arago se débrouiller tout seul, comme il l'avait fait pour Gay-Lussac lors des ascensions des Arts et Métiers. Il ne tarissait pas d'éloges sur son ancien adjoint. Il déclarait tout haut que le seul moyen de reconnaître ses propres efforts était de nommer Arago, qui arrivait à Paris non seulement avec ses notes mais avec les archives de la mission.

Les démarches ne furent pas longues car quelques jours après l'arrivée d'Arago l'élection eut lieu. Elle donna naissance à une assez violente discussion lors de l'appréciation des titres des candidats.

Alors Laplace jeta le masque, et il attaqua vigoureusement la candidature d'Arago, il examina les titres scientifiques qu'il possédait, les réduisant injustement au niveau de travaux connus et vulgaires. Il insinua que les dangers courus par Arago avaient été exagérés, et ensuite que cette circonstance n'ajoutait rien à sa valeur scientifique. Enfin il termina sa philippique d'une façon violente mais peu adroite : « Arago, dit-il, donne des espérances mais ce ne sont pas des espérances que doit récompenser l'Académie, ce sont des résultats sérieux et réels !

C'en était trop, un des doyens de l'Académie qui avait patronné la candidature de Laplace se leva à son tour indigné et il s'écria avec un accent de conviction :

« On pourrait certes alléguer en faveur d'Arago, que lui-même, l'astronome qu'il s'agissait de remplacer, avait été un modèle de précocité.

« Il n'avait encore que dix-neuf ans lorsque l'Académie des Sciences l'envoya à Berlin pour exécuter sous les yeux de Frédéric-le-Grand, les observations destinées à mesurer la distance de la lune, et exécutées de concert avec l'illustre Lacaille, un des plus habiles astronomes du milieu du siècle précédent, dans sa mission du cap de Bonne-Espérance.

« Si les mesures prises par ce débutant avaient été mauvaises ce grand travail aurait été inutile. Mais le jeune Lalande s'acquitta si merveilleusement de sa mission que l'Académie l'appela à siéger dans son sein, aussitôt qu'il survint une vacance. Lalande n'avait que vingt et un ans lorsqu'il fut nommé membre de l'Académie. Mais son zèle ne se ralentit jamais. Il ne craignait pas les censures même de ses confrères lorsqu'il s'agissait de répandre les grands principes de l'astronomie.

« Lors d'une singulière apparition d'Algol qui avait un éclat tout à fait exceptionnel on le vit porter des instruments sur la plate-forme du Pont-Neuf, d'où la statue de Henri IV avait été enlevée et montrer ce phénomène extracrdinaire aux passants. Il serait venu jusqu'à la fin de cette étrange crise de lumière si la police soupçonneuse de l'empire ne l'avait obligé à rentrer dans son observatoire. Pourrait-on donner pour cet esprit prime-sautier, ami des nouveautés, épris de philosophie, un de ces savants trembleurs,. toujours prêts à sacrifier les intérêts de la vérité au caprice des grands. Il n'y a que le jeune Arago qui soit digne de représenter le vieux Lalande.

Si cet homme éloquent, généreux et sagace dont Arago n'a cru bon de donner le nom, avait pu lire dans l'avenir une coïncidence singulière, évidemment les astrologues du Moyen âge y auraient vu la preuve d'une véritable prédestination. Mais il nous semble que tout en écartant les idées supersticieuses on ne saurait passer cette circonstance sous silence, car elle résume par un seul chiffre inoubliable la carrière de deux grands astronomes français. Jérôme de la Lande a été nommé à l'Académie des Sciences en 1753, et Arago a cessé d'en faire partie en 1853, époque de son décès. Entre ces deux événements un siècle entier de gloire et de découvertes s'est écoulé et il a été rempli tout entier par la gloire de ces deux illustres académiciens.

CHAPITRE XXVI

Arago présenté à Napoléon Ier

A cette époque l'institut de France était encore voisin de sa création. Le souffle révolutionnaire qui avait inspiré ses organisateurs ne s'était pas éteint. Dans les élections les membres tenaient grand compte de l'opinion de la partie éclairée de la nation. Aussi le succès de la candidature Arago était-il complètement assuré.

Laplace, lui-même, qui n'aimait pas à voter avec la minorité se rallia à l'élection dès qu'il en vit le succès assuré, et s'empressa de donner son vote à Arago qui recueillit presque l'unanimité des suffrages.

Une fois Arago nommé on soumit suivant l'usage le choix de première classe à l'approbation du Gouvernement.

Quoique la Restauration ait cherché à différentes reprises à rendre ce droit de veto efficace il n'est plus aujourd'hui qu'une formalitée destinée à témoigner de l'intérêt que prend le Gouvernement de la République à la composition des différentes sections de notre haut sénat scientifique. Un autre usage s'est perpétué, c'est la présentation de l'élu au chef de l'État. Elle a lieu par le bureau de l'Académie à laquelle il appartient.

Napoléon, qui avait imité cette pratique du cérémonial de l'Ancienne Monarchie, y tenait beaucoup.

Ces réceptions avaient lieu à l'issue de la messe à laquelle Napoléon assistait régulièrement en grande pompe, tous les dimanches, aux Tuileries. Les membres des différentes classes de l'Institut formaient un peloton qui se tenait en rang et devant lequel Sa Majesté Impériale passait comme un général faisant l'inspection d'une compagnie de soldats. La Philosophie avait été supprimée comme incompatible avec l'esprit d'obéissance nécessaire au bien de l'État, en conséquence les cinq classes de l'Institut républicain avaient été réduites à quatre ; les bureaux se succédaient dans l'ordre des classes et à côté, sous leurs auspices, se tenaient les membres sollicitant pour une cause quelconque l'honneur d'une présentation au chef de l'État.

Les savants étaient donc alignés sous l'habit vert comme autant de soldats. Chacun cherchait à attirer l'attention du souverain qui passait rapidement. Le manège déplut fort à Arago qui ne le vit qu'une fois parce qu'il y était obligé.

« Vous êtes bien jeune » lui dit l'empereur avec un étonnement peu facile à expliquer de la part d'un homme qui, au même âge, était général en chef de l'armée d'Italie. « Comment vous nommez-vous ? »

Le voisin de droite ne laissa pas à Arago le temps de répondre, il dit au souverain.

« Il se nomme Arago. »

L'empereur continuant dit : « Quelle science cultivez-vous ? »

Le voisin de gauche répliqua : « Il cultive l'astronomie. »

« Qu'est-ce que vous avez fait, dit encore l'empereur. »

Alors le voisin de droite reprit :

« Il vient de mesurer le méridien d'Espagne. »

Napoléon pensant que le nouvel académicien n'avait pas l'usage de sa langue, ou en sachant assez fit quelques pas en s'avançant devant la file des savants, ce qui permit à Arago d'assister à une scène de mœurs peu édifiante.

Il s'arrêta devant Lamarck, directeur du Muséum, un vieillard connu par une foule de travaux importants. Darwin n'a fait que développer les théories émises par ce naturaliste dont on ne parle plus en France parce qu'il a le tort d'être français.

Lamarck tendit un volume à Napoléon.

« Qu'est-ce que cela, fit-il en l'ouvrant comme pour l'inspecter d'un coup d'œil. »

Sa Majesté n'aurait pas agi autrement s'il avait eu entre les mains une giberne ou un objet d'équipement.

« C'est encore votre absurde météorologie, dit Napoléon irrité, cet ouvrage dans lequel vous faites concurrence à Mathieu Lengsberg, cet annuaire qui déshonore vos vieux jours. Faites-moi de l'histoire naturelle et je vous protégerai... » Puis passant dédaigneusement le livre à son aide-de-camp en remuant la tête il fit lentement quelques pas.

« Mais c'est précisément d'histoire naturelle qu'il s'agit, s'écria le naturaliste d'un ton désespéré ; mais l'empereur avait fait quelques pas, il n'entendit pas ce que Lamarck lui disait d'une voix étranglée, chevrotante. En voyant qu'on ne faisait plus attention à lui Lamarck se mit à fondre en larmes...

Arago retourna à l'Observatoire bien décidé de n'en plus sortir pour aller

La commission qui a rendu compte à l'académie des sciences, des procédés de calcul imaginés et mis en pratique par henri Mondeux, a été frappée de la justesse de vos observations ; elle adhère unanimement et sans restriction aux vues que vous avez eu la bonté de lui soumettre.

Agréez, Monsieur le Ministre, mes sentiments respectueux.

F. Arago

La signature offre une particularité étrange dont Janin ne s'est point aperçu. Si on regarde transversalement le paraphe, on y lit le mot ARAGO.

Le pâtre Henri Mondeux, dont il est question dans cette notice, naquit en 1826 dans les environs de Troyes, et mourut en 1852. Il était dépourvu de toute instruction et la Commission dont parle Arago ne put en tirer aucun éclaircissement sur les procédés qu'ils employait.

voir ce qui se passait aux Tuileries. Mais il allait en être arraché, d'une façon brutale, au nom du principe d'égalité devant la loi.

Lorsque Biot avait demandé Arago comme adjoint dans sa mission d'Espagne, il était secrétaire de l'Observatoire.

Le général Lacuée qui signa le passeport s'imagina que le jeune astronome était en règle avec la loi sur le recrutement, mais il n'en était rien.

Lorsqu'Arago fut nommé membre de l'Institut on s'aperçut de cette circonstance et on lui envoya un ordre de rejoindre son corps avec les conscrits du XIIᵉ arrondissement, qu'il habitait comme domicilié à l'Observatoire.

Arago fit les démarches nécessaires pour obtenir sa radiation mais l'autorité militaire fut inflexible.

« Très bien ! répliqua Arago j'obéirai mais je me rendrai à la place du Panthéon qui est le lieu de rassemblement des conscrits de l'arrondissement en grand uniforme de membre de l'Institut. C'est ainsi que je traverserai tout Paris. »

Napoléon n'avait absolument aucun titre scientifique mais il avait le mérite de comprendre l'avantage qu'il tirerait du titre de membre de l'Institut. Dès qu'il fut de retour à Paris après la campagne d'Italie il profita de la gloire qu'il avait acquise sur les champs de bataille pour se faire nommer. Il tint à faire quelques rapports qu'on lui confia sur des sujets insignifiants et qui ont si peu de valeur que les éditeurs de ses œuvres les ont toujours systématiquement omis. Mais il s'arrangea de manière pendant le Consulat à présider des séances d'apparat. Lorsqu'il écrivait des proclamations pendant l'expédition d'Egypte il les signait orgueilleusement : « Le membre de l'Institut, Commandant en chef de l'armée d'Orient. » Les bureaucrates du ministère de la guerre qui savaient qu'Arago était homme à tenir sa parole reculèrent devant un scandale dont l'hôte des Tuileries les aurait certainement rendus responsables, et l'avare conscription lâcha sa proie.

Par cet acte de courage et d'énergie Arago conserva son indépendance absolue et put se livrer à la culture des sciences et à la propagande politique qu'il fit jusqu'à son dernier soupir en faveur de l'idée républicaine à laquelle il était invariablement attaché.

ÉPILOGUE

ÉPILOGUE

I

L'attitude d'Arago à l'École Polytechnique lors de la proclamation de
l'Empire, a été la règle uniforme de la
conduite politique de ce grand homme
pendant toute sa glorieuse carrière.
Jamais il n'a cessé d'être un ardent apôtre des idées républicaines telles que les
comprenaient Condorcet et Vergniaud, qui lui ont toujours servi de modèles.

L'espace dont nous disposons ne nous permet pas de raconter avec tous
les détails nécessaires la vie du jeune académicien qui a été activement mêlé
à tant d'événements mémorables, et dont le génie s'est exercé sur plus de
sciences différentes auxquelles il a rendu des services inoubliables.

Malgré son format, ce volume ne suffirait pas à faire comprendre le rôle d'Arago si nous le suivions pas à pas comme le font les biographes lorsqu'ils ont à retracer une existence ordinaire.

Laissons s'écouler plus de quarante années de cette carrière brillante pendant lesquelles François Arago n'a point cessé un seul instant de concentrer l'attention des deux hémisphères.

Interrogé par un puissant monarque sur ce qui constituait l'homme heureux, un sage de l'antiquité répondit prudemment que l'on ne pouvait dire avant l'époque de sa mort, si un homme avait été favorisé dans sa vie. Bientôt ce grand prince qui se croyait au comble de la fortune fit l'épreuve sur lui-même de la sagesse de l'avis que Solon lui avait donné.

François Arago est une autre preuve du retour des choses humaines. En effet, cet homme illustre a eu toute la gloire et toute la satisfaction intellectuelle que sa vive imagination pouvait désirer. La richesse, qu'il ne possédait pas, ne lui a jamais manqué, car jamais il n'a daigné ramasser de l'or, et son mépris pour la fortune éclatait dans tous les actes de sa vie.

Il est parvenu au comble des fonctions publiques, et au sommet de la science humaine. Il a joui d'une popularité sans rivale. Sous ses yeux, de son temps, ses idées théoriques et ses inventions pratiques ont prospéré et se sont développées d'une façon merveilleuse.

Il n'a jamais senti le besoin de briguer les distinctions qui sont venues le trouver toutes seules. Il n'a point eu la peine de chercher les moyens de mettre en évidence la profondeur de son génie. En effet, l'éclat de son mérite brillait spontanément comme celui du soleil, qui faisait pâlir celui des planètes politiques et scientifiques qu'il traînait dans son orbite.

Cependant, de toutes les tortures morales, il a connu la plus grande.

La proclamation de la République de Février, dont il était l'incarnation, a conduit la France au pire de tous les despotismes. Le suffrage universel qu'il avait très éloquemment et très impérieusement réclamé, il avait eu la joie de le proclamer, et cependant quel usage en avait fait ce peuple qu'il aimait si profondément et dont il avait été l'idole!

Au mois de juin 1848, il avait vu s'élever contre lui-même les barricades qui s'étaient dressées en juillet contre les ordonnances du ministère Polignac, et en février contre le ministère Guizot. Vainement, il avait offert sa poitrine au feu des insurgés pour leur adresser des exhortations sublimes. Ces insensés, dociles comme l'histoire l'a montré, aux excitations des agents des prétendants, et à l'or de l'étranger, avaient repoussé cet appel à l'humanité, à la patrie, à la raison, François Arago avait dû laisser les boulets et la mitraille de la République faire leur œuvre !

Peu s'en fallut que comme un héroïque archevêque il ne versât son sang

sur les pavés de cette ville qui lui devait tant et que lui aussi, comme Monseigneur Affre il ne périt en essayant de sauver son troupeau.

Sans articuler une plainte, François Arago descendit noblement du pouvoir et continua sa vie de labeurs incessants. Il ne déserta pas, pour cela
les Assemblées nationales où il essayait de faire comprendre la nécessité de
l'union de tous les amis du peuple en un faisceau indestructible.

Les complots contre lesquels son cœur et sa raison, son expérience
avaient lutté en vain, réussirent. Le coup d'État éclata, et la nation ne conserva que l'ombre de la liberté qu'Arago avait proclamée.

Dès que le Prince Président eut parachevé l'œuvre de sa Constitution
Républicaine tous les fonctionnaires furent appelés à prêter serment de fidélité à l'homme qui venait de violer le sien d'une façon si mémorable.

On considéra le directeur de l'Observatoire de Paris comme un fonctionnaire assujetti à cette formalité humiliante. François Arago fut donc convoqué au ministère de l'Instruction publique pour la remplir officiellement avec
les autres personnes entre les mains du Chef de l'Instruction publique. Le
secrétaire perpétuel de 1852 se trouvait donc dans la même position que le
polytechnicien de 1804 lorsque le général Lacué venait faire jurer dans le
grand amphithéâtre. Cette fois, il ne se contenta point de dire « présent », il ne
se rendit point à la rue de Grenelle. Il y envoya une lettre mémorable dans
laquelle il exposait noblement les motifs de son refus, et annonçait l'intention
de quitter la France pour aller chercher un observatoire où il pût étudier les
astres sans déshonorer sa conscience.

Arago vit se reproduire les scènes qui avaient attristé sa jeunesse et qui
avaient donné tant de force à ses convictions républicaines. En effet le second
empire mit en quelque sorte son honneur à être le plagiaire du premier, et à
copier son devancier jusque dans les moindres détails. On vit quarante-huit
ans après ces tristes parodies, les mêmes exemples scandaleux de servilité,
succédant comme la première fois à l'explosion d'une turbulence ingouver-
nable ! Mais au lieu de plusieurs années les phases de la transformation ne
mirent cette fois que plusieurs mois à s'accomplir.

Pour l'honneur du nom français, Arago fut bien loin d'être seul à prendre
une résolution aussi digne d'un républicain. Elle serait longue la liste des
amis dont nous avons depuis lors serré tant de fois la main loyale, et qui
n'ont point hésité à briser leur carrière, à braver la misère, pour protester
contre l'établissement d'un régime de fraude et de violence.

Malgré les avis d'un ministre qui voulait sévir, le Prince Président recula
et rendit un décret par lequel Arago était par exception, dispensé de prêter
le serment constitutionnel. Mais nous allons voir que là ne se borna point la

sollicitude du Prince Président, même lorsque, parvenu au comble de ses désirs, il eut rétabli le trône de son oncle.

Comme nous l'avons dit un peu plus haut, les événements se succédèrent beaucoup plus rapidement qu'en 1804.

Tout en suivant les mêmes ornières sanglantes et boueuses, Louis-Napoléon doubla ses étapes, son char était traîné par tant d'arrivistes.

A peine la Constitution rédigée par le Prince Président, avait-elle été promulguée, que le Gouvernement organisa de toutes parts un mouvement révisionniste. Les agitateurs qui avaient excité les gens simples contre la Constitution Républicaine, comme n'étant point assez libérale, furent employés cette fois pour démontrer que la Constitution Présidentielle n'offrait point assez de garanties pour l'ordre public.

Ce spectacle attristait profondément Arago dont le frère Etienne et le fils aîné étaient en exil, dont la plupart des amis étaient proscrits, déportés, internés ou suspects et réduits à la misère.

Les travaux continuels auxquels François Arago s'était livré sur les diverses branches de l'optique et notamment sur la constitution du soleil, avaient affaibli depuis longtemps la vue qu'il avait primitivement excellente. Mais il existait dans sa famille une malheureuse tendance à cette affection terrible qui se nomme l'amaurose. Une de ses sœurs et son frère Jacques, en avaient été successivement atteints. Quoique doué d'une humeur gaie et égale, le grand astronome n'envisageait pas sans terreur l'approche de ces ténèbres, pires certainement que celles de la mort, dont elles ne sont pas toujours le rapide pronostic.

Sa dernière apparition sous la coupole eut lieu en 1852, peu de jours seulement après la proclamation de l'Empire.

L'affluence qui est toujours considérable avait été cette fois immense, presque sans précédent; quoiqu'Arago ne marchât point sans quelque difficulté, il n'avait besoin de s'appuyer sur personne. Sa taille n'avait rien perdu de son élévation.

Ses traits avaient conservé leur expression ordinaire. Sa voix éclatait avec toute sa sonorité; ses gestes avaient leur éloquence et ses yeux leur feu habituel. Il était cependant légèrement amaigri, les rides de son front étaient plus profondes et ses cheveux avaient une couleur plus blanche. Mais sur toute sa figure était répandu un air de résolution inébranlable, de détermination courageuse. Le discours qu'il venait de prononcer était un acte, comme celui qui sortit de sa bouche en 1830 au moment où paraissaient les ordonnances.

En effet, l'éloge de Gay Lussac qu'il venait lire, était une des défenses les plus éloquentes de l'école Polytechnique, qui aient été jamais prononcées.

lorsque cette institution républicaine s'est trouvée menacée soit par les fantaisies despotiques d'un pouvoir oppresseur, soit par les jalousies des institutions analogues, ce qui est arrivé à plusieurs reprises dans notre histoire. En pareille occurence, la lecture du discours d'Arago fournirait certainement des arguments sans réplique. En effet le résultat de cette manifestation fut décisif. Les applaudissements du public qui avait entendu cette admirable harangue, purent être reproduits par la Presse que le régime des avertissements n'atteignait point en matière historique et scientifique. Le despotisme n'a jamais pu trouver en France de forme assez parfaite pour que les élans de l'opinion soient complètement paralysés et que les mouvements généraux

Jean-Augustin Barral, agronome, chimiste et physicien, répétiteur de chimie à l'École Polytechnique lorsqu'il était secrétaire d'Arago, Il fut plus tard le directeur de la publication de ses œuvres complètes. Sa mémoire était si grande, qu'il ne prenait jamais de note et revenait le lendemain rapportant mot par mot ce qu'Arago lui avait dit.

ne puissent se produire d'une façon souveraine. L'École était sauvée par le dernier effort d'éloquence du tribun savant qui lui devait tant ; mais qui n'a jamais laissé passer une occasion sans lui rendre ce qu'il lui devait avec usure.

Pendant quelques mois encore, Arago se rendit à l'Institut, et chaque lundi il remplissait les fonctions de secrétaire perpétuel avec sa ponctualité ordinaire. Mais si le régime nouveau avait imprimé une activité extraordinaire aux affaires ; s'il régnait un mouvement argentique à la Bourse auprès de la Corbeille, le mouvement scientifique était considérablement ralenti ; en dépit de tous ses efforts, Arago ne pouvait rendre aux séances leur ancien attrait.

Puis, le mal qui le rongeait prenait petit à petit des proportions de plus en plus considérables ; ses forces s'épuisaient visiblement. Elles n'arrivaient plus au niveau de son courage qui était véritablement admirable.

Jamais Arago ne fut véritablement grand que dans ces moments terribles. En effet, comme il sentait sa fin prochaine, il ne songeait pas seulement à ses devoirs envers l'Académie, il songeait à ses devoirs envers lui-même, et envers les siècles futurs !

Il préparait l'édition de ses œuvres complètes, de ces mémoires, de ces discours, de ces notices éparses dans une foule de volumes et œ collections différentes.

C'est au commencement du mois d'août 1853, qu'il vint pour la dernière fois occuper le siège dans lequel, il avait annoncé tant de fois des découvertes surprenantes dont le développement aurait suffi largement à faire la gloire du XIXᵉ siècle, et contribuer si puissamment à celle du siècle qui commence.

Ainsi que l'on ne saurait trop le répéter, Arago était l'ennemi des Sinécures. De son lit il pouvait encore diriger l'Observatoire, grâce aux dévouements passionnés dont il était environné, mais il n'en était pas de même du secrétariat de l'Académie des Sciences. Il envoya donc sa démission à l'Institut. Mais ses confrères se refusèrent de l'accepter et son collègue Flourcas fut seul chargé du soin de dépouiller la correspondance.

**

La chambre où Arago a éprouvé les dernières douleurs faisait partie d'un appartement auquel on accédait en traversant la salle du premier étage. Il est occupé par le cabinet de M. Lœvy et par celui de M. Fraissinet, secrétaire de l'Observatoire, qui remplit depuis trente ans les fonctions par lesquelles Arago a débuté dans l'établissement il y aura bientôt un siècle.

Le Cabinet de M. Fraissinet est séparé par une simple porte de la Bibliothèque, où j'ai pris une partie des notes nécessaires à la rédaction de cet ouvrage. Car le successeur d'Arago qui a toujours montré le plus grand zèle, ainsi que M. Lœvy lui-même pour la glorification d'un tel homme a mis les archives à ma disposition, avec une bienveillance dont je tiens à le remercier au nom des amis de la gloire de la France.

C'est dans cette salle qu'Arago a rendu le dernier soupir. Son lit simple et sans baldaquin, un simple lit de fer occupait le fond de la pièce, qui était presque nue et ne contenait que des amas de livres. C'est là que j'ai vu le grand homme pour la dernière fois en février 1853, circonstance qui me revenait de temps en temps comme une vision funèbre, lorsque je traçais ces lignes émues dans sa chambre mortuaire.

C'est de ce lit qu'Arago a dicté à Barral, un de mes maîtres en science et en journalisme, les trois premiers volumes de son Astronomie Populaire.

C'est sur ce lit que Mme Laugier sa nièce qui soignait le moribond avec un dévouement filial le trouva expirant au moment où la maladie qui l'accablait semblait céder aux traitements savants et énergiques.

EMMANUEL ARAGO

Fils aîné de l'astronome, mort secrétaire inamovible et ambassadeur
de la République Française auprès de la République Helvétique.

II

Le 3 octobre 1853, survint cette catastrophe, qu'il n'était que trop facile de prévoir. Arago n'allait compléter sa 68ᵉ année que dans 116 jours.

C'était précisément un lundi, vers midi, et l'Académie des Sciences qui se réunissait à 3 heures fut immédiatement prévenue. Les membres, dirent les « comptes rendus », cette fois au moins, fidèle miroir de la Vérité, se dispersèrent en donnant des signes de leur douleur. Ceux mêmes qui allaient voir leur ambition assouvie, partageaient en apparence les sentiments sincères de leurs confrères.

A cette époque, la presse républicaine était réduite à un mutisme absolu. Aussi les rédacteurs devaient-ils remuer plus de trois fois la plume dans le fond de leur écritoire avant de tracer une seule ligne. Le « Siècle » annonça donc la mort de François Arago sans commentaires. Cependant il convoqua la population parisienne aux funérailles. Jamais appel rédigé en termes prétentieux et sonores, ne produisit un effet aussi foudroyant que cet avis laconique.

Le matin même de la cérémonie, Havin, collègue d'Arago dans les Assemblées délibérantes, reproduisit dans les colonnes de cette feuille les nobles paroles prononcées par Arago, le 16 mai 1840, en présentant des pétitions pour l'adjonction des capacités à la liste électorale.

Dans son discours, Arago allait plus loin que ses clients : il demandait l'établissement du suffrage universel, qui parut lui donner tort en ce moment, puisqu'il venait de produire l'empire.

Mais il faut voir autre chose dans cette citation qu'une brûlante allusion, destinée à servir de critique et d'avertissement. Il y a aussi l'affirmation d'un principe politique auquel Arago est resté fidèle, car jamais il n'a voulu consentir à l'adoption des lois restreignant l'usage du droit électoral. Sa confiance dans les consultations populaires loyalement pratiquées est restée entière. Certainement il est mort sans avoir regretté l'acte mémorable du Gouvernement provisoire, qui d'un trait de plume déclarait qu'il n'y avait plus en France d'ilote politique. Est-ce que plus de trente ans de régime républicain, ne démontrent pas la sagesse et la fécondité de ce système électoral. Quel esprit chagrin et morose après une expérience d'une durée aussi sérieuse, oserait soutenir qu'Arago aurait dû prévoir, que nous ferions de nos droits souverains le même usage que des nègres d'Haïti dont on se serait borné à blanchir la peau et que c'était folie de traiter les Français comme des compatriotes de Washington ou de Guillaume Tell.

Conspirateur de profession Napoléon III était un trop fin politique pour négliger l'occasion qui le débarrassait d'un ennemi, sans accroître sa popularité. Le gouvernement déclara donc que les obsèques de François Arago seraient célébrées aux frais du Trésor public. Il compléta son accaparement des funérailles en se faisant représenter officiellement par des personnages de la Cour. Le maréchal Vaillant, grand maréchal du Palais, M. Ducos, ministre de la Marine et le comte Tascher de la Pagerie, aide de camp de l'empereur, prirent place dans des carrosses portant sa livrée.

L'empereur n'avait seulement pour but de bien faire comprendre à la masse des électeurs qu'il plaçait la gloire de la France au-dessus de ses antipathies dynastiques. Mais il visait déjà l'Institut car il avait l'ambition d'y entrer comme son oncle qu'il tenait à copier dans les moindres détails.

En rendant un éclatant hommage au savant et en affectant d'oublier complètement l'homme politique, Napoléon III, pensait arriver à se concilier l'esprit des amis d'Arago. Pendant toute la durée de son règne il prépara une candidature qui ne pouvait aboutir, que si les mitrailleuses avaient amené les Français à Berlin et non les Prussiens sous les murs de Paris.

La famille protesta courageusement contre de tels agissements, par la rédaction même de la lettre de faire part. On ne fit pas suivre le nom de l'illustre défunt de la mention de ses fonctions scientifiques. On omit le nom de toutes les Académies du monde qui l'avaient spontanément nommé un de leurs membres, on ne fit pas l'énumération pompeuse de toutes les décorations dont tous les monarques de l'Europe l'avaient comblé. Sur le cercueil on ne mit même pas la croix de la Légion d'honneur.

On s'attacha à faire comprendre que les hommages rendus par le vainqueur de Décembre ajoutaient comme un nouveau deuil à celui que l'on portait.

Ni Emmanuel le fils aîné d'Arago, ni Etienne son plus jeune frère n'avaient demandé l'autorisation de venir à Paris, pour assister aux obsèques. Leur place était restée vide, en tête du cortège. Le deuil était mené par le second fils Alfred, artiste peintre, Jacques le frère aveugle, l'astronome Mathieu, beau-frère d'Arago et Laugier l'astronome qui avait épousé la nièce d'Arago, cette femme dévouée qui avait recueilli les derniers soupirs du vieillard rendant sa grande âme à Dieu.

La présence des grands officiers de la couronne avait fatalement écarté les membres du Gouvernement provisoire. Ni Garnier Pagès, ni Lamartine n'avaient cru qu'il fût possible de marcher derrière les voitures de l'auteur du Coup d'Etat. Le général Cavaignac qui dirigeait le journal le *Siècle*, et qui inspira dans ces tristes circonstances, la ferme certitude de cette feuille républicaine, s'était également abstenu.

Mais les membres de l'Académie des Sciences et des autres classes de l'Institut étaient nombreux. On y voyaient Lionville, le grand mathématicien, ami intime et confident d'Arago, le général Poncelet qu'Arago avait placé à la tête de l'École Polytechnique, Pouillet qu'il avait fait nommer directeur du Conservatoire des Arts et Métiers, et qui, comme le vaillant général, avait été une des premières victimes de la réaction, Lamé, Duhamet et tout ce que

ÉTIENNE ARAGO
Maire de Paris pendant le siège, conservateur du Musée
des artistes vivants.

Paris possédait alors d'Ingénieurs, de Physiciens et d'hommes de pensée conservant dans leur cœur le culte de la Liberté.

* *

Les organisateurs de cette cérémonie funèbre, avaient apporté un soin tout particulier au choix des porte-cordons. Comme il est de règle en pareille circonstance, la majeure partie avait été réservée à de grands personnages qui devaient prononcer des discours en présence du cercueil, mais on en avait réservé deux, l'un à un ouvrier d'un atelier d'optique et l'autre à un élève de l'école polytechnique. Ces deux représentants de la jeunesse laborieuse avaient été choisis librement par leurs pairs.

Le temps n'avait point été favorable aux obsèques, cependant la pluie battante qui tomba pendant toute la journée du 5 octobre ne découragea pas la foule. On vit accourir une immense multitude déterminée à accompagner à sa dernière demeure le savant républicain qui depuis si longtemps captivait la sympathie des penseurs du monde entier.

Le gouvernement impérial avait massé des troupes, moins peut-être pour rendre hommage au défunt que pour être à même de réprimer un mouvement populaire. Comme la police affectait à tort d'avoir des craintes, elle ne laissait entrer dans l'intérieur de l'église Saint-Jacques-du-Haut-Pas, où avait lieu l'office funèbre, que les personnes munies de cartes. La précaution était inutile, elle avait pour but d'empêcher un encombrement qui n'était point à redouter. En effet, l'église était presque vide. La plupart de ceux qui faisaient partie du cortège restaient systématiquement en dehors du mouvement.

La manifestation véritablement religieuse fut toute spontanée. Elle eut lieu devant la Colonne de Juillet. En présence de ce monument rappelant deux victoires du peuple, puisque les victimes de Février y sont également ensevelies, toutes les têtes se découvrirent devant la liberté qui, ainsi que la science avait été l'idole du grand mort que l'on enterrait.

La Police affecta aussi de craindre l'effet des discours prononcés au Père-Lachaise mais les orateurs s'étaient bien donné garde de soulever l'enthousiasme.

Aucune allusion politique ne fut faite dans ces harangues, où l'on affecta de ne voir dans Arago que le directeur de l'Observatoire et le secrétaire perpétuel de l'Académie des Sciences.

En ce jour de deuil commença cette mutilation du grand homme dont l'œuvre comme la vie forme un tout inséparable.

Car son immense mérite est d'avoir tenté de faire comprendre aux savants que leur science est inutile si elle ne contribue pas à l'amélioration du sort de la race humaine et à l'indépendance de la raison.

D'autre part il ne cessa jamais d'insister auprès de ses collègues des assemblées délibérantes pour leur faire comprendre que le but de la politique doit être d'appliquer la science à l'établissement de rapport rationnel entre les hommes des différentes nations et les différentes nations de la terre.

Il s'appliqua à ouvrir la voie indiquée par Condorcet, que Thiers et Barthélemy Saint-Hilaire et Wallon ont suivie, et que M. Berthelot a cherché à indiquer à différentes reprises.

L'esprit exclusif et mesquin dont les orateurs du 5 octobre ont fait preuve était poussé si loin que l'amiral Baudin ne fit même pas mention de l'abolition des peines corporelles dans la marine.

La famille avait réservé un tour de parole à Barral, le dernier secrétaire de François Arago, le jeune et déjà célèbre chimiste aéronaute qui l'avait assisté à son lit de mort quelques heures peut-être avant le fatal événement et qui avait recueilli ses dernières pensées.

Ecrasé sous le poids d'une situation désolante, Barral ne put prononcer que quelques paroles entrecoupées par des sanglots.

Cependant il eut une belle inspiration qui contraste avec la froideur étudiée des « académiciens » n'ayant pas un mot d'éloge pour le « patriotisme » et l'esprit généreux du grand citoyen dont la dépouille mortelle était devant eux. « Travaillons, travaillons, dit-il, et c'est par le travail que nous pourrons récupérer ce que nous avons perdu. »

Plus froid, plus méthodique Delestre, le dernier orateur, parvint à faire un discours tellement incisif dans sa forme bénigne que le « Siècle » hésita plus d'un jour avant de l'insérer.

Delestre était un artiste peintre possédant une belle maison dans le haut de la rue Saint-Jacques. C'était un excellent républicain qui habitait le quartier depuis son enfance, et connaissait intimement Arago. Il était au courant de tous ses projets d'édilité publique, et sous une forme modeste il avait soulevé des questions fort gênantes pour le nouvel Empereur. En effet, une de ses prétentions les plus chères était d'avoir inauguré le régime des grands travaux à Paris.

Certainement l'empire a eu le mérite de les avoir exécutés peut-être plus rapidement mais bien moins économiquement que la République ne l'aurait fait. En tout cas on peut dire que tout ce que Haussmann a fait de grand et d'utile, Arago l'avait certainement étudié et préparé.

Pendant tout l'Empire, les républicains avaient des lieux de réunion secrets, des petits cercles privés qui étaient en communion d'idées et en communication constante. Dans ces foyers les âmes se retrempaient et l'on avisait de son mieux au moyen de galvaniser l'opinion publique et de défaire l'Empire en détail en lui arrachant petit à petit quelques lambeaux des libertés qu'il avait supprimées en une seule nuit. Delestre était un des propagandistes les plus actifs et c'est chez lui que se réunissaient les principaux chefs de l'opposition souterraine mais active et puissante contre laquelle l'hôte des Tuileries se débattait en vain.

Qu'il soit permis de rappeler ces éminents services, à propos du discours spirituel et courageux, dans lequel cet excellent homme rappela un des grands actes oubliés de la vie de François.

Il raconta une anecdote fort plaisante faisant honneur à l'esprit naturel autant qu'à l'indépendance d'Arago.

Lorsque le comte de Paris vint au monde, les courtisans pensèrent que la capitale devait mettre une épée d'honneur dans le berceau d'un enfant qui pendant de longs mois n'aurait besoin que du sein de sa nourrice. Ils pensèrent que ce présent accompagnerait bien un hochet que le vieux grand-père y avait déposé, et qui se nommait le cordon de la Légion d'honneur.

Arago s'opposa à cette libéralité. Pour en mieux faire ressortir tout le ridicule il obtint que la destinatation de la somme proposée fût changée et qu'elle fût versée au nom du Prince entre les mains de la commission du monument de la Fontaine Molière.

Arago s'intéressait passionnément aux suites de cette manifestation si parisienne, mais ce monument n'est pas le seul qui soit dû plus ou moins directement à Arago.

Ce fut lui qui arrêta le bras des Vandales sur le point de démolir la tour Saint-Jacques et qui décida la ville à faire l'acquisition de ce reste admirable de l'architecture du Moyen-âge. La conservation de cette petite sœur aînée de la Tour Eiffel est due à son amour éclairé des arts. C'est encore à lui que l'on doit la conservation de l'hôtel de Cluny aujourd'hui transformé en musée.

Les délibérations du conseil municipal n'étaient pas publiques, on n'en connaissait le sommaire que par les projets de loi qu'Arago présentait de temps en temps à la Chambre des députés. Il y parlait le plus souvent non seulement comme membre mais encore comme président. Il serait à désirer que les Sociétés d'antiquaires qui s'occupent de ce qui se passa à Paris du temps des Mérovingiens s'occupent de l'histoire du conseil municipal de Louis-Philippe et résument l'histoire d'une période si essentielle à la restitution de la gloire d'Arago.

*_**

L'étrange cérémonie du Père-Lachaise fut commentée par la presse. Le « Journal des Débats » organe du parti orléaniste ne pouvait louer sans restrictions le membre du Gouvernement provisoire de Février. Saint-Marc Girardin reprocha à Arago d'avoir dédaigné d'entrer à l'Académie française. Il affecta d'oublier que cette abstention n'était pas dictée par un mépris de la gloire littéraire, mais par la haute idée de rétablir l'unité de l'Institut, c'est-à-dire de remettre en vigueur la grande idée de la Convention nationale de créer une encyclopédie vivante, de réunir toutes les classes dans une seule et grande assemblée représentant le savoir humain!

Le « Moniteur universel », organe officiel de l'Empire, ne pouvait garder le silence.

Sainte-Beuve ancien rédacteur du « Globe », ancien rédacteur en chef du « National », ancien Jacobin, ancien socialiste, était passé avec son talent littéraire au service du gouvernement issu du crime de Décembre.

Doué d'un véritable talent littéraire, écrivain érudit et brillant, excellent

pour critiquer les œuvres des autres, ne manquant que de génie pour bien
faire lui-même, Sainte-Beuve prit Arago à partie et. il lui reprocha sous une
forme ingénieuse de ne point avoir su se borner à faire de la science. Il dit
que l'on devrait ériger à Arago deux statues. Dans la première, on le pré-
senterait jeune, au début de la vie, accomplissant des découvertes brillantes,
immenses. Le front haut, l'air triomphant sûr du passé et sûr de l'avenir.

Dans l'autre au contraire on verrait le vieillard les traits altérés, la tête
penchée vers la terre, le front soucieux, accablé de regrets et peut-être de
remords. Cette statue dans laquelle on verrait comme dans la première un air
de grandeur servirait à détourner les savants de l'idée d'imiter jamais le
célèbre directeur de l'Observatoire.

De quel droit Sainte-Beuve ose-t-il attribuer au grand Arago des sentiments si indignes de son noble caractère.

Condorcet qu'Arago a pris pour modèle, l'illustre Condorcet a été bien
plus malheureux encore qu'Arago.

En effet, Napoléon III a reculé devant une prétention qui aurait obligé
Arago à s'exiler de France, à quitter l'Observatoire, à aller gagner son pain
sur une terre étrangère!

Mais Condorcet était proscrit errant! Les anarchistes terroristes avaient
dispersé l'Académie des sciences.

Les Tricoteuses de la guillotine qui avaient vu couler le sang de Lavoisier
attendaient l'arrivée de Condorcet dans la charrette quotidienne de la Con-
ciergerie.

Si les furies de la Place de la Révolution n'ont pu respirer le fumet du
sang de Condorcet c'est qu'il portait dans une bague un poison aussi puissant
que celui dont Démosthène s'est servi pour échapper aux satellites de Philippe de Macédoine!

Cependant à quelle œuvre Condorcet employait-il ses heures de réclusion
dans l'asile précaire d'où la pusillanimité de son hôte devait bientôt le chasser?
Il écrivait la « Philosophie du Progrès », il affirmait que l'espèce humaine a été
créée pour le bonheur et qu'elle réalisera sa destinée par la Liberté et par la
Science!

Pourquoi veut-on que l'âme d'Arago ait été moins sereine en présence de
ce qui se passait autour de lui dans ses derniers jours. Il avait assez de philosophie, assez de science historique pour prévoir que l'éclipse de la Justice
et de l'escroquerie de la souveraineté populaire n'aurait qu'une durée éphémère. Sa conscience était pure et c'était la tête haute qu'il se préparait à ce
grand voyage dont aucun homme ne retourne. Digne couronnement de sa vie,
sa fin a été celle d'un sage.

Il a montré aux savants l'usage qu'ils doivent faire de leur science, s'ils

veulent être dignes des connaissances qu'ils prétendent posséder et dont ils
sont les infidèles dépositaires, s'ils ne cherchent pas à s'en servir pour éclairer
les assemblées représentatives.

S'il arrive que les naturalistes, les physiciens, les chimistes et surtout
les astronomes ne suivent pas assez l'exemple d'Arago, alors on verra la
valeur intellectuelle des sénateurs, des députés, des conseillers généraux, des
conseillers municipaux, diminuer d'année en année en raison inverse du carré
de la diffusion des lumières! En outre, les savants s'isolant dans leurs collections, leurs laboratoires, leurs bibliothèques et leurs observations poursui-
vront des recherches oiseuses, de simple érudition; ils remplaceront l'expérience par la résolution intégrale d'équations chimériques, ils s'attacheront
à des théories toujours provisoires, ils perdront de vue cette philosophie
généreuse de Platon, de Sénèque, de Descartes, de Cousin, de Thiers, de
Barthélemy Saint-Hilaire et d'Arago.

Les Académies se peupleront d'hommes dont le génie ne dépasse jamais
une catégorie inférieure, et qui sont prêts à être les zélateurs de tout ministère
les exécuteurs dociles de tous les caprices d'une majorité quelconque et qui
finissent par être les serviteurs du Budget beaucoup plus que ceux de la
France. Si les savants ont besoin du public, le public a besoin des savants ni
les uns ni les autres ne peuvent se passer les uns des autres.

III

L'article de Sainte-Beuve ne pouvait passer inaperçu à l'étranger, le fils
et le frère d'Arago qui se trouvaient alors en exil à Bruxelles eurent l'idée de
répondre par une publication populaire montrant qu'Arago avait toujours
été aussi bon citoyen que grand astronome et physicien distingué. On y voit
en effet comme le futur secrétaire perpétuel de l'Académie des Sciences fût
conduit à détester le despotisme qu'il avait vu naître en France dont il avait
failli être victime en Espagne et dont il avait constaté les effets désolants en
Algérie. Ce livre remarquable mais dont on ne pourrait plus comprendre
aujourd'hui la portée s'il n'était éclairé par des commentaires fut imprimé
en caractères diamants et petits formats afin d'être introduit en France par
la contrebande. C'est ainsi que nous en avons pris connaissance avant qu'il
ne fût réimprimé en partie dans les œuvres complètes. Il est précédé d'une
introduction due à Alexandre de Humboldt. L'illustre ami d'Arago ne manquait point de rappeler qu'il avait envoyé au Lazaret d'Alger la première
lettre que reçut Arago de Paris et qu'il lui avait alors offert spontanément

Statue d'Arago à Estagel, par Oliva son compatriote.
Érigée aux frais du député bonapartiste de la ville, dans un but
qui se comprend aisément.

son amitié. Puis il ajoutait que s'il avait pris cette décision c'était à la recom-
mandation du mathématicien le plus célèbre de l'époque, l'illustre Lagrange.
Celui-ci avait eu l'occasion d'apprécier le génie d'Arago et avait prédit à
Humboldt que ce jeune homme fournirait une brillante carrière.

Ce témoignage est d'autant plus précieux qu'on ne connaît point de travaux
mathématiques d'Arago et que le souvenir de ses cours de l'Ecole Polytechnique a péri d'une façon complète.

Ce que l'on sait c'est qu'il ne croyait pas que l'étude des hautes mathématiques fût absolument nécessaire pour suivre avec fruit un ouvrage d'astronomie descriptive, qu'il était éloigné de prendre pour son enseignement l'or-
gueilleuse devise de Pythagore « que nul n'entre ici s'il n'est géomètre ». En
effet en tête de son « Cours d'astronomie populaire » il a eu soin de démontrer
toutes les connaissances indispensables pour l'étudiant il a rédigé avec son
talent ordinaire un cours très simple des premiers éléments de la géométrie.
Il ne dédaignait pas de donner verbalement cette partie de son cours dans
l'amphithéâtre aujourd'hui détruit de l'Observatoire. C'était un curieux spectacle disait M. Faye, que de voir le recueillement avec lequel l'auditoire composé en partie de savants de grande réputation écoutait ctte leçon d'introduction qu'Arago considérait comme indispensable.

En effet il y attachait toute l'importance d'une véritable manifestation
scientifique. Dans ces pages fort remarquables, et que l'on pourrait utilement
mettre entre les mains des maîtres d'école, Arago protestait avec sa vigueur
et son esprit ordinaire, contre la manie de certains astronomes qui ne peuvent ouvrir la bouche sans qu'il en sorte une chaîne d'équations. Jamais
Arago, même dans ses ouvrages techniques n'introduisait de formules sans
s'y voir obligé.

✳

Le vœu de l'avocat des Tuileries a été exaucé beaucoup plus complètement
qu'il ne le pensait, en ce sens que le grand homme dont il critiquait la conduite
d'une façon si mordante a eu plus de deux statues dont Sainte Beuve réclamait l'érection.

Si le sculpteur à qui l'on doit celle qui a été édifiée sous l'Empire ne s'est
point inspiré du vœu détestable exprimé par Sainte-Beuve, c'est parce
qu'Oliva était compatriote d'Arago et que son ciseau a peint avec amour les
traits qu'il chérissait depuis son enfance. Mais tous les discours prononcés
sous l'empire et même pendant les premières années de la République pouvaient avoir été inspirés par l'écrivain officiel.

C'est pour ainsi dire, en comparant la manière dont la cérémonie a été
organisée, dont les discours ont été rédigés que l'on se rend compte des pro-

grès de l'Esprit public, que l'on voit la Liberté refleurir. On assiste à la renaissance de nos institutions républicaines et à leur consolidation définitive. En outre on recueille chemin faisant une moisson de plus en plus abondante de faits curieux instructifs. On voit revivre Arago tout entier en analysant les éloges dans lesquels ses différents apologistes ont mis ce qu'ils avaient d'âme et de science. C'est ce spectacle que nous allons offrir aux lecteurs du présent volume et dont nous ne cacherons point que la diatribe de Sainte-Beuve nous a donné l'idée.

***

La plus éloquente réponse aux sophismes de Sainte-Beuve fut faite par un banquier célèbre non seulement par la hardiesse de ses spéculations, et par sa grande fortune, mais par son passage dans les rangs des saint-simoniens dans lesquels il avait passé, avant de s'enrôler sous la bannière de Napoléon III.

Celui-ci n'attendit même pas d'être empereur pour en faire un candidat de son gouvernement, et pour présenter son nom aux suffrages des Roussillonais.

Tout alla comme sur des roulettes, aussi longtemps que l'on put dire, non pas comme en Orient : entendre c'est obéir, MAIS ENTENDRE C'EST VOTER.

Mais la comédie électorale ne peut toujours durer. Le grand nom d'Arago auquel les électeurs des Pyrénées-Orientales n'avaient jamais cessé de songer commença à faire rêver les pêcheurs et les paysans.

Le député des Pyrénées-Orientales sentit le besoin de retremper sa popularité. Il n'y avait qu'un moyen efficace d'y parvenir, c'était de rendre à l'illustre enfant d'Estagel un hommage public au milieu de ces campagnes où ses yeux avaient contemplé pour la première fois la lumière, cette lumière qu'il devait puissamment analyser.

Une statue fut donc élevée en grande pompe sur la grande place de la petite ville dont il fut le plus illustre enfant.

Cette statue fut sculptée par Oliva, son compatriote, qui se rappelait avec orgueil avoir sauté sur les genoux d'Arago.

Oliva voulut en faire le chef-d'œuvre de sa vie. S'il se surpassa une fois peut-être ce ne fut que pour donner à la postérité une autre statue d'Arago dont nous parlerons plus loin.

Les discours prononcés peignent bien l'époque où la cérémonie fut célébrée.

L'éloge d'Arago a été écrit par Joseph Bertrand avec son esprit ordinaire. L'orateur excellait dans l'art de se jouer des difficultés qui auraient troublé plus d'un panégyriste. Napoléon III n'aurait pu y découvrir un mot qui blessât

sa susceptibilité impériale, ses débuts sont dignes du sujet et de celui qui
le traite.

« Les cimes élevées de la science, dit-il, sont inaccessibles au grand nombre, mais elles ne sont pas toujours inaccessibles. Parvenus au terme de la
gloire les savants véritablement illustres peuvent les gravir et y demeurer sans
cesser de se faire entendre à la foule. Tous n'ont pas tenté ce sublime effort.
Soit dédain, soit surtout impuissance, on a vu d'immenses génies se contenter
d'un petit nombre de disciples, laisser aux siècles le soin de faire fructifier leur
œuvre et de la répandre. D'autres, au contraire, aussi grands, mais plus
les hommes. Leur grande voix émeut alors par son éloquence, par le charme
humains n'oublient jamais que la vertu est le domaine commun de tous
d'un nom aimé, et par le prestige de la gloire! François Arago fut un de ces
athlètes de la pensée jouissant de ce beau privilège! »

Les allusions au rôle politique, sont des plus modestes, on sent que l'orateur marche sur un terrain brûlant. Il ne peut garder le mutisme complet des
discours du Père-Lachaise, mais il se renferme dans des éloges vagues. On
était en 1868. A ce moment l'empire sévissait dans toute sa force. Les discours qui suivirent et précédèrent celui du futur successeur d'Arago, furent
consacrés particulièrement à la gloire de l'empereur, de l'impératrice et du
prince impérial. La statue d'Arago fut saluée non pas de l'hymne national, mais
de la romance de là reine Hortense: « En partant pour la Syrie le jeune et beau
Dunois ». Un toast à Sa Majesté couronna le banquet dont cette solennité fut
couronnée.

Ces scandales qui montrent jusqu'où était descendue notre France, ins-
pirèrent à un compatriote d'Arago les paroles suivantes: « Le peuple était allé
par surprise à cette fête, il en revint désabusé. »

IV

A Perpignan l'on veille avec un soin jaloux sur tout ce qui touche Arago,
de loin ou de près.

Dans le musée on ne trouve pas seulement un buste de David d'Angers,
son collègue, son ami, mais une toile d'Alfred Arago, et une statuette en
cire sortie des mains de son frère qui mourut en Amérique sous l'uniforme
d'un général mexicain.

Lorsqu'Arago arriva à Perpignan avec son père il n'y trouva qu'un
collège municipal dont nous n'avons pas caché l'insuffisance.

Du temps où régnaient sur la Catalogne, les rois d'Aragon, il y avait à

Perpignan une université célèbre qui disputait à Salamanque le spectre du savoir de l'autre côté des Pyrénées.

Sous la monarchie des Bourbons ce foyer intellectuel s'était éteint sagement, centralisatrice en matière de haute éducation, la grande Révolution n'a pas cherché à la rallumer.

Perpignan n'a pas récupéré cet honneur, mais la place de l'Université est remplie non sans éclat par une succursale du conservatoire de musique de Paris.

L'inauguration de la statue due à l'illustre Mercié a été accompagnée de l'exécution d'une cantate dans laquelle le directeur de cet établissement national a mis tout ce qu'il avait d'âme et de sentiment.

L'orateur choisi cette fois n'était autre que M. Janssen le directeur de l'observatoire d'astronomie physique de Paris sis à Meudon.

M. Janssen peut être considéré comme un élève et un continuateur d'Arago.

Car de même qu'Arago a appris à le faire, ce savant emploie l'analyse des rayons solaires pour deviner leur nature, ainsi que celle des corps qu'ils traversent avant d'exciter notre rétine par ses pures et vivifiantes émissions.

Mais ce n'est pas seulement Arago qui est né dans les environs de Perpignan, c'est la théorie moderne des éclipses du soleil. C'est en 1842 que la ligne d'ombre de la grande éclipse du 8 août traversa les comtats du Roussillon, et que du haut de la citadelle Arago put l'observer, avec toutes les ressources de l'astronomie moderne dont il s'était entouré.

C'est à Perpignan que s'est accomplie cette grande révolution scientifique, exclusivement due au génie d'Arago.

Depuis qu'ils avaient cessé de trembler, ce qui prouve que la superstition elle-même peut être bonne à quelque chose, les hommes regardaient d'un œil indifférent ces magnifiques panaches de lumières étranges. Mais aujourd'hui grâce à Arago tout cela a changé. Il ne peut plus se produire une éclipse totale, sans que les savants les plus illustres accourent dans les régions lointaines inaccessibles, pour saisir ces précieux instants de ténèbres qui ont déjà jeté de si vives lumières dans notre astronomie. Ils ne sont point encore arrivés à comprendre qu'ils devraient ajouter à leurs bagages quelques-uns de ces ballons, que l'on trouve sur les champs de bataille, où coulait à flot le sang humain, mais non sur les champs de labeurs, où il suffit de la présence d'un grossier nuage pour ruiner les plus savants desseins. Mais s'ils s'exposent à revenir bredouille ils bravent les sarcasmes et les dépenses inutiles tant est séduisant le programme des questions, qu'ils ont à résoudre. Depuis quelque temps les compagnies de bateaux à vapeur envoient des navires qui reçoivent des passagers. On a vu de simples touristes braver

les glaces pour admirer ce spectacle sans rival. Quelquefois il s'y passe de
gracieuses idylles et plus d'un hymen consolide les nœuds formés ainsi sous
l'invocation d'Uranie! C'est en observant ces éclipses que l'orateur et Sir
Lockyer ont imaginé la méthode des protubérances, que l'on doit indirectement à la grande initiative d'Arago et à la merveilleuse éclipse de Perpignan.

La plus belle partie de l'astronomie moderne, celle qui passionne en ce
moment tous les esprits avides de sonder les secrets de la nature serait
inconnue si le génie d'Arago n'avait deviné la richesse et la portée des phénomènes que sa bonne fortune lui permettait, de recueillir si près de son
berceau.

Dans le siècle, dont nous venons de saluer l'aurore, plusieurs éclipses
magnifiques se présentèrent dans des conditions analogues à celles de 1842,
chaque fois que les fêtes de la science se reproduiront dans le midi de la
France, ou sur le sol espagnol, l'on se rappellera forcément le rôle immense
joué dans cette circonstance inoubliable par le grand Arago, dans la direction
nouvelle donnée à l'astronomie en 1842.

C'est depuis lors, que grâce à son esprit divinateur, les astronomes ont
compris qu'il ne suffit pas de connaître la loi des mouvements célestes, avec
assez de précision pour rédiger les éphémérides destinés aux navigateurs.

C'est lui, qui s'est mis à la tête des nouveaux Titans scientifiques, dont
les instruments d'optique cherchent à escalader l'Olympe afin de dévoiler les
mystères de la constitution des cieux.

V

A l'Académie des Sciences, l'éloge d'Arago ne fut prononcé que dans la
séance annuelle du 28 février 1885 par M. Jamin qui était son second successeur. Elie de Beaumont, sénateur de l'Empire et favori du régime impérial ne
pouvait louanger convenablement son prédécesseur. Comme il devait beaucoup
à Arago et qu'il était loin d'avoir toujours professé des opinions aussi dictato-
riales cette abstention forcée dut lui être fort pénible.

Dans le discours de Jamin on commença à faire quelques allusions à la
vie politique d'Arago, allusions timides toutefois et de même que Bertrand
et M. Jansen, M. Jamin ne fait l'histoire que de la vie scientifique.

L'appréciation du rôle d'Arago à l'Académie des Sciences est remarquable, venant d'un secrétaire perpétuel faisant preuve d'une modestie touchante,
et se plaisant lui-même à montrer comment Arago devait servir de modèle,
quoiqu'il fut pour ainsi dire impossible non point de le dépasser mais même
de l'égaler.

« Personne dit Jamin, n'avait mieux gagné le titre de secrétaire perpétuel et n'était plus apte à en remplir les délicates fonctions.

« Arrivé de bonne heure à l'Académie, chaque lundi sans exception, il recevait les savants étrangers, lisant les correspondances, et quand c'était son jour de fonction, il commençait la séance par l'analyse des travaux présentés. Cette analyse était si claire que souvent les mémoires envoyés par les autres membres de l'Académie portaient la mention: Pour le jour de M. Arago (1).

« C'était en effet le jour où la salle était pleine, le public attentif et où les membres eux-mêmes écoutaient.

« Il avait trouvé une Académie fermée travaillant sans témoins, portes closes, à peine entre-bâillées pour quelques privilégiés; il les fit ouvrir toutes grandes pour tout le monde. Pour que la science se répandît plus vite, et plus loin, il invita les journalistes à assister aux séances dans une tribune spéciale, si l'on peut appeler pourtant tribune les bancs qui leur sont réservés. Il les autorisa à prendre connaissance des mémoires présentés qui étaient mis à leur disposition dans une salle spéciale. » Cette dernière mesure a dû être rapportée au grand détriment de la publicité des séances, car la plupart des mémoires ne sont donnés que par des extraits tellement succincts qu'il est impossible de se faire une idée de leur mérite. Quelquefois même le titre seul est indiqué. Les secrétaires perpétuels faisant leur dépouillement d'une voix presque toujours inintelligible la publicité est quelquefois dérisoire.

L'éloge prononcé par Jamin est loin d'être dépourvu de qualités sérieuses. On y trouve un exposé magistral des principales découvertes d'Arago en optique, celles auxquelles il tenait le plus et, pour lesquelles il aurait dix fois sacrifié son électro-aimant.

Jamin explique très bien l'origine de cette passion. Lorsque Arago arriva à l'Institut, le grand événement scientifique était la découverte inattendue de Malus à laquelle les théoriciens attachaient une énorme importance. Un rayon de lumière qui traverse certains cristaux parfaitement transparents acquiert des qualités nouvelles que l'œil ne soupçonne pas, mais qui n'en sont pas moins susceptibles d'être mises en évidence lorsqu'on fait traverser un autre cristal par le rayon qui a subi cette épreuve. Cette lumière n'est plus de la lumière naturelle, on dit qu'elle est polarisée. Le rayon a reçu des pôles.

Arago se mit à rechercher dans quelles conditions un rayon de lumière naturelle devient de la lumière polarisée. A sa grande surprise il s'aperçut que l'on découvre cette lumière polarisée non point seulement dans le rayon qui a traversé un cristal de roche, mais dans celui que réfléchit le sol, que

(1) L'autre jour a été longtemps celui de M. Flouron, secrétaire inspecteur pour les Sciences naturelles. Les secrétaires alternent ainsi de quinzaine en quinzaine.

renvoie la paroi des édifices dans le ciel bleu, dans la lune et surtout la lumière que réfléchissent les flots de la mer.

Bien plus Arago arriva à rapprocher la génération et les propriétés de ces deux lumières. La lumière qui nous revient de la surface des ondes est formée du mélange de ces deux lumières, celle qui sort du cristal est séparée en deux faisceaux dont l'un contient la lumière immaculée et l'autre la lumière transformée.

Mais bientôt un autre phénomène vient se joindre à celui qui avait excité à si juste titre l'enthousiasme d'Arago.

En intercalant une lame mince de mica entre l'œil et le cristal renvoyant la lumière, il vit apparaître les teintes les plus vives quoique le mica fût aussi transparent que le cristal.

C'est armé des arguments que lui fournit ce travail commun qu'Arago parvint après vingt ans de travaux à désarmer la féconde opposition de Biot, et à le réduire au silence.

Janin reproche à Arago de ne pas avoir suivi jusqu'au bout son infortuné confrère qu'une maladie de poitrine enleva bientôt à la fleur de l'âge. Qui sait si les théories actuellement en usage ne seront pas emportées par des théories nouvelles, mais quelles que soient les idées qui surgiront dans l'avenir les expériences resteront inébranlables et on les considérera comme un des plus beaux legs que la physique française ait faits à la science universelle. En réalité nous ne savons pas pourquoi les choses se passent, notre certitude se borne à indiquer comment il faut s'y prendre pour qu'elles arrivent et le parti qu'on en peut tirer dans les arts nécessaires soit à la vie soit à l'embellissement de la vie et à la culture de l'intelligence.

Nulle intelligence humaine ne peut deviner de quelle nature seront les découvertes sortant de celles dont notre siècle s'enorgueillit. Qui sait si elles ne sont pas destinées à ébranler nos théories les plus solides, mais elles ne sauraient qu'augmenter la valeur des expériences imaginées par Arago en multipliant leurs conséquences. Elles mettraient dé plus en évidence la pénétration singulière de ce conquérant scientifique qui a su résister au plus dangereux de tous les entraînements, à celui de la victoire ! Aucun éloge, ne vaut cette critique de la réserve d'un inventeur aussi fécond, dès qu'il s'écarte du domaine de l'expérience.

M. Emile Pagès, professeur de philosophie au collège de Perpignan s'est attaché à peindre la vie politique d'Arago à l'aide des renseignements puisés aux sources les plus authentiques. Il a tracé en quelques pages le tableau le plus complet que l'on possède et l'on est ébloui par la prodigieuse activité du député des Pyrénées-Orientales, par la sûreté de son coup d'œil et par la facilité avec laquelle il reconnaît les fautes

que l'on pourrait commettre si l'on suivait ses inspirations premières, car
Arago savait reconnaître ses erreurs avec la plus entière franchise. C'est
parce qu'il n'y a pas d'autre moyen que la discussion pour éclairer les hommes qu'il était partisan des assemblées délibérantes.

C'est à l'extrême gauche qu'Arago siégea toujours à la Chambre des députés, parce qu'il ne voulait pas renoncer à son idéal politique et non parce
qu'il voulait refuser son concours à toute mesure utile et juste, chaque fois
cependant qu'il ne croyait pas que le ministère pût le dénaturer en l'appli-
quant d'une façon inique.

Le voyage mémorable qu'Arago avait fait à Perpignan en 1842 lors de
l'éclipse totale qui, comme nous l'avons déjà rappelé, a marqué l'apogée de sa
réputation et de son inuflence. Son arrivée dans le département des Pyrénées-
Orientales eut l'éclat que les tournées ministérielles ou présidentielles n'ont
jamais pu atteindre.

M. Pagés décrit avec éloquence les détails de cette réception triomphale,
faite par une multitude qui malgré son enthousiasme ne pouvait deviner la
portée scientifique de l'événement naturel auquel elle assistait. Mais la beauté
du spectacle de l'auréole le transportait d'admiration elle contemplait avec
ravissement ces langues de feu bizarres qui quelques siècles auparavant
auraient excité une abjecte terreur.

Chacun des pas du grand astronome était un triomphe, les ovations se
succédaient sans interruption.

La foule se pressait pour suivre de loin les moindres mouvements du
savant sur les plates-formes de la citadelle qui avait été changée en Observatoire. On le traitait non sans quelque raison comme un révélateur des lois qui
régissent l'univers.

C'est alors que pour la première fois on peignit magistralement devant
une assemblée française les deux grandes faces de la vie d'Arago, d'une façon
digne du héros dont on célébrait la gloire.

L'orateur chargé de peindre la carrière politique d'Arago ne fut pas
moins éloquent.

Immédiatement après la Révolution de Juillet Arago, dont les convictions républicaines étaient connues dans le monde entier, fut nommé député
des Pyrénées-Orientales.

Circonstance rappelant les souvenirs glorieux de Condorcet, il avait à
la fois deux tribunes, celle de l'Institut et celle du Palais-Bourbon. De chacune
il se servait avec une égale éloquence et des succès non interrompus.

La première fois qu'Arago parla, ce fut le 5 juillet 1831.

Il arrivait avec le prestige rare à cette époque d'une double élection
car il avait été nommé par le XII° arrondissement de Paris aussi bien que par

sa ville natale. Il fit un noble usage de son influence mondiale car les paroles
qui sortirent de sa bouche flétrissaient le rôle des rois et des empereurs qui
s'efforcent de consolider leurs trônes en provoquant des émeutes à l'aide de
leurs agents secrets et qui trop souvent réussissent à exécuter des manœuvres
infâmes.

Neuf mois plus tard il signait le compte rendu dans lequel les députés
de l'opposition exposaient courageusement au pouvoir la nécessité d'une
réforme.

Huit jours après éclatait l'insurrection à laquelle les insurgés de
Juin 1848 reprochaient à Arago d'avoir pris part.

Au moment où le sang coulait dans les rues de la capitale, Arago, Lafite
et Odilon Barot se rendirent aux Tuileries pour représenter au roi la nécessité absolue de changer de système, de gouverner avec l'opinion et non contre
le sentiment public.

La situation paraissait terrible car la guerre civile n'avait pas seulement
éclaté à Paris, il y avait eu un soulèvement en Vendée où la duchesse de Berry
s'était rendue en personne.

Mais Louis-Philippe avait des nouvelles de province et des barricades, il savait que ce double mouvement allait être arrêté.

Il reçut les deux délégués de la Chambre avec une attitude presque insul-
tante. Arago voulut donner sa démission et se retirer, il en fut empêché par
ses deux collègues et il reprit le cours de ses travaux parlementaires.

L'une des questions qui ont le plus passionné du temps d'Arago est encore
à l'ordre du jour, c'est celle de l'éducation populaire, Arago était partisan de
la liberté et opposé à tout monopole. Il demandait que l'on créât à côté des
collèges un enseignement dans lequel on ne parlerait ni du latin ni du grec.

C'est donc avec raison que le Conseil municipal de Paris a donné le nom
d'Arago à une des grandes écoles qu'il a consacrées à l'enseignement moderne.

M. Bosch a rappelé un argument caractéristique mis en avant par
Arago pour soutenir la thèse qui a fini par triompher.

« Les partisans de l'enseignement du grec ne tarissent pas d'éloges sur
Homère, Platon, Sophocle, Euripide, tous les grands génies littéraires de la
Hellade. Je partage leur admiration, mais je ne crois pas que l'exemple de
ces hommes illustres puisse être invoqué en faveur de l'enseignement de leur
langue! En effet qui oserait soutenir qu'ils doivent leur génie à ce qu'ils connaissaient des langues étrangères? »

Dans d'autres questions encore à l'ordre du jour où l'autorité d'Arago a
prévalu, son nom pourrait être invoqué d'une façon utile. En effet il était l'adversaire de l'exploitation des chemins de fer par les employés de l'État, il ne
voulait pas que l'on mît entre les mains des ministres une arme écrasante.

C'était à Perpignan où la dictature morale exercée par Arago par le seul prestige de son nom, avait brillé dans tout son éclat, qu'il convenait surtout à rappeler le grand usage qu'Arago avait fait de la confiance de ses concitoyens.

Lassé des intrigues du parti de la Cour et menacé dans son existence par une dissolution inattendue de la Chambre, le parti démocratique se décida à tenter un grand effort. Un comité central fut constitué à Paris pour préparer les élections générales et obtenir la nomination d'une Chambre réellement indépendante. Arago fut chargé de rédiger le programme qu'il s'agissait de faire triompher devant le pays légal. Ce fut lui qui fut chargé de prononcer le grand discours dans lequel il réclama comme nous l'avons vu le suffrage universel. Les pétitions recueillies dans toutes les parties du territoire ayant été repoussées, c'est alors que commença la campagne des banquets réformistes qui conduisit à la Révolution de Février.

Arago se multiplia, il présida des banquets à Paris, à Tours, à Montpellier, à Perpignan, rencontra partout, la réunion, sinon la plus nombreuse du moins la plus enthousiaste. Partout le Directeur de l'Observatoire fut accueilli par les acclamations des vrais patriotes.

Lorsque le peuple se souleva contre le régime de corruption et d'hypocrisie qui s'était développé en France à la faveur du régime censitaire, Arago était désigné à ses concitoyens comme un des principaux chefs du gouvernement.

C'est à Perpignan dans cette occasion solennelle que pour une première fois un orateur raconta à des Perpignannais quel usage leur grand compatriote avait fait de son immense popularité.

Invariablement il reste uni à Lamartine pour combattre les exagérations et les motions folles dont quelques-uns des membres du gouvernement provisoire harcelaient leurs collègues, avec l'appui de manifestations tumultueuses.

Lamartine n'était pas seul à combattre le drapeau rouge. Arago le complétait dans la partie modératrice de sa mission le grand poète et le grand astronome s'entendaient admirablement. Jamais un nuage ne s'éleva entre eux. Ils n'étaient rivaux que de gloire et de services à rendre à la Patrie.

Lorsqu'arriva le jour où il fut enfin possible de proclamer officiellement la République, le gouvernement provisoire choisit la place de la Bastille. C'est Arago qui fut chargé de porter la parole au nom du gouvernement.

Il s'avança au pied de la colonne, qui recouvrait les restes des héros morts pour la liberté. En présence de ces augustes morts Arago prononça quelques paroles d'une simplicité antique. Peu de mots lui suffirent pour adjurer les concitoyens de faire un usage sage et raisonnable des droits que le nouveau gouvernement était heureux de leur restituer et dont jamais ils n'auraient dû être privés.

Après que les musiques eurent exécuté les airs nationaux de la première Révolution, Arago s'avança au milieu du peuple et d'une voix forte il s'écria : « En cette place où nos pères ont inauguré la Liberté, nous venons proclamer la République française. Nos pères ont eu le courage de la créer; nous aurons la sagesse de la conduire dans une voie large, féconde et glorieuse. Vive la République ! »

M. Pagès décrivit cette grande scène et fit des allusions déchirantes à ces terribles journées de juin, qui furent une réponse si funeste, à de si sages avis, prononcés par une telle bouche dans des circonstances à jamais mémorables.

Le centenaire de la naissance d'Arago fut célébré le 26 février 1886 au théâtre municipal de Perpignan par une séance solennelle de l'Association Polytechnique du département des Pyrénées-Orientales. La famille était représentée dans cette solennité par M. François Arago, petit-fils de l'illustre astronome. M. Louis Bosch, professeur au Collège, fit sur Arago savant, une très intéressante conférence dans laquelle il nous apprit que le buste de la mère d'Arago existe au Musée où elle porte le bonnet catalan. C'était, dit l'orateur la plus respectable et la plus pieuse des femmes, elle fit dire force messes pour célébrer le retour de son fils, comme elle en avait fait dire pour le repos de son âme lorsqu'elle le croyait tombé sous le poignard des Espagnols ».

Puis il raconte une anecdote qui peint bien Arago, qui la lui avait racontée la dernière fois qu'il le vit, à un moment où l'on désespérait avec raison de sa vie, car il devait expirer quelques jours plus tard.

Il s'agissait des grandes expériences qu'avait faites Arago avec Dulong à la tour du collège Henri IV afin de déterminer la précision de la vapeur d'eau.

« Tout alla bien, lui dit Arago avec sa bonhomie et sa tranquillité ordinaire jusqu'à 27 atmosphères. Mais alors l'eau fuyait par tous les points, la vapeur s'échappait de la chaudière par toutes les fissures avec un sifflement de mauvais augure. Un seul être qui nous tenait compagnie, avait conservé sa sérénité. Il se nommait Omicron et c'était le chien de M. Dulong.

Ce qui rend si précieux l'hommage de M. Louis Bosch et ce qui le distingue de tous les autres, c'est que ce savant a déclaré « que ce qu'il tient surtout à honorer dans Arago, c'est le vulgarisateur de la science. Si Arago vivait de notre temps, s'écria-t-il, c'est sous son haut patronage que notre société serait placée. Toute la vie de ce grand homme prouve qu'il ne se serait pas borné à occuper la place d'honneur dans l' « Association Polytechnique des Pyrénées Orientales » mais qu'il aurait tenu à y prendre une part active. Dépouillant pour une fois leur modestie habituelle, les conférenciers de l'Association Polytechnique peuvent dire que s'ils ne portent point dans leur front

le génie nécessaire pour deviner la vérité dont Arago fut un des révélateurs,
ils ont au cœur le feu sacré qui poussait ce grand homme à combattre l'ignorance et à répandre autour de lui les bienfaits de l'instruction, lumière plus
éblouissante encore que celle du soleil! »

M. Emile Pagès a complété ces renseignements par des détails non moins
précieux sur la carrière politique du grand révolutionnaire. Il débute précisément par une anecdote qui appartient à l'histoire de la théorie de la
de la lumière et qui n'a pas suivi son collaborateur Fresnel dans ses conclusions les plus abstraites mais en même temps les moins sûres.

Cette sage réserve que l'on ne saurait trop louer et dont un prochain avenir montrera peut-être la nécessité, a été blâmée par quelques-uns de ses
panégyristes. Mais les vrais amis de la philosophie de la nature n'y verront
qu'une attitude digne du grand physicien qui a osé écrire: « L'Encyclopédie du
savoir humain remplit un nombre de volumes qui augmente tous les jours
mais si l'on pouvait écrire celle de l'ignorance, on ne saurait où loger la
collection complète de tout ce qu'il faudrait publier sur ce chapitre inépui-
sable ».

VI

Dix ans avant de porter sa tête sur l'échafaud, Lavoisier avait rédigé un
rapport sur l'admirable invention des Montgolfier et son génie n'avait pas
eu de peine à énumérer en tête des mémoires de l'*ancienne Académie des
sciences* pour 1782, une série de questions dont la solution serait beaucoup
plus avancée si les artistes, les industriels, les mécaniciens avaient suivi les
conseils que cette célèbre assemblée leur donnait avec tant d'autorité, et que
le grand Arago a réitérés dans ses œuvres posthumes un demi-siècle après.

Aucun de ces savants illustres ne s'est avisé de subordonner l'importance de l'invention qu'ils célébraient, à la découverte d'un moyen de communication rapide. Cependant ils auraient été beaucoup plus excusables,
que les gouvernements de notre temps, qui ne se préoccupent que de cette
chimère. En effet, à la fin du XVIII° siècle on n'avait ni les chemins de fer,
ni les bateaux à vapeur, dont l'usage rend superflu l'invention d'un nouveau
procédé de transports journaliers. Le seul desideratum des gens pressés,
était alors de se déplacer avec la vitesse du vent.

Monter et descendre depuis la surface de la terre jusqu'aux limites res-
pirables paraît peu de chose aux hommes ambitieux qui voudraient voler dans
les airs sur les traces d'Icare, et faire concurrence aux oiseaux. Mais n'est-ce
pas plus encore que l'étincelle que vers l'année 1737 le médecin Dufay tirait

d'un morceau d'ambre qu'il avait systématiquement frictionné ?... Etait-ce grand'chose que le mouvement imprimé à la grenouille du grand Galvani, par le contact de deux métaux de nature différente ? quoi de moins important en apparence que le retard mis par le voisinage d'une plaque de cuivre aux oscillations d'une aiguille aimantée ? cependant c'est à l'aide de ces faits, que la plus importante des branches de la physique s'est développée.

De tous les savants français, Arago est peut-être celui qui devait le plus facilement comprendre l'importance de la découverte des Montgolfier. Il n'est donc pas surprenant que ce soit les aéronautes parisiens qui se soient les premiers attachés au culte de sa mémoire.

Leur intervention est déjà suffisamment expliquée par l'introduction des aérostats à l'Observatoire de Paris lors de l'ascension de Barral et Bixio.

Mais elle est encore mieux justifiée par une œuvre personnelle : la rédaction d'un traité des ascensions scientifiques dont la lecture serait d'une opportunité singulière en ce moment.

En effet le grand Arago ne dit pas un mot des expériences de ces téméraires qui veulent voler sur les traces de Dédale avec la certitude de rencontrer le sort d'Icare.

Il ne prononce même pas le nom de ballons dirigeables, il ne s'occupe que des usages purement scientifiques auxquels les aérostats peuvent se prêter sans qu'on apporte un changement grave dans leur construction, mais qu'on se contente de les manœuvrer comme le savaient faire des aéronautes expérimentés, comme l'auraient fait Barral et Bixio, si des crédits spéciaux avaient permis de renouveler souvent des expériences exécutées à leurs frais.

L'inventaire des questions qu'Arago propose de résoudre est plus que suffisant pour donner satisfaction aux ambitions des physiciens les plus désireux de s'illustrer dans des travaux de premier ordre.

Le grand astronome leur indique la loi de décroissance, et la température avec l'altitude, l'influence du rayonnement solaire, la détermination de son état hygrométrique, la mesure de la quantité d'acide carbonique qu'il contient (nous dirions aujourd'hui son analyse chimique), examen de la polarisation de la lumière ce qui est remplacé par l'analyse spectrale, les phénomènes optiques produits par les nuages, l'étude de la couleur du ciel, l'étude du son, celle des effets de la dépression sur l'organisme humain, les phénomènes électriques et magnétiques, etc., etc. L'illustre astronome se garde bien de limiter le nombre des questions que les aéronautes doivent poser à la nature.

Tous ceux qui figurent dans les laboratoires de la terre, et qui peuvent servir à l'étude des forces naturelles qui règnent dans l'atmosphère; il veut que l'observateur aérien les emporte avec lui. Mais bien entendu après les avoir appropriés à leur destination nouvelle, et sans s'encombrer de plus d'appareils que l'on n'en peut en réalité utiliser. Il est partisan de la spécialisation rigoureuse des ascensions en réservant toujours la part de l'imprévu.

Quelque sommaire que soit cette partie de son œuvre, Arago ne peut l'écrire sans donner une suggestion digne de lui. Il engage à analyser l'air en faisant passer un volume déterminé dans des tubes remplis de liquide dosé d'une façon systématique.

On trouve dans ce petit traité un avertissement inestimable donné à toutes les sociétés savantes qui, plus de 50 ans après la mort de l'auteur s'occupent de la conquête scientifique de l'atmosphère.

Tous les mois on exécute des lancers de ballon à Paris, à Berlin, à Pétersbourg, à Moscou, à Strasbourg, à Vienne, à Zurich, à Munich, en Italie et en Espagne afin d'étudier les phénomènes météorologiques des zones élevées de l'enveloppe gazeuse de notre monde. Les résultats ainsi recueillis sont publiés à Strasbourg aux frais d'un des gouvernements intéressés à ces opérations auxquelles presque tous les bataillons d'aéronautes militaires du monde prennent part. Au prochain mois d'août malgré la guerre, le gouvernement Russe a convoqué à Pétersbourg le 4e congrès international chargé d'organiser les opérations qui s'étendent déjà à toute l'Europe, et bientôt vont s'étendre au monde entier.

Cependant les savants physiciens qui dirigent les opérations ont adopté sans sourciller la formule de Laplace pour le calcul d'altitude dépassant quelquefois 18 kilomètres. Croirait-on que le seul point de doctrine qu'Arago traite magistralement avec des développements considérables est celui dans lequel il établit qu'on ne peut se servir de cette formule au delà de trois kilomètres sans avoir pris des mesures trigonométriques. Loin de dissimuler les difficultés de l'entreprise qu'il conseille, il les développe soigneusement afin de mieux mettre en évidence la nécessité absolue de suivre les avis qu'il donne.

Quel éloge funéraire vaut la constatation absolue de la faute commise par les représentants de toutes les puissances civilisées qui s'apprêtent à former un bureau permanent international pour développer le principe d'expériences si utiles, mais exécutées avec un oubli complet des conditions nécessaires pour qu'elles soient réellement irréprochables.

⁂

Les adhérents furent convoqués par les soins de M. Triboulet architecte, secrétaire général de la Société. L'assistance était nombreuse, nous relevons sur la liste les noms de l'amiral Mouchez, Faye, Ch. Floquet, Alphand, Berthelot, docteur Liouville, Picard, docteur Bloch; Armengaud, W. de Fonvielle, Triboulet, Gillon, Jaussen, Bertrand; Fizeau, Cornu, Tissandier, Flammarion, Goblet, Carnot, Lœwy, Liard, etc., etc.

Le programme adopté était très complet et très habilement composé. Il comprenait une séance solennelle à l'Institut ; visite de l'Observatoire ; une ascension pour exécuter le programme d'Arago ; une exposition d'un modèle de l'ouverture d'une souscription nationale pour ériger la statue qui était le complément obligatoire, la sanction matérielle de ces manifestations.

Maurice Lary, directeur de l'Observatoire, sous-directeur, alors de l'inauguration de la statue du Boulevard Arago.

Dans ce comité figuraient M. Bouquet de la Grye, membre de la section de géographie et de navigation qui avait mis en pratique les principes d'Arago sous tous les climats et qui préside actuellement le Bureau central de Météorologie ; Hippolyte Carnot, père de l'ancien président et ami particulier d'Arago ; Faye, dont Arago a reconnu le vrai mérite et qu'il a fait entrer à l'Observatoire ; un plâtre du buste de David d'Anger, qui est un des chefs-d'œuvre du Père-Lachaise ; un discours de l'École Polytechnique ; une exposition des objets du mètre au Conservatoire des Arts et Métiers ; un banquet à l'Hôtel de Ville auquel prendrait part une députation des colonies, etc.

C'est au banquet de l'Hôtel de Ville que l'on devait prendre l'initiative

au moment où sa carrière était brisée à la suite de l'affaire de la rue Trans-
nonain; Floquet, le sympathique président de la Chambre des Députés dont
l'éloquence prime-sautière et le patriotisme juvénile ne seront pas oubliés de
longtemps; Adrien Hébrard, directeur du journal fondé par la « République de
Mulhouse » et qui est resté un trait d'union, un symbole d'espérance en même
temps qu'il est le « Times » français; le vénérable Schœlcher, cet anachorète
laïc, qui n'eut jamais d'autre passion que celle du bien, et dont la plume honnête, moins brillante mais peut-être plus perçante que celle de Hugo, a
flétri le crime triomphant; Henry Liouville, le savant docteur qui était le fils
d'un des amis les plus fidèles d'Arago, le grand mathématicien Liouville.
Bientôt une mort prématurée allait priver la République des services que
cette haute intelligence aurait pu lui rendre dans toutes les épreuves qu'elle
a traversées. Enfin après d'autres dont nous ne pouvons citer tous les noms,
M. Maurice Lœvy déjà sous-directeur de l'établissement à la tête duquel il
se trouve actuellement.

De tous les directeurs qu'a eus et qu'aura l'Observatoire, on peut dire
qu'il est difficile d'en citer un qui soit plus intéressé à célébrer la gloire
d'Arago. En effet par ses mémorables travaux sur l'atlas photographique de
la lune, il montra combien Arago a été prophète lorsque dans son rapport sur
la grande invention de Niepce et Daguerre, il célèbre surtout le rôle qu'elle
doit jouer dans l'astronomie, quand il prédit que l'homme a maintenant l'œil
artificiel qui mieux que son œil naturel lui permettra de sonder les merveilles
du firmament.

Se voyant si bien secondé l'amiral Mouchez, écrivit une circulaire dans
la rédaction de laquelle il obéit à sa généreuse inspiration. Il commence par
faire remarquer que de tous les savants qui ont honoré la France, il n'en est
pas un seul qui ait acquis une popularité plus légitime et plus universelle
qu'Arago. En effet, à la fois comme professeur éloquent, comme ministre et
chef du gouvernement même, comme membre et président du Conseil municipal de Paris.

Dès l'âge de 23 ans il entrait à l'Académie des Sciences. Avant d'avoir
complété sa quarante-quatrième année il était élu secrétaire perpétuel à l'Académie des Sciences. Dans cette haute situation, il ne cessa d'exercer
jusqu'à la fin de sa vie la plus puissante et la plus heureuse influence, soit par ses propres découvertes, soit par sa féconde et généreuse coopération avec tous les principaux savants de l'époque, qu'il
encourageait et soutenait de toute son autorité. On lui doit, notamment, la
découverte du principe fondamental de la Télégraphie électrique, et c'est également lui qui en fit voter par les Chambres, l'application au service du public
alors que le gouvernement prétendait s'en réserver l'usage exclusif.

Éclipse de soleil de 1843, observée par Arago à Perpignan avec les pocé-
dés en usage depuis lors. — Ce phénomène céleste doit être considéré comme
le point de départ de la création de l'astronomie physique, dont l'origine
remonte par conséquent à Arago.

Profondément libéral et dévoué au bien-public, Arago usa de toute son influence dans la Chambre et dans les Assemblées républicaines et dans les conseils de la Ville de Paris, qu'il présida longtemps, pour faire adopter toutes les mesures favorables à l'amélioration morale et matérielle des classes populaires. On lui doit l'élan donné aux diverses branches de service : l'instruction publique, l'hygiène, la voirie, l'assainissement de la ville et le puits artésien de Grenelle qui n'eût jamais été achevé sans sa persévérante volonté.

L'Amiral Mouchez, directeur de l'Observatoire, organisateur de la souscription nationale pour ériger la statue d'Arago.

Il créa et poursuivit pendant un quart de siècle l'admirable cours d'Astronomie populaire qui jeta un si grand éclat sur l'Observatoire de Paris. C'est lui qui obtint également la publicité des séances de l'Institut et les Comptes rendus de ses séances.

L'estime universelle dont il jouissait en France, son noble caractère et sa justice populaire le désignaient naturellement dans les moments critiques de notre histoire pour prendre part à la direction des affaires publiques à la tête du parti républicain ; c'est ainsi qu'il fut nommé en 1848 membre du Gouvernement provisoire et chargé des ministères de la Guerre et de la Marine ; il se hâta de profiter de son court passage au pouvoir pour signer des décrets qui, à eux seuls, auraient suffi pour immortaliser son nom et justifier l'honneur que nous voulons lui rendre aujourd'hui.

On trouverait difficilement dans l'Histoire un homme qui ait mis ainsi à la fois au service de son pays un esprit plus vaste et plus fécond, et une plus grande intelligence politique et sociale des besoins de son époque. On en trouverait difficilement un qui ait laissé un plus bel exemple d'intégrité de caractère, de dévouement et de fidélité aux principes qui font la base du gouvernement populaire dont ils se prétendent les défenseurs.

On serait même en droit de taxer aujourd'hui la France d'ingratitude envers cet illustre citoyen, si l'on ne se rappelait qu'une première souscription a déjà été ouverte le lendemain de sa mort en 1853, mais qu'elle devait nécessairement échouer sous le régime du coup d'Etat qui venait de nous ravir toutes nos libertés et qui fut bien probablement la principale cause de sa fin prématurée.

Il terminait cette pièce remarquable dont nous regrettons de ne pouvoir reproduire tous les termes par ces mots éloquents partant du cœur et de nature à toucher l'âme des vrais républicains.

« Nous placerons la statue d'Arago devant l'Observatoire sur la trace du méridien national dont elle indiquera la direction, et au milieu d'un beau square qui assurera pour toujours le dégagement de l'Observatoire de Paris vers le Midi. Ce square pourra faire disparaître la place Saint-Jacques et son nom de lugubre souvenir, auquel on substituera celui d'Arago, symbolisant au contraire les deux plus belles conquêtes de la civilisation moderne: « la Science et la Liberté! »

Ces deux mots, gravés en lettres d'or sur le piédestal de sa statue, caractériseront admirablement l'œuvre d'Arago et les deux grandes passions auxquelles il voua toute sa vie, toute son âme, toute son énergie pour le bien de la France et de la civilisation.

.•.

Hovelacque, président du conseil dans la session de 1885 avait fait preuve du plus grand zèle pour l'objet que poursuivait le comité. Son esprit généreux avait compris la grandeur de la tâche patriotique que le comité s'était donnée. Aussi est-ce avec désespoir que ce bon et intelligent citoyen apprit à l'amiral que dans la séance du 21 février 1886 à la majorité de 26 voix contre 24, le Conseil municipal de Paris avait refusé d'autoriser le Comité à donner un banquet public. Dans la salle Saint-Jean, seule portion de l'ancien Hôtel de Ville échappé à la torche des incendiaires de Mai 1871.

Le Conseil avait également refusé une subvention de 3.500 francs qui lui était demandée. Nous n'attristerons pas les lecteurs en mettant sous leurs yeux les sophismes qui furent débités alors, nous aurons pitié des orateurs qui se sont livrés à cette débauche d'accusation contre un républicain, qui avait compris que la loi doit à tout prix être respectée, et que les fauteurs de guerre civile, dans un pays libre sont d'exécrables scélérats.

La manière dont l'amiral reçut cette nouvelle se devine par la lecture des deux lettres que nous reproduisons.

La première était destinée à M. Triboulet et montre avec quelle activité l'amiral entendait travailler à réparer cet échec inattendu.

« Mon cher Maître,

« Il va falloir qu'à partir de demain l'un de vous se tienne toute la journée à l'Observatoire pour recevoir les souscripteurs.

« Il est impossible que Fraissinet s'en charge, je pourrai vous donner un aide dans mes timoniers de Montsouris.

« La *Société d'Encouragement* dans sa séance d'avant hier, sollicitée par le colonel Laussedat, *n'a pas fourni un seul souscripteur.* Je crains un énorme fiasco, dans tous les cas je recule décidément la cérémonie au dimanche 28. J'écris à M. Floquet pour l'en prévenir.

« Votre tente le long de la grille sera bien basse et bien mesquine, et ressemblera tout à fait aux baraques de pain d'épice de la foire d'à côté ; réfléchissez-y encore. S'il en est temps, allez montrer votre projet à M. Alphand, dites-lui mon opinion et demandez-lui son avis (2).

« Toute cette affaire est mal emmanchée, Fonvielle nous a mis dans une très fausse situation vis-à-vis de l'Académie et de l'Instruction publique qui devaient avoir le pas sur la politique, débrouillez-vous pour trouver des souscripteurs.

« Bien à vous,

MOUCHEZ.

La seconde nous était adressée, nous la reproduisons en autographie.

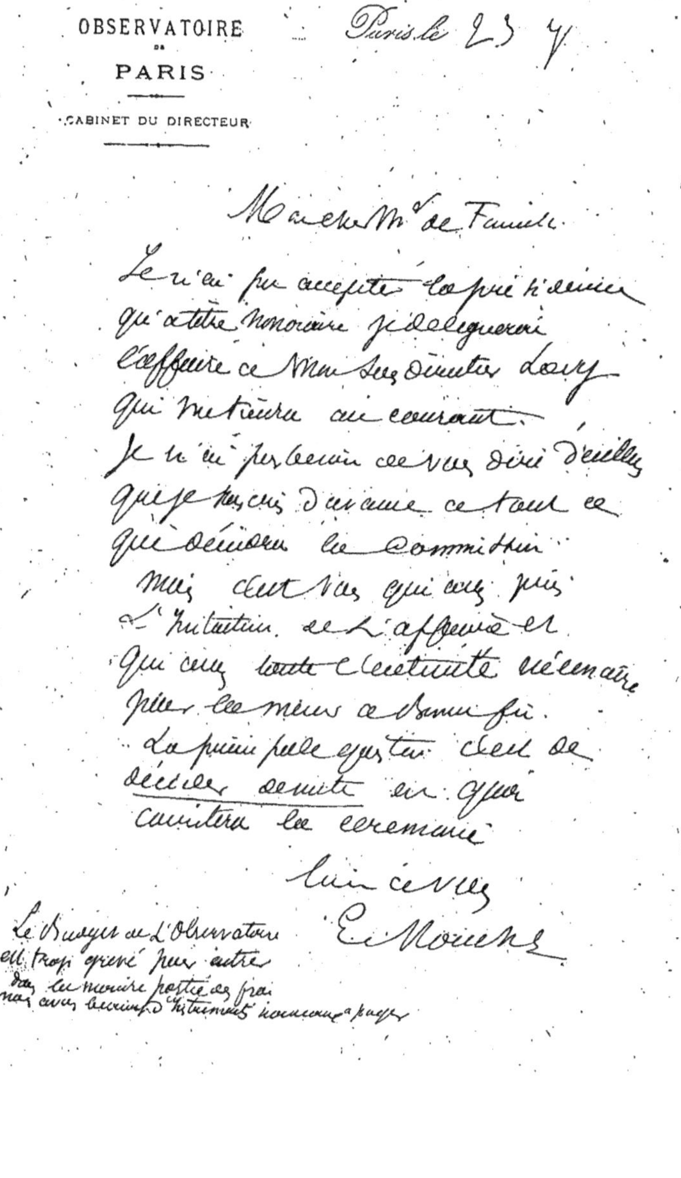

OBSERVATOIRE
DE
PARIS

CABINET DU DIRECTEUR

Paris, le 23 7bre

Mon cher Mr de Famille.

Je n'ai pu accepter la présidence qu'à titre honoraire, je déléguerai l'affaire à Mrs les Directeurs Loewy qui me tiendra au courant.

Je n'ai pas besoin de vous dire d'ailleurs que je m'associe à tout ce que décidera la Commission.

Mais c'est vous qui avez pris l'initiative de l'affaire et qui avez toute l'activité nécessaire pour la mener à bonne fin.

La principale question c'est de décider ensuite en quoi consistera la cérémonie.

Sincèrement à vous

E. Mouchez

Le budget de l'Observatoire est trop grevé pour autoriser la moindre partie des frais, nous avons beaucoup d'instruments nouveaux à payer.

En même temps, d'après le conseil de M. Fraissinet, secrétaire de l'Observatoire, il envoya aux souscripteurs une circulaire qu'il écrit comme sait le faire un marin indigné.

La ferme décision de l'amiral produit immédiatement le résultat que l'on devait attendre d'une ville de lumière et de patriotisme où l'on ne fait jamais inutilement appel au bons sens.

L'acte du Conseil municipal produisit une véritable stupéfaction. De toutes parts des réclamations s'élevèrent contre les sectaires.

Bivouac des troupes sur la Place du Panthéon après la défaite des insurgés qui n'ont pas voulu écouter les avis paternels d'Arago.

Revenant à des sentiments plus français, plus parisiens, le Conseil municipal émit dans la séance du 8 juin un vote favorable à l'érection de la statue d'Arago. Il accordait un crédit de 1.500 francs pour cet objet et un crédit de 1.500 francs pour la publication d'un ouvrage destiné à faire apprendre les services que l'illustre astronome avait rendus à la République, à sa capitale et à l'humanité.

**

Le projet de manifestation à l'Observatoire provoqua plusieurs manifestations en faveur de la gloire d'Arago. A Paris la « Revue Internationale » publia un article inspiré par Pascal Duprat, un vrai républicain, un patriote qui n'avait pas craint de sacrifier sa popularité pour sauver la République lors des affaires de Prusse. Indigné de voir avec quelle audace les complices ou les dupes de Louis Bonaparte représentaient comme une insurrection populaire le mouvement organisé avec l'or de l'étranger et le nom du prétendant, Pascal Duprat fit raconter en détail la grande scène dans laquelle Arago avait joué un si noble rôle. Pour la première fois, la démarche mémorable dont nous avons déjà parlé fut racontée d'une façon digne du grand homme qui en avait conçu la noble idée.

Comme on le sait l'insurrection avait été préparée par les agents de Louis Bonaparte dans les ateliers nationaux que le gouvernement provisoire avait ouverts comme un expédient temporaire pour venir en aide aux ouvriers sans travail.

La Commission exécutive ne pouvait à aucun prix considérer cet expédient comme un moyen définitif de résoudre la question sociale. Il ne voulait à aucun prix conserver à Paris une armée de prolétaires dont les factieux pouvaient s'emparer. En conséquence elles avaient conçu le plan sage et patriotique d'envoyer en Algérie les ouvriers valides en même temps que leurs familles pour en faire des colons cultivant la concession qu'on leur attribuait.

L'exécution de ces mesures humaines et sages avait même commencé. Mais ce n'était l'affaire ni des démagogues, ni des Césariens qui répandirent le bruit qu'on envoyait des travailleurs en Algérie pour les déporter et les faire mourir de faim.

D'autre part les Royalistes craignant que l'agitation ne se calmât promptement précipitèrent les délais de fermeture des ateliers.

Il en résulta une grande agitation que le gouvernement tenta de calmer. Arago fut un des plus actifs pour empêcher l'insurrection d'éclater mais en même temps il sentait que force devait rester à la loi.

Arago avait envoyé au Panthéon occupé par les insurgés un bataillon de la 111ᵉ légion commandée par Edgar Quinet, avec un détachement de troupe de ligne et un autre de dragons. Voyant que le maire de l'arrondissement tergiversait et que ses ordres n'étaient point exécutés l'illustre astronome se mit en personne à la tête des troupes qu'il renforce d'un escadron de dragons, de deux détachements d'infanterie et de deux pièces de canon. A midi la colonne arrive à la place du Panthéon où les insurgés avaient élevé une barricade. Arago donne l'ordre à la troupe de s'arrêter l'arme au pied, la main sur la poignée du sabre, et seul il s'avance.

Quelques ouvriers sont debout sur les pavés, le fusil sur l'épaule. Arago interpelle ces hommes. De sa voix la plus forte et la plus sonore il leur demande pourquoi ils s'insurgent contre le gouvernement de la République que tout bon citoyen doit respecter ! Il leur demande comment il se faisait que des hommes qui se disaient républicains élevassent des barricades contre le gouvernement de la République et comment ils infligeaient à la République la plus mortelle des blessures.

L'entreprise était des plus périlleuse et l'archevêque de Paris devait trouver la mort dans une entreprise de ce genre. Mais de même que monseigneur Affre, Arago était disposé à se sacrifier pour son troupeau.

S'approchant des pavés derrière lesquels étaient des hommes en blouse, mais dont quelques-uns n'avaient pas les mains calleuses des travailleurs, Arago interpella les insurgés il leur dit que sous la République le peuple a perdu un seul droit, en gagnant tous les autres. Il ne peut sans crime faire des barricades contre le gouvernement effet de son choix et qu'il contrôle périodiquement par ses votes. Une république dans laquelle les barricades seraient tolérées ne serait que le pire de tous les despotismes.

— « Vous y étiez bien en 1832 avec nous répond un individu qui pouvait être un chef. »

— Souvenez-vous de Saint-Merry ajoute un autre.

— Monsieur Arago, répliqua un troisième, vous êtes un bon citoyen, nous sommes pleins de respect pour vous, mais vous n'avez jamais eu faim. Vous ne savez pas ce que c'est que la misère.

Arago répliqua avec son éloquence des grands jours et il mit dans ce qu'il disait à ces malheureux égarés tout ce qu'il avait de plus grand dans l'âme.

— On nous a tant promis, on ne nous a rien donné, reprit un homme en blouse mais dont les manières et la couleur des mains ainsi que le ton n'annonçaient pas un travailleur.

— N'écoutez pas ce vieil endormeur, répliqua un autre qui prit entre ses mains un fusil qu'il avait sur l'épaule et qui se mit à ajuster l'orateur.

Le mouvement indigné d'un voisin fit dévier l'arme... mais Arago comme nous l'avons déjà dit ne pouvait persister sans avoir le sort de l'archevêque de Paris. Arago revint vers la troupe, un roulement de tambour se fit entendre et des coups de fusil s'échangèrent. En quelques minutes la barricade était prise, les pertes des troupes républicaines avaient été insignifiantes.

Le peuple avait passé son sanglant Rubicon. La bourgeoisie épouvantée par ces scènes d'horreurs que les exagérations des complices de Bonaparte mettaient toujours sous les yeux du peuple, s'était en partie éloignée du gouvernement de la République qu'elle considérait comme responsable des crimes provoqués par le prétendant!

Les espérances de conciliation s'évanouissaient et le chemin du Coup d'Etat était tracé !

Arago partit la mort dans l'âme, mais avant de rentrer au Luxembourg il donna à la colonne qui le suivait l'ordre de marcher à l'assaut de la barricade.

Elle fut emportée sans coup férir mais l'état de siège avait été proclamé, et ne voulant pas conserver le pouvoir dans des conditions si lamentables Arago donna sa démission avec ses collègues de la Commission exécutive.

Lorsque l'insurrection fut réprimée la Justice commença son œuvre. Mais par une fatale combinaison, les représentants du peuple chargés de l'enquête ne publièrent que les documents relatifs aux révolutionnaires exaltés. On garda le silence sur les intrigues des royalistes et des impérialistes, qui avaient poussé des fous à déchirer le sein de leur mère !

Il existe encore aujourd'hui dans notre histoire une lacune déplorable ! Honneur au grand citoyen qui reprenant les éléments de cette enquête arrivera à montrer dans les crimes de juin 1848 la main de l'auteur des crimes du 2 décembre.

En tout cas en attendant que l'histoire verse ses grandes lumières sur ces tristes événements Arago était noblement vengé des attaques de ses ennemis par le changement d'opinion dont le Conseil municipal de 71 nous donna l'instructif spectacle.

Sous la République, comme sous tous les autres gouvernements les erreurs sont possibles, mais ce n'est que sous la République qu'elles peuvent être réparées sans révolution. Car le suffrage universel est comme la lance d'Achille il excelle à réparer les blessures qu'il a pu faire dans un moment d'erreur et d'aberration !

.°.

L'inauguration de la statue d'Arago à l'Observatoire n'eut lieu que le 11 juin 1893, c'est-à-dire sept années après le jour du centenaire de la naissance de ce grand homme. La coalition des bonapartistes, des orléanistes, des sectaires positivistes, des anarchistes et des socialistes intransigeants du conseil municipal n'était pas sans avoir obtenu quelques résultats irréparables. En effet pendant ce long délai plusieurs personnages dont la présence aurait ajouté à l'éclat de la cérémonie avaient payé leur tribut à la nature. La mort avait fait disparaître Etienne Arago qui de tous était le plus redouté par les ennemis de la République et celui qu'ils détestaient le plus.

En effet non seulement Etienne Arago avait été maire de Paris pendant la première moitié du siège de Paris, mais il s'était retiré avec éclat parce qu'il ne trouvait pas que le gouvernement de la défense nationale montrât assez de fermeté dans la répression des complots de tous ces éléments hostiles à la République et à la Patrie !

Il avait été enlevé primitivement à une brillante destinée, ce sympathique Hovelacque qui, malgré le feu peut-être trop ardent de ses convictions poli-

SOUVENIR
OFFERT PAR LE COMITÉ
DE LA STATUE
Élevée à l'illustre Astronome
par la
FRANCE
SCIENTIFIQUE
LIBÉRALE ET
RÉPUBLICAINE

tiques n'avaient pas craint de blâmer les adversaires d'Arago, et à qui l'on
devait le retour du Conseil Municipal à des sentiments plus parisiens, plus
républicains.

L'éminent artiste qui considérait la statue d'Arago comme son chef-
d'œuvre, et qui aurait voulu vivre assez pour y ajouter des bas-reliefs comme
à celle de Perpignan, Oliva avait également disparu.

L'Hôtel de Ville dans les premiers jours de la Révolution de Février.

Enfin l'Observatoire avait perdu son chef. Il n'était plus à la tête de ce
magnifique établissement, l'amiral Mouchez dont le centenaire était l'œuvre
et qui avait adopté l'idée de rendre un solennel hommage à Arago avec un
enthousiasme et une persévérance dignes d'un véritable marin français.

Heureusement l'amiral n'avait pas disparu tout entier. Il avait déjà en
quelque sorte un pied dans la tombe, lorsqu'il avait rédigé un discours que
son gendre, l'astronome Bigourdan, retrouva dans ses papiers et dont
M. Tisserand donna lecture.

Le soleil était radieux, comme si Phébus avait tenu à être de la fête et
à contribuer à l'éclat de l'hommage tardif rendu au premier astronome qui

avait compris qu'il fallait surtout l'observer lorsque la lune venait à le cacher
pendant quelques instants aux enfants de la terre.

Les tentes avaient été disposées d'une façon fort habile par M. Fraissinet
qui, en qualité de secrétaire de l'Observatoire avait organisé la partie
matérielle de la fête de sorte que la présence de l'astre ajoutait à l'éclat de
la cérémonie sans gêner en aucune façon ceux qui y avaient été conviés ainsi
que Tisserand le dit dans quelques mots d'introduction.

« Nous sommes heureux de voir assister à la glorification de son père
M. Emmanuel Arago, qui représente si dignement la République française
dans un pays voisin. Nous aurions voulu voir à ses côtés la vaillante nièce
de François Arago, Mme Laugier, fille et femme d'astronomes éminents, qui a
voué noblement sa vie au culte de ses chers disparus; l'état chancelant de sa
santé ne lui a pas permis d'assister à cette pieuse cérémonie, mais nous savons
qu'elle est avec nous de tout cœur. »

Aussi lorsque le voile qui recouvrait le chef-d'œuvre du statuaire Oliva
se fut abaissé tous les regards s'abaissèrent vers la terre pour trouver dans
les traits d'Emmanuel Arago et de son fils François des traits de ressemblance
avec le héros de la journée.

Le discours de l'amiral Mouchez était écrit d'un style ferme et avait une
franchise toute navale. C'était Arago placé pour la première fois sur son vrai
piédestal et loué en termes de nature à donner entière satisfaction à la grande
ombre de l'astronome, si du séjour des sages l'on peut encore entendre un
écho de ce qui se passe ici-bas. L'amiral Mouchez ne se contentait pas de
quelques paroles bienveillantes, et bien tournées comme l'astronome qui lui
servait d'interprète l'avait fait avant lui; il disait :

« Nous payons tardivement aujourd'hui une dette sacrée à la mémoire
d'Arago. Une statue, ciselée par un artiste éminent, M. Mercié, lui avait été
élevée il y a quatorze ans, à Perpignan, près du lieu de sa naissance.

Mais la gloire d'Arago, dans les Sciences et dans la Politique, rejaillit
sur la nation tout entière, et, pour la consacrer dignement, un monument
devait lui être élevé à Paris même, près de cet Observatoire qu'il a illustré
par ses découvertes, pendant un demi-siècle.

« Parmi les hommes de science qui ont le plus honoré notre pays par leurs
travaux et leurs découvertes, il en est peu qui aient rendu plus de services
qu'Arago; et parmi les savants qui ont transformé le monde dans notre
XIXe siècle, il n'en est aucun dont le nom ait conquis une popularité plus légitime.

« C'est que, par un rare privilège, cet homme illustre joignait à la plus
brillante intelligence et aux plus vastes connaissances un cœur généreux ouvert
à tous les nobles sentiments, avec un esprit libéral avide de tous les progrès.

ARAGO

Membre du Gouvernement provisoire et ministre de la Marine.

« Républicain convaincu, il fut toute sa vie un ardent défenseur des libertés publiques : sa puissante organisation lui permettait de se livrer avec un égal succès au culte le plus élevé de la science et à l'étude des questions politiques et sociales.

« Aussi passionné pour l'enseignement que pour l'étude, pendant sa longue et féconde carrière, il ne cessa pas un seul jour de remplir la double tâche qu'il s'était imposée : la recherche incessante de vérités nouvelles, puis leur vulgarisation pour en tirer toutes les conséquences utiles au bien public. »

Elève d'Arago, l'amiral Mouchez avait appris de bonne heure, étant encore à l'école navale, toute l'importance pour la marine des études astronomiques, navigateur expérimenté, il comprenait à merveille, l'intérêt qu'ont les officiers à ne pas se borner à manier les instruments d'optique pour prendre la hauteur du soleil, ou déterminer les distances lunaires avec une approximation suffisante.

Avant d'être appelé à la direction de l'Observatoire, il avait fondé une école d'astronomie pratique où les jeunes enseignés viennent faire une campagne d'observation et s'habituer à la manœuvre des grandes lunettes. Il n'oublia pas qu'il devait parler dans cette occasion solennelle en sa double qualité de directeur d'Observatoire et d'officier de marine. Il se tira de sa double mission avec un courage digne d'admiration et pour la première fois, dans cette enceinte toute remplie de la gloire d'Arago, il rappela ce qu'aucun de ses confrères de l'Académie n'avait eu le courage d'indiquer même par voie d'allusion indirecte.

« C'est Arago qui encouragea les premiers travaux astronomiques d'un jeune ingénieur, habile géomètre, qui allait réaliser un des plus beaux triomphes de la science moderne : c'est en effet sous son inspiration que Le Verrier parvint à déterminer, par la seule puissance du calcul, la position exacte de Neptune, cette planète jusqu'alors inconnue et qui ne manifestait son existence que par les faibles perturbations qu'elle produisait sur Uranus.

En ce moment passa sur l'assemblée le frisson du souvenir ! Ceux qui savaient, ceux qui avaient vu se dérouler le drame de la mort de Mauvais, les orages intestins, les déchirements secrets se regardèrent...

Involontairement Tisserand s'arrêta, comme s'il avait trébuché en rencontrant quelque obstacle. Mais ce fut un imperceptible temps d'arrêt dont la grande masse du public ne parut nullement s'apercevoir.

A peine l'émotion produite par cette assertion brûlante s'était-elle calmée que Tisserand, dont la voix assez faible avait été couverte par les mouvements produits dans le sein de l'assemblée, reprit, au milieu du silence religieux qui ne tarda point à régner de nouveau, la suite du discours. Il lût rapidement

des considérations sur lesquelles il ne nous est pas possible d'attirer l'attention de nos lecteurs sans dépasser les bornes, de notre travail.

Bientôt l'amiral arrive à une invention qui a eu le temps de grandir pendant qu'Arago attendait l'hommage qui lui était dû à l'Observatoire de Paris.

« Dans le fait de la déviation de l'aiguille aimantée sous l'influence d'un
courant, signalé par Œrstedt, Arago trouve bientôt, avec l'électro-aimant, la
base fondamentale des merveilleuses applications de l'électricité à la télégraphie, qui permet à la pensée de l'homme de faire le tour de la terre en une fraction de seconde et qui donne à la plus faible voix des centaines de kilomètres
de portée. Et, comme le Gouvernement voulait se réserver l'usage exclusif de
cette découverte, Arago plaida énergiquement en faveur de l'intérêt général;
entraînée par son éloquence, la Chambre des Députés adoptant la proposition
mit en minorité le cabinet. »

Le plus bel hommage qui puisse être rendu à Arago et à Ampère qui a
été de moitié dans cette découverte mémorable n'est-il pas de donner un
tableau rapide de l'état actuel des communications télégraphiques et télépho-
niques dans tout l'univers.

En effet ces deux manières de communiquer à distance, sont dues à
l'usage de cet électro-aimant que son génie fit jaillir instantanément d'un
appareil imaginé par Ampère, et qui dans cette adjonction providentielle
serait peut-être encore aujourd'hui un simple objet de curiosité scientifique.

Sans cette adjonction merveilleuse centuplant la force et multipliant dans
une proportion incroyable l'utilité des spirales électro-magnétiques, l'humanité n'aurait pas supprimé le temps dans les relations sociales, nos messages
d'un bout du monde civilisé à l'autre ne seraient pas envoyés avec une facilité que les merveilles de la télégraphie sans fil ne feront jamais oublier et dont
Jupiter aurait été jaloux. Car la vitesse des nouvelles portées par Iris, n'a
jamais sans doute atteint celle des télégrammes d'Extrême-Orient que le
moindre journal quotidien met sous les yeux de ses lecteurs.

'« C'est encore Arago, continue l'amiral, qui soutint et patronna Daguerre
en faisant comprendre l'immense importance de sa découverte. Dès les premiers essais, il eut l'idée de l'appliquer à la photographie céleste, et j'ai pu
recueillir pour notre musée de l'Observatoire les premières et pâles images
obtenues par Arago et Daguerre d'une éclipse partielle de soleil.

« Quel n'eût pas été son enthousiasme s'il avait pu voir autrement qu'en
espérance les étonnantes photographies célestes que nous obtenons aujour-
d'hui ! Le soleil, avec son éblouissante lumière, ne lui avait donné qu'une
faible esquisse; et aujourd'hui des millions d'astres, d'immenses et pâles nébu-
leuses viennent se graver sur nos clichés et y inscrire leurs positions exactes.

« En nous permettant de faire ainsi en quelques minutes ce qui aurait exigé plusieurs années de travail, la photographie nous a donné la possibilité d'entreprendre l'œuvre colossale de la carte du Ciel qui, grâce au concours des principales nations civilisées, pourra être exécutée en quelques années: »

Rien n'est plus vrai, rien n'est plus exact que les belles paroles que nous venons de transcrire. Mais en parlant ainsi, il est juste de reconnaitre que l'amiral n'était point un orateur complètement désintéressé, car il parlait pour sa propre cause.

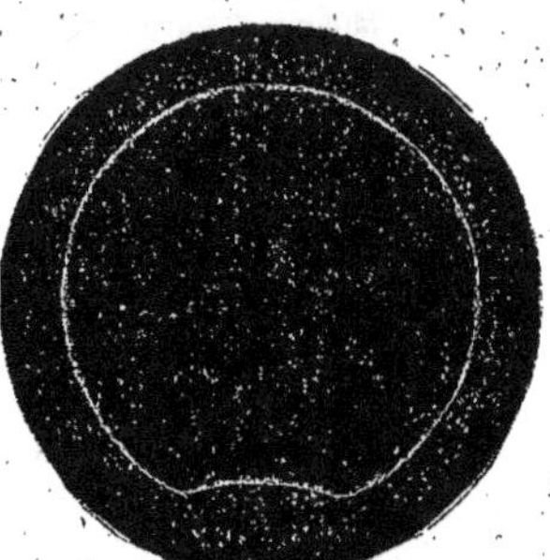

Éclipse de soleil, photographié par Arago
Cliché conservé à l'Observatoire.

C'est bien l'amiral Mouchez, qui de ce côté essentiel a été le continuateur d'Arago. C'est lui qui a fondé l'œuvre véritablement internationale de la carte photographique du ciel. Cette grande entreprise fait de l'Observatoire de Paris le chef-lieu de tous les observatoires du monde, ce qui devait probablement être inscrit en lettres d'or dans le livre des Destins. En effet n'est-ce point à la Ville Lumière que devait être réservé l'honneur d'apprendre aux hommes l'art d'employer la lumière pour obliger les astres les plus lointains à écrire eux-mêmes l'histoire de leurs évolutions.

Ce qu'il n'aurait pu ajouter c'est que cette idée si belle lui avait donné le moyen d'introduire dans l'Observatoire la plus gracieuse moitié du genre humain et que parmi les auditeurs se trouvaient les femmes employées aux mesures micrométriques de la carte du ciel et Mlle Dorothée Klunpke, aujourd'hui madame Isaac Roberts, qui les dirigeait alors.

* *

M. Cornu, célèbre physicien dont l'Académie des Sciences déplore encore en ce moment la perte prématurée et récente, prit ensuite la parole en quelque sorte pour un fait personnel. En effet, après avoir résumé d'une façon

37

brillante la manière dont Arago a démontré la supériorité de la théorie des ondulations de l'éther sur toutes les autres, l'orateur a été conduit à parler de ses propres travaux. Avec une noble franchise il a reconnu, que somme toute il n'avait fait, malgré le concours si précieux de M. Fizeau, que de mettre en pratique une méthode sûre, dont l'idée mère appartenait à François Arago, qui en avait développé le principe à l'Académie des Sciences.

VII

M. de Mahy, ancien ministre et représentant l'île de la Réunion à la Chambre des Députés, prononça un discours qui peut être considéré comme le complément historique et philosophique de celui de l'amiral. En effet l'orateur s'attache particulièrement à montrer que l'abolition de l'esclavage n'était pas seulement une œuvre de parti, mais une œuvre éminemment nationale, que jamais l'esclavage n'avait été accepté sans répugnance par les descendants des Francs. L'histoire impartiale doit dire que la République par la main d'Arago a donné la sanction des faits aux nobles traditions de l'ancienne monarchie française. Elle ajoutera que le premier empire, essayant de le rétablir, est responsable des catastrophes de Saint-Domingue, des horreurs qui désolent périodiquement la plus belle des Antilles. Tout le sang versé depuis la capture de Toussaint-Louverture retombe à plat sur sa mémoire.

Nul n'a le droit de reprocher à Arago d'avoir attaché son nom à une mesure hâtive, intempestive, exécutée d'une façon indigne d'un homme de science. Avec quelle puissance M. de Mahy le démontre !

« Dans les Antilles, elle mit fin à des agitations redoutables, à une situation profondément troublée. A Bourbon, elle fut la dernière et facile étape d'un progrès social depuis longtemps préparé chez nous, dans les mœurs et dans la pratique journalière de la vie. Il n'y avait, en effet, entre les maîtres et les esclaves, aucune animosité. Chez les uns et chez les autres, les mœurs étaient douces, les dispositions bienveillantes; on ne se traitait pas réciproquement en étrangers, encore moins en ennemis, et il y avait près d'un siècle déjà qu'un intendant, qui fut notre plus sage administrateur, Pierre Poivre, avait pris des mesures de rigueur contre les mauvais maîtres (il y en eut d'abominables dont la mémoire est restée exécrée) et avait su faire comprendre à tous que le seul moyen de « prévenir les malheurs dont l'introduction « de nouveaux esclaves menaçait la colonie était d'être juste et bienfaisant « envers ces malheureux et de faciliter les mariages. Des esclaves bien traités « serviront bien leurs maîtres pendant la paix et pendant la guerre. Les enfants

« regarderont la maison de leur maître comme la maison paternelle et l'île
« comme leur patrie ». C'est en effet ce qui advint. Quand on importait des
esclaves du dehors, ils étaient bien vite absorbés et assimilés au milieu de la
masse des esclaves nés dans la colonie, « françisés », comme on disait alors,
et ne connaissant pas d'autre patrie.

  « Cet état de choses était plus que séculaire, toute importation d'esclaves
nouveaux avait cessé depuis plus de 30 ans; ce qui en restait dans le pays
était réellement et entièrement devenu français, quand le Gouvernement républicain de 1848 abolit à jamais l'esclavage et restitua à tous les colons, anciens

Envahissement de la Chambre des Députés au 24 Février 1848.

et nouveaux libres, une part égale des droits et devoirs attachés à la qualité
de citoyen français. Cette réforme n'était donc pas prématurée. Connus dès
le mois de juin, par quelques journaux qu'un navire avait jeté en passant,
les décrets d'émancipation ne causèrent aucun trouble dans l'île. « La popu-
« lation, animée d'un esprit de haute raison, selon l'expression d'un témoin
« oculaire, l'amiral Page, sut résister à toutes les causes d'ébranlement...
« La transformation sociale était depuis longtemps dans les esprits... Soit
« douceur naturelle produite par le climat, soit bonheur des circonstances,
« la haine des castes y est inconnue... Rien ne broncha dans cette société »;
et quand le commissaire du Gouvernement, M. Sarda-Garriga, envoyé pour
libérer les esclaves, arriva dans la colonie en octobre seulement, il la trouva
toujours en parfaite tranquillité.

  « Il est doux à mon cœur, s'écria-t-il dans sa proclamation, il est doux
« à mon cœur de proclamer l'émancipation des esclaves au milieu du calme

« des populations, sans que les paisibles travaux des champs s'en soient res-
« sentis. J'aime à le répéter, à l'éternel honneur des maîtres et des esclaves. »

« Ils méritaient cet éloge. L'émancipation, annoncée en juin, fut officiellement promulguée en octobre; mais les effets en ayant été ajournés par
simple arrêté du gouvernement, grâce à la profonde sagesse et au ferme bon
sens de M. Sarda-Garriga, jusqu'après l'achèvement de la récolte qui venait
de commencer, les esclaves eurent la patience d'attendre. Aucun atelier ne
fut abandonné; dans aucun le travail ne fut un seul jour suspendu, et ce n'est
que beaucoup plus tard, le 20 décembre, que le décret fut mis à exécution.
Pendant ces longs mois d'attente, pas une récrimination, pas une vengeance,
pas un murmure.

« Au jour fixé, le 20 décembre 1848, à minuit sonnant, selon le témoignage d'un de mes compatriotes et qui fut plus tard gouverneur de la colonie,
M. Hubert-Delisle, *les esclaves palpèrent la liberté* en parcourant les grandes
routes et en accompagnant, avec des chants d'allégresse, le commissaire de
la République, M. Sarda-Garriga, faisant sa tournée libératrice dans l'île
entière. Il n'y eut pas le plus léger désordre. Au bout de quelques jours, la
plupart reprirent le travail. Un certain nombre changèrent de maîtres, d'autres
s'employèrent comme journaliers, d'autres revinrent, libres et salariés sur
les mêmes propriétés, où de père en fils ils avaient subi la loi de l'esclavage.
Beaucoup d'entre eux réussirent, à force de bonne conduite, à amasser un
pécule et devinrent de petits propriétaires, ou s'adonnèrent au petit commerce
et à la petite industrie. Plusieurs ont atteint l'aisance et même la fortune et
ont fait souche de familles influentes, justement considérées. Quant aux droits
politiques dont ils furent tout à coup investis, ils en usèrent avec une sagesse,
une tranquillité, un discernement que personne ne saurait contester. »

Citons encore les paroles qui suivirent cette éloquente démonstration de
l'opportunité d'un grand acte humanitaire et riposteur d'une des erreurs du
premier empire. N'est-ce pas un grand exemple qui a été donné? N'est-ce
pas un fait social, un phénomène très digne d'intérêt que celui dont nos
colonies ont été le théâtre en 1848, grâce à M. Arago et à M. Schœlcher? Je
ne sais si je m'abuse, si ma reconnaissance grandit les proportions de ces
événements, mais je ne sais rien de plus beau dans notre histoire, rien de
plus émouvant que cette intrusion instantanée, unique à la France, de toutes
les libertés tombant à la fois dans un organisme social fondé sur l'esclavage
et le transformant en société entièrement libre, investie tout à coup de tous
les droits de l'homme et du citoyen et les exerçant d'emblée sans qu'il en soit
résulté le moindre à-coup, la plus faible secousse, le plus léger trouble, le
plus petit inconvénient, rien en un mot, rien que du bien! »

« Je ne sais rien de plus honorable, ni qui montre avec plus d'éclat, de précision et de force, la générosité, la grandeur du génie français, sa puissance civilisatrice et les merveilleuses aptitudes dont notre race est douée pour la colonisation.

« Avoir su forcer de tourner au bien un principe fondamentalement mauvais, l'esclavage, la France seule a accompli ce chef-d'œuvre. »

L'effet de cette noble déclaration fut immense. Cependant il fut peu de chose auprès de l'émotion qui s'empara de l'assemblée lorsque l'orateur

M. Fraissinet, secrétaire de l'Observatoire, titulaire actuel de la fonction par laquelle Arago débuta en 1807.

interpelle Schœlcher. Le seul des collaborateurs d'Arago, que la mort eût encore épargné, fut si vivement ému, qu'il n'essaya même pas de répondre. Mais on entendit s'échapper de sa poitrine des sanglots et des larmes qui semblaient couler des pays d'outre-tombe !

Malgré leur mérite les autres discours parurent froids. On écouta à peine un ingénieur de la Ville de Paris, rappelant qu'il était élève à l'École Polytechnique lorsque dociles à la voix de leur sergent-major le sénateur de Freycinet, ils désobéirent noblement aux ordres de leur général, en vrais condisciples des Vaneau, des Charras, des Catalan et des Faye.

Le calme se rétablit lorsque l'on vit se lever M. Poincaré pour prendre la parole à son tour.

Le sympathique ministre de l'Instruction publique rappela que la Révolution de Juillet avait fait d'Arago un député, et que la Révolution de Février en avait fait le Président du Gouvernement de la République.

S'il n'avait redouté de paraître trop sévère M. Poincaré aurait certainement ajouté, que le coup d'Etat avait certainement plus fait encore pour la glorification du grand astronome, car il en avait fait un martyr. C'était lui qui avait ébauché l'apothéose terminée par les énergumènes ayant fait rejeter les propositions d'Hovelacque. Il aurait manqué quelque chose à ce triomphe si les rayons n'avaient brillé au milieu des nuages amassés par les tempêtes.

Plus de dix années se sont écoulées depuis le jour de Justice nationale. Pendant cette période déjà longue l'Observatoire n'a jamais cessé de se développer dans le sens indiqué par le discours de l'amiral Mouchez. Le programme tracé est devenu une vérité vécue.

Une vue photographique de la terrasse du grand observatoire nous montre ce qu'est devenue la maison d'Arago.

L'administration d'Arago a été le chaînon rattachant les gloires de l'ancienne astronomie à celles de l'astronomie de l'avenir. La grande lunette qu'on lui doit, est l'expression de la science de Galilée. Cet instrument a servi de modèle à tous ses congénères qui n'en diffèrent que par leur proportion plus grande et surtout leur situation meilleure. Elle marque la transition d'un instrument encore unique dans le monde, s'élevant dans une partie de l'établissement où les astronomes de la fin du XVII° siècle ont appliqué la Tour de Marly.

L'Observatoire de Paris tient à donner le signal de toute innovation importante. Il est persuadé qu'il faut appliquer en matière scientifique cet adage « noblesse oblige ! »

Dans le magnifique paysage scientifique que nous reproduisons, on chercherait vainement une salle de conférences publiques, ce n'est pas que l'on ignore la lacune créée lorsque l'amphithéâtre dont les murs avaient répercuté les échos de la voix d'Arago fut mis entre les mains des démolisseurs, mais au fond de cet acte de vandalisme, n'y avait-il pas quelque trace de dépit grandiose ? L'astronome qui s'en rendait coupable ne rendait-il pas justice à Arago ? Est-ce qu'il ne déclarait pas d'une façon brutale mais solennelle que dans son enseignement de l'astronomie populaire, Arago ne pouvait avoir de successeur.

LA PHILOSOPHIE D'ARAGO[1]

(1) Une partie de ce chapitre a été rédigée pour le journal Le Temps.

LA PHILOSOPHIE D'ARAGO

Le grand homme dont nous avons raconté la jeunesse n'a point laissé de traité de philosophie. Dans la collection si volumineuse de ses œuvres complètes on ne trouve aucun discours, aucun opuscule dans lequel il ait examiné « ex-professo » une des immenses questions qui ont le privilège de passionner l'âme humaine et dont l'on doit se préoccuper si l'on est digne du nom d'homme. Mais de chacune de ses productions si variées, de chacun de ses actes, de chacune de ses expériences et de ses découvertes, il se dégage une philosophie profonde à laquelle il est resté fidèle depuis sa jeunesse jusqu'à sa mort.

C'est par une pareille unité qu'il brille et que son génie se distingue de celui d'hommes également célèbres par la puissance de leurs inspirations, que par l'éclat de leurs erreurs et les constantes vacillations de leur caractère. Cette unité profonde et admirable du caractère d'Arago doit être mise en évidence. C'est le couronnement de l'édifice que des plumes plus habiles que la nôtre édifieront certainement à sa gloire. Car elle est indispensable pour comprendre le rôle capital qu'il a joué dans l'évolution de la liberté française. Son influence a longtemps survécu à son existence matérielle ; elle s'est prolongée bien au delà du jour fatal d'octobre 1853 où il a rendu le dernier soupir !

Le caractère essentiel de cette philosophie c'est d'être avant tout française, c'est-à-dire d'être parfaitement adaptée à notre caractère national. En effet elle n'est autre que celle de René Descartes c'est-à-dire celle de l'Institut national.

En effet, malgré des défaillances individuelles, des fantaisies personnelles cette grande institution n'a jamais renoncé à ces principes philosophiques qui ont présidé à la fondation de l'académie des sciences et qui, on le sait maintenant, inspiraient le génie de Colbert !

Les vrais fondateurs de cette académie ne sont-ils pas les amis du grand Proscrit, les illustres penseurs qui aux jours sombres du xvii° siècle se réunissaient chez le Père Mersenne, dans le couvent des Ursulines célestes, près de la place Royale ? Est-ce que cette philosophie basée sur l'infaillibilité de la conscience humaine et sur la contingence des impressions sensuelles n'était point celle des plus illustres chefs de cette phalange de chercheurs, des Fontenelle et des Condorcet.

Pour compléter Arago c'est Condorcet qu'il faut lire... Arago n'avait pas besoin d'écrire sa doctrine philosophique elle l'avait été dans ce livre admirable sur le Progrès, ce livre composé au moment où les furies de la guillotine étaient déchaînées sur la France et auraient déshonoré la Liberté si la Liberté pouvait être déshonorée par les crimes de quelques monstres !

Cette philosophie est celle de Victor Cousin, d'Adolphe Thiers, de Barthélemy Saint-Hilaire et de Jules Simon. C'est celle que Henry Martin développe dans son histoire. C'est même celle que professaient les Anciens gaulois lorsqu'ils célébraient dans le Temple de Carnak la fête du soleil. On peut le dire hardiment c'est celle de tous les vrais républicains. C'est la seule qui assure à l'homme la possession de la Raison. Car si elle est avide de progrès elle ne se laisse jamais égarer par le progrès des Sciences.

* *
*

Dans ses amitiés comme dans ses études Arago était avant tout cosmopolite. Sa liaison avec le savant prussien Humboldt est célèbre dans tout l'univers. Il fut également lié intimement avec Lord Brougham, l'éloquent avocat de la reine Caroline et l'habile historien du mouvement scientifique en Angleterre ; il était intime avec Faraday, le roi des Electriciens du milieu du xix° siècle ; avec Sir David Brewster, un des personnages scientifiques les plus aimables de cette grande époque, etc., etc.

Pour lui la vérité n'avait pas de patrie. Cependant c'est Arago qui a peut-être employé pour la première fois le mot de la *science française* et bien des fois il s'en est servi avec avantage dans ses mémoires ainsi que dans ses discours. Il n'y a aucune contradiction entre l'idée qu'exprime cette locution et celle de l'universalité des conquêtes scientifiques de l'esprit humain. Si les deux conceptions paraissent incompatibles, c'est parce que généralement

on se fait une fausse idée de la nature des découvertes dans l'ordre de la
physique, de l'astronomie, de la chimie. On tombe dans le travers qu'Arago
a toujours combattu et qui est si commun chez les savants vulgaires. En
effet les esprits étroits, bornés, pédantesques, se laissent séduire par les résultats de la civilisation, ils s'imaginent naïvement que l'homme qui est parvenu
à dompter certaines forces naturelles, à les utiliser est susceptible de découvrir les lois de l'organisation de l'univers. Ils font de chaque savant une
sorte de Pape auquel ils accordent le privilège de l'infaillibilité. Ils construi-
sent un roman scientifique, bien plus difficile à comprendre, et bien moins
intéressant que le moins bon de Jules Verne.

Ils pontifient, ils enseignent la vérité éternelle. Sur l'hypothèse de Laplace
ils en échafaudent une foule d'autres qu'il serait trop long d'énumérer. Celle
de Bernouilly qui voulait que les gaz soient formés d'une infinité de molécules,
infiniment élastiques et en collision éternelle. Celle de W. Cookes sur les mouvements de la matière radiante, celle de Darwin sur l'origine des espèces,
celle de Huyghens sur les vibrations de la lumière etc., etc.

∴

Une partie excessivement brillante des travaux d'Arago est celle que Jamin
a si admirablement résumée dans l'oraison funèbre prononcée sous la coupole
et qui est relative à la théorie des ondulations. C'est la partie de ses travaux
pour laquelle il s'est le plus réellement passionné. Il s'est exprimé avec autant
d'éloquence convaincue que pour la défense du suffrage universel !

Cependant même dans cette portion de sa carrière il n'a pas été aussi
loin que son guide. Il n'a pas suivi jusqu'au bout Fresnel. Comme nous l'avons
rappelé, ce manque d'entrain a été gourmandé par son panégyriste dans
cette enceinte même, dont la chaude éloquence avait fait si souvent retentir
les murailles.

D'où vient cette réserve qui a révolté Jamin?

C'est qu'Arago était avant tout un disciple de Descartes, c'est qu'il croyait
qu'il n'y avait rien de certain sur la terre, que le phénomène de la pensée,
qui est la puissante affirmation de l'être et la base de toute certitude.

Dans chaque découverte il y a deux choses : le fait matériel qui s'impose
et les explications que nous donnons.

Quelque plausibles que soient ces dernières elles ne sont jamais que
problématiques. Leur règne n'est qu'éphémère, elles sont susceptibles d'être
renversées par des explications nouvelles. Non seulement elles sont susceptibles de l'être mais elles le sont en réalité.

L'histoire des sciences nous fait en effet assister à une série de révolutions successives non moins radicales que celles que nous voyons accomplir dans le domaine de la Politique. De même que les Perses ont succédé aux Babyloniens, qu'à leur tour les descendants de Cyrus ont été vaincus par les Macédoniens, que les Macédoniens l'ont été par les Romains, que les Romains le furent à leur tour par les barbares nous voyons l'astrologie et l'alchimie disparaître pour faire place à l'astronomie, à la chimie et à la physique, la théorie de Newton jouit d'une longue période de gloire.

Malgré tout le talent de Biot cette doctrine s'effondra sous les coups de Fresnel et d'Arago.

Les comptes rendus retentissent encore de ces débats mémorables, qui ont succédé à ceux de Cuvier et de Geoffroy St-Hilaire à ceux de Portas et de Fouchet, lorsque l'analyse spectrale vient nous offrir un nouveau champ de discussions dont Arago n'avait pu que soupçonner la nature dans ses découvertes sur la polarisation de la lumière mais dans lequel il avait servi à la fois de guide et de précurseur. Sa chimie théorique ne subit pas une révolution moins capitale. On mit au rancart la théorie atomique, la nomenclature de Lavoisier fut impitoyablement sacrifiée par des néologismes auxquels Dumas lui-même déclarait en pleine académie qu'il ne pouvait rien comprendre. Le rêve de Gaudin, le calculateur incompris et peut-être incompréhensible devenait le point de départ d'une nouvelle foi scientifique.

L'architecture des atomes avait et a encore aujourd'hui des jours de triomphe. Il n'y a point jusqu'à la météorologie qui à son tour ne soit entrée en danse.

Cette science qui n'existait point lorsque Arago a rédigé son volume sur « L'Etat thermométrique du globe, » sa « Notice sur le tonnerre » et ses recherches sur « L'Action de la lune sur les phénomènes atmosphériques » a pris des développements tout à fait inattendus.

⁂

Les météorologistes contemporains regardent avec mépris leurs collègues qui s'entêtent à suivre les préceptes de Walferdin, de Renou et de Cotte. On ne les verra plus faire consister leur science dans la détermination du dixième du degré de température comme certains astronomes le font du centième de seconde d'angle. Les hommes du thermomètre ont de nos jours des idées plus larges sur le rôle que la spécialité qu'ils cultivent est appelée à jouer mais leur enthousiasme se laisse quelquefois entraîner au delà de toutes les bornes de la raison.

L'organe de la météorologie officielle d'Autriche et d'Allemagne publie en tête de son numéro du 1ᵉʳ janvier 1904 un article programme dû à un savant fort estimable qui cherche à définir le but de cette branche nouvelle dans laquelle la physique et l'astronomie doivent se donner la main, grâce à l'intervention de la navigation aérienne.

Quel est l'idéal qu'il propose, le but qu'il montre aux membres de toutes les sociétés savantes du monde, qu'il présentera certainement à l'association de toutes les académies ; c'est de découvrir un système de sept équations simultanées à sept inconnues, et dont six sont des équations différentielles du second ordre.

La résolution de ce système compliqué s'impose afin que l'on puisse déterminer à toute heure du jour et pour toute altitude la pression barométrique, la densité de l'air, la vitesse du vent, sa direction dans le plan vertical, son inclinaison sur le plan horizontal ; la température absolue et son état d'humidité si tout cela était résolu, reste encore à savoir s'il ne faudrait pas se préoccuper d'un élément particulièrement redoutable dont ce savant ne souffle pas mot et qui se nomme l'électricité ou pour parler plus exactement les deux électricités. Ne faudra-t-il pas déterminer leur tension absolue ainsi que leur nature, et savoir quelle est la matière qui leur sert de véhicule.

.*.

Arago a commis bien des erreurs dans des circonstances importantes, erreurs qu'il n'y a point à dissimuler car elles sont de nature fort honorable, elles ne portent aucune ombre sur sa gloire.

Pendant plusieurs années, de même que Thiers, il n'a pas cru à l'avenir des chemins de fer. L'origine de cette opinion est fort singulière et particulièrement instructive et singulièrement suggestive.

Lorsque le gouvernement français entendit parler des essais de locomotive qui se faisaient en Angleterre, il envoya, de l'autre côté du détroit, un habile ingénieur, membre de l'académie des Sciences et géomètre distingué, nommé Charles Dupin. Charles Dupin alla à Liverpool et visita les machines qui ont contribué à l'élaboration de la « Fusée » de Stephenson. Il fut enchanté de ce qu'il vit et il écrivit le plus grand éloge de tous les inventeurs qui se disputaient le prix dans cette lutte véritablement héroïque. Mais il revint persuadé que tout cela était une chimère. « La locomotive, disait-il avec beaucoup de raison, n'aura point assez d'adhérence, elle ne courra point, elle glissera sur les rails et pourra à peine bouger. » Ce raisonnement porta la conviction dans l'esprit d'Arago et de Thiers.

Je crois que c'est pour être arrivé à cette conclusion magistrale que Charles Dupin fut créé baron.

Il serait à souhaiter que jamais gouvernement royal n'ait créé non seulement des barons, mais des comtes, des marquis, voire même des princes pour des motif dix fois moins avouables ou cent fois pires !

Mais ce que Charles Dupin n'avait pas vu et ce que les savants, qui voyaient de confiance par ses yeux, n'avaient pu voir, c'est qu'il y avait un moyen, d'une simplicité merveilleuse d'obvier à cet inconvénient : c'était d'augmenter l'adhérence et que pour augmenter l'adhérence il n'y avait qu'à ne pas alléger la locomotive. Il y avait au contraire à augmenter la charge d'une façon quelconque fût-ce en y mettant des pierres!

．**∗**．

Arago commit une autre erreur notable, ce fut à propos des fortifications de Paris dont il était partisan déclaré. En effet il savait bien par les événements de 1814 et de 1815, que la France aurait pu être sauvée malgré les folies de l'Empire, la lâcheté du roi Joseph et même la catastrophe de Waterloo, si le patriotisme des Parisiens avait eu le temps de s'organiser, si l'ennemi s'était trouvé, pendant quelque temps, arrêté par un obstacle matériel comme le serait l'interposition d'une muraille.

Mais si Arago était partisan avoué de la construction de l'enceinte continue il était un adversaire acharné de la construction des forts détachés.

Les événements du siège de Paris semblent au premier abord donner parfaitement tort à l'illustre astronome. En effet, il est certain que l'on n'a point eu à se servir de l'enceinte continue, et que c'est uniquement sur les forts détachés qu'a porté le poids de la défense pendant un siège dont la durée a excédé largement celle qu'Arago avait pu raisonnablement prévoir. Cet enseignement est si complet que l'on songe en ce moment à supprimer l'enceinte continue sur une portion du périmètre. On peut même prévoir que le reste ne tardera pas longtemps à suivre le même sort.

Mais il ne faut point oublier qu'à l'époque où Arago attaquait si vigoureusement les forts détachés à la tribune nationale, le peuple de Paris n'avait pas seulement à craindre l'ennemi extérieur, il avait à redouter l'ennemi intérieur. En effet la révolution de Juillet n'avait pas produit ses fruits légitimes, il y avait un trône, c'est-à-dire une dynastie. Le jour qu'il était facile de prévoir où dans un avenir plus ou moins éloigné le peuple généreux de la capitale se lasserait d'un régime de mensonge et d'hypocrisie, lorsqu'il voudrait recommencer Juillet, les forts détachés devraient le réduire à l'obéissance.

Aujourd'hui où la nation est absolument maîtresse de ses destinées où le suffrage universel règne, de pareils conflits ne sont plus à craindre car la volonté nationale exprimée comme elle l'est depuis le 4 septembre 1870 doit être obéie : « Per fas et nefas » HONNI SOIT QUI MAL Y PENSE.

Arago dévoilait le secret dessein de traiter Paris comme une autre ville de Lyon, lors des événements de 1832. Il montrait, la manière suspecte dont les forts détachés de la rive gauche avaient été astucieusement rapprochés des quartiers dont le soulèvement était le plus à craindre.

Il énumérait les hauteurs voisines dont la possession eût été bien autrement précieuse pour la défense de la place et dont les Allemands se sont empressés de s'emparer en 1870, où ils ont été si fortement installés et où ils étaient si gênants pour les troupes parisiennes !

**

Louis-Philippe n'a pu mettre à exécution ces desseins si longuement médités, si soigneusement préparés, parce qu'il a été frappé de vertige, parce que les événements se sont précipités avec une rapidité qui tenait du miracle. Sans aucun doute l'insurrection était étouffée dans le sang des amis de la Liberté, si l'intrigue de la duchesse d'Orléans voulant escamoter la Régence, n'avait jeté la désorganisation dans le parti de la Cour, si Guizot mécontent de se trouver abandonné avait transmis régulièrement le pouvoir à son successeur et de s'être occupé de la gestion des affaires le maréchal Bugeaud chargé du commandement de l'armée était resté sans ordre en présence de la foule indignée de la sanglante boucherie du boulevard des Capucines, la prise inattendue de l'hôtel de ville enlevé, par un étrange subterfuge avait poussé le désarroi au paroxysme.

**

Jamais coup de main non prémédité, ne réussit d'une façon aussi admirable et n'excita autant d'enthousiasme dans toute l'Europe mais n'avait en lui-même tant de germes de contre-révolution.

L'incomparable mérite d'Arago fut de ne point avoir cédé un seul instant à l'enivrement du pouvoir et de n'avoir pas pris au sérieux le succès apparent de ses doctrines les plus chères.

C'est précisément à cause de cette sage réserve, unie à un profond sentiment du devoir qui montre toute l'étendue de son génie politique et la trempe vigoureuse de son caractère taillé à l'antique, c'est pour cela qu'il serait utile d'étudier avec détails son rôle pendant cette période si importante et si peu connue de notre histoire.

Il est essentiel que des légendes frelatées ne viennent point obscurcir des faits malheureusement trop limpides, et sur lesquels la majeure partie des gens qui les ont vécus ont une tendance invincible à garder le silence. C'est une disposition d'esprit trop facile à comprendre pourvu qu'ils aient joué un rôle.

En effet les Arago sont bien rares dans cette foire aux idées qui ne tarda point à s'ouvrir et qui a produit tant de contrastes étranges.

Ce n'est pas que les grands caractères aient manqué. La Rome antique n'a pas présenté de type aussi pur que celui d'Arnaud Barbès et de Martin Bernard. Il est rare de pousser le stoïcisme plus loin que ce spirituel et éloquent Marrast, quittant le fauteuil de la Présidence pour tomber dans l'oubli et végéter dans la misère. Le courage civique ne peut s'élever plus haut que celui de Pascal Desperat déclarant l'état de siège et de Marc Dufraisse adjurant ses collègues de la montagne de ne point se laisser séduire par les promesses du Prince qui siégeait à la cime ! Quel prophète d'Israël a eu une vision plus claire de l'avenir prochain, imminent, brûlant même qu'Adolphe Thiers lorsqu'à ces républicains affolés il lança ces mots fatidiques l' « Empire est fait ».

Combien il paraît utile, indispensable de voir la constance d'Arago restant le modèle du Parti Républicain au milieu de cette fournaise.

Il faudrait le suivre au milieu de toutes ces exagérations car on s'occupe en ce moment de falsifier cette histoire, au profit de ceux qui ont cédé à l'esprit de désordre, qui se sont laissé entraîner dans les rangs des ennemis de la République. Il faut nous attendre, à entendre l'apologie des complices involontaires du Deux Décembre! Peut-être même oserait-on vanter ces agents secrets du prétendant dont on trouve la main dans tous les crimes, dans toutes les exagérations coupables.

Arago peut servir de pierre de touche. En l'étudiant on arrivera à séparer le bon grain de l'ivraie et à montrer les causes de l'avortement d'une Révolution, celle par l'enthousiasme qu'elle a excité, et par la pureté des intentions, humanitaires qui animaient la majorité de la population parisienne.

On ne saurait trop redire, que cette sagesse d'esprit d'Arago provenait de sa modestie instinctive, de la haute idée qu'il avait de la grandeur et de la divinité de la nature. L'astronomie lui avait appris quelle est la petitesse de notre science en face de l'objet de la connaissance. Il savait que jamais nous ne pouvons observer le monde extérieur que par l'intermédiaire de nos organes des sens de sorte que nous ne voyons jamais le monde tel qu'il est. Il nous est impossible de nous débarrasser de l'influence des intermédiaires dont nous faisons usage. C'est ainsi que dans la détermination de la longueur d'un arc de méridien, nous traînons jusqu'au bout les erreurs relatives à la longueur de la base dont nous partons.

Il est certain que le système du monde doit paraître tout à fait différent aux habitants de Vénus qu'à ceux de Jupiter. Si dans ces deux planètes il y a des académies des sciences, les académiciens s'entendraient avec les nôtres sur beaucoup de vérités physiques ou astronomiques. Il n'y aurait qu'un fond commun qui serait le même pour tous. C'est l'ensemble des vérités de l'ordre géométrique. Peut-être les démonstrations diffèrent-elles (« toto cœlo » c'est le cas de le dire) mais nulle part le rapport de la circonférence au rayon ne diffère même d'une décimale du centième ordre !

Aux yeux d'Arago la science expérimentale a un caractère empirique, qui ne vicie pas les résultats, qui n'empêche pas de s'en servir avec sécurité dans leurs applications matérielles, et qui permet de les pousser jusqu'à leurs plus extrêmes limites.

Certes ce grand penseur, n'aurait point éprouvé le moindre sentiment de surprise en assistant au développement du réseau télégraphique et téléphonique basé sur son électro-aimant. Il aurait trouvé tout naturel le développement de la richesse publique provenant de la création du système des voies ferrées, et de l'organisation des services de bateaux à vapeurs. Le développement de la locomotion automobile et vélocipédique lui aurait paru un phénomène des plus normaux. Il eût admiré, sans crier au miracle l'organisation du réseau éliminatoire des courses en auto dans la journée du 20 mai 1904.

Mais il a toujours combattu tant par ses écrits que par son influence, les prétendus philosophes prétendant faire disparaître de l'astronomie, de la physique ou de la zoologie la morale et toutes les connaissances qui reposent directement sur la conscience humaine.

C'est dans ce but qu'il a toujours fait ses efforts pour enlever à ces dangereux sophistes l'éducation de la jeunesse.

C'est ce qui explique que ceux-ci se soient efforcés de noircir son caractère et après sa mort de diminuer sa mémoire.

Quoiqu'ils aient joui de la faveur de l'auteur du coup d'Etat, et de son cousin le Prince Napoléon, quoiqu'ils aient acquis à cause du concours qu'ils ont toujours trouvé chez les ennemis de la science française, la philosophie d'Arago ne tardera point à revenir en honneur.

En effet ne sommes-nous point arrivés à un « tournant » dans l'histoire des sciences et depuis quelque temps nous voyons se succéder des découvertes qui pourront donner un démenti à tout ce que nous avons admis jusqu'ici comme fondamental.

Depuis quelques années les propriétés étranges des rayons Rœntgen et de lumière cathodique ont déconcerté les physiciens qui croyaient être arrivés à connaître la dernière raison des choses, qui s'imaginaient comme l'a dit dernièrement un critique avoir été admis dans les couleurs de la nature.

Certainement notre conscience aurait été singulièrement troublée si nous avions été assez fous pour la faire consister non dans la notion spontanée du bien et du mal, du juste et de l'injuste, mais dans la différence qui sépare les corps diaphanes de ceux qui sont opaques.

En effet nous avons constaté l'existence de rayons de lumière qui traversent les écrans métalliques.

Mais, nous qui suivons les inspirations de notre raison naïve, jamais nous n'irons supposer qu'un disciple de Mandrin ou de Robert Macaire a le droit de vider notre bourse, parce que les rayons Rœntgen parviennent à photographier les louis d'or que contient votre porte-monnaie à travers le cuir de Russie le plus épais, dont on s'est servi pour le fabriquer.

Les merveilles de la télégraphie sans fil nous paraîtront certainement moins paradoxales que la constitution de l'éther telle que les physiciens la comprennent et l'expliquent, telle qu'elle paraît résulter des travaux d'Arago sur la production des franges, et sur celui des anneaux colorés, en un mot telle qu'elle constitue la théorie de l'éther !

Certes les gens qui expliquent tout doivent être quelque peu déconcertés par le nombre surprenant de faits nouveaux dont M. et Mme Curie, complétant la découverte de M. Becquerel sur les radiations de l'uranium ont surchargé la physique contemporaine. Il est assez difficile en effet d'expliquer comment un milligramme de radium peut fournir des émanations lumineuses et calorifiques qui ne s'épuisent pas, et qui paraissent avoir la propriété d'électriser l'air de la même manière qu'un morceau de musc le parfume.

Mais nous devons quelque peu nous rassurer en songeant que les explications que l'on enseigne depuis bien des années, et dont l'exposition peut paraître gênée par ces expériences nouvelles sont bien loin de briller par la limpidité et d'avoir l'évidence des axiomes de la philosophie socratique.

Le bombardement moléculaire était à la mode avant que l'on ait mis à sac des tonnes de pechblende pour en extraire des milligrammes de radium en brûlant des tonnes de houille et en faisant couler un fleuve d'eau distillée. Que d'hypothèses il suppose bien plus contraires à la raison que les émana-

tions nouvelles, et ces hypothèses que tant de gens acceptent les yeux fermés
comme paroles d'évangile, sont émises d'une façon que l'on pourrait dire gra-
tuite, par ceux qui les exposent n'émargeaient sur les fonds de toutes les académies et de toutes les Universités des deux hémisphères.

Des expériences certaines nous montrent que la lumière voyage
environ un million de fois plus vite que le son dans l'air. Nous admettons que
ces deux phénomènes se propagent de la même manière ce qui semblerait
prouver déjà que la nature est bien à court de moyens d'action. Puis nous
admettons, par-dessus le marché que la lumière et le son marchent par vibrations successives, chacune de ces ondulations représente un pas en avant.
Voilà qui est fort bien. Mais c'est la lumière qui marche un million de fois
plus vite dont les pas sont un million de fois plus petits car au lieu de les
mesurer en mètres il faut le faire en microns c'est-à-dire en millièmes de milli-
mètres.

La morale à tirer de tout cela ce n'est donc pas que la luminescence per-
sistante du radium contredit le grand principe qu'il n'y a pas d'effet sans cause,
ou si l'on aime mieux d'effort sans travail c'est que le mode de propagation
de la lumière n'est pas encore connu. Il constitue, malgré les travaux réellement immortels d'Arago et de Fresnel un chapitre à ajouter, et un des plus
intéressants à l'Encyclopédie de l'ignorance.

Quand nous ignorons pourquoi les soleils se meuvent le long de leurs
orbes, nous pouvons dormir en paix jusqu'à ce que l'on ait trouvé une raison
plausible pour découvrir les lois de l'émanation de quelques milligrammes de
radium.

Ce n'est point qu'il faille s'enfermer dans l'indifférence et ne point étudier
un corps si curieux qui peut nous donner un procédé pour guérir des affec-
tions considérées comme ne dépendant que du domaine de la chirurgie.

Déjà l'on a trouvé le moyen d'employer les substances radio-conductrices
à l'enregistrement des phénomènes électriques de l'atmosphère.

•

A propos de la catastrophe du ballon le « Touriste » qui le 12 mai 1904
a fait explosion dans la rue Charles-Robert nous nous sommes rendu à l'observatoire du Parc Saint-Maur, afin de voir si l'heure de la catastrophe ne
coïncidait point avec celle d'une décharge d'électricité naturelle.

A notre grande satisfaction nous avons vu, que d'après les indications de
M. Mascart, directeur du Bureau central dont dépend l'observatoire la prise

de potentiel avait été complètement changée, au lieu d'un écoulement d'eau système adopté dans tous les établissements similaires, mais offrant les plus graves inconvénients, l'enregistreur du Parc Saint-Maur est armé d'une capsule contenant 1/10 de gramme de chlorure de barium substance radio-conductrice dont le pouvoir est suffisant.

La science possède actuellement un appareil dont l'efficacité ne se borne pas à déterminer les variations du potentiel de l'air, dans les environs de Paris. A son aide les émules de M. Tuma, Exner, Elster et Geisel Bœrnstein, Lecadet, Sûring pourront étudier le potentiel des hautes régions atmosphé-riques.

Pour réussir dans cette utile croisade, ils n'ont nullement besoin de savoir pourquoi cette capsule d'aluminium renfermant sa ration du précieux chlorure possède la puissance de se mettre en équilibre de potentiel élec-trique.

C'est ainsi qu'Arago ne se préoccupait nullement de l'origine du pouvoir de la pile dont se servait Ampère pour animer ses spirales électrodynamiques.

Peu lui importait, en ce moment du moins, que la cause de cette propriété merveilleuse fût le simple contact du cuivre et du zinc, ou l'action chimique du liquide excitateur sur le zinc. Il ne pensait à rien de tout cela, lorsqu'il produisit dans la France une révolution incomparable en fourrant une tige de fer dans cette spirale de cuivre.

C'est ainsi qu'Arago procédait constamment. Il cherchait quelque application nouvelle aux propriétés qu'il découvrait dans un ordre quelconque.

Il avait raison non seulement au point de vue pratique mais aussi au point de vue théorique.

En effet c'est en variant les applications qu'on arrive à comprendre la nature des phénomènes, à se rendre compte de la catégorie dans laquelle il faut qu'on les range.

C'est ainsi que la découverte de Hertz sur les ondulations de l'étincelle électrique lors de sa propagation dans l'air serait restée stérile si M. Branly n'avait découvert les propriétés de la limaille et si le professeur Popof n'avait imaginé d'employer les distecteurs à envoyer des signaux électriques à travers les airs.

L'étude des ondes hertziennes se perfectionnera naturellement lorsque l'usage de cette télégraphie nouvelle qui a déjà son histoire se sera répandu dans tous les pays civilisés et dans ceux dont l'unique souci parait être d'emprunter à la civilisation ses bienfaits pour en faire des armes de guerre.

Ce sont des incidents contre lesquels le caractère profondément humanitaire d'Arago ne manquait jamais de protester.

Ce n'est pas que son étude de l'histoire ne lui ait appris, que somme toute les moyens de destruction finissent par profiter au progrès sous toutes ses formes. Du temps qu'il vivait l'exemple de la poudre à canon était déjà trop connu pour qu'il n'ait pas eu l'occasion de la rappeler dans ses ouvrages, mais le fondateur du suffrage universel en France, espérait qu'un jour viendra où sans perdre leur caractère spécial les différentes nations contribueraient côte à côte à l'action de la civilisation générale.

C'est pour cela qu'il avait foi dans l'avenir du régime républicain qui par sa nature même est ennemi de toute violence et de toute dictature.

L'histoire nous montre et Arago le savait bien qu'il y a eu de bons rois et de mauvaises républiques, mais il était républicain parce qu'il croyait que l'institution républicaine, comme tout ce qui est logique, pousse à la pratique du mieux et que c'est ainsi que l'on peut réaliser le plus de bien sur la terre.

TABLE DES CHAPITRES

TABLE DES CHAPITRES

TABLE DES GRAVURES

TABLE DES GRAVURES

Imprimé et Relié dans mes Ateliérs

37, rue Gandon, 37

PARIS